기독교 신앙과 포스트모더니즘
-포스트모더니즘의 도전에 대한 복음주의의 반응-

밀라드 J. 에릭슨 지음
박찬호 옮김

기독교문서선교회

기독교문서선교회(Christian Literature Crusade: 약칭 **CLC**)는 1941년 영국 콜체스터에서 켄 아담스에 의해 시작되었으며 국제 본부는 영국의 쉐필드에 있습니다.

국제 CLC는 59개 나라에서 180개의 본부를 두고, 약 650여 명의 선교사들이 이동도서차량 40대를 이용하여 문서 보급에 힘쓰고 있으며 이메일 주문을 통해 130여 국으로 책을 공급하고 있습니다.

한국 CLC는 청교도적 복음주의 신학과 신앙서적을 출판하는 문서선교기관으로서, 한 영혼이라도 구원되길 소망하면서 주님이 오시는 그날까지 최선을 다할 것입니다.

Postmodernizing the Faith

by
Millard J. Erickson

translated by
Chan Ho Park

Copyright © 1998 by Millard J. Erickson
Originally published in English under the title
Postmodernizing the Faith
by Baker Books,
a division of Baker Book House Company,
Grand Rapids, Michigan, 49516, U.S.A.

All rights reserved.

Korean Edition
Copyright © 2012 by Christian Literature Crusade
Seoul, Korea

추천사

김의원 박사
전 총신대 총장, 백석대학교대학원 학사부총장

   밀라드 에릭슨은 잘 알려진 바와 같이 어려운 조직신학의 내용을 쉽게 우리에게 전달해 주는 은사를 가진 사람입니다. 온건한 칼빈주의 입장을 견지하는 침례교 신학자로서 우리나라에서도 많이 알려진 사람입니다.
   포스트모더니즘은 우리 시대를 대변하는 시대정신이라 할 수 있습니다. 어떤 모양으로든 이에 대한 반응이 필요한 시점입니다. 나 몰라라 할 수는 없는 상황인 것입니다. 이런 때에 비록 원서가 출간된 것 보다는 10여 년 늦은 시점이기는 하지만 여러 복음주의 신학자들의 반응을 요약해 준 이 책이 번역 출간됨은 반가운 소식이 아닐 수 없습니다.
   21세기 기독 교회는 달라진 시대 환경 가운데 생존을 위한 여러 가지 몸짓을 하고 있습니다. 한국 교회도 위기 상황을 만나고 있습니다. 그런 맥락에서 포스트모더니즘에 대한 바른 이해와 극복의 과제가 우리 모두에게 있다고 할 수 있습니다.
   제가 알기에 밀라드 에릭슨은 이머징 교회에도 많은 관심을 기울이고 있습니다. 결국 신학은 교회를 살리는 것이 되어야 하는데 이 책을 시작으로 포스트모더니즘을 극복하기 위한 여러 가지 대안들이 모색되고 탐구되어 21세기 교회를 바르게 섬기는 데 도움이 되기를 바랍니다.

  책을 번역하는 일은 늘 간단치 않은 각고의 시간을 필요로 합니다. 이 책을 번역 출판하기 위해 애쓴 역자 박찬호 교수님과 CLC에 감사 드립니다.

저자 서문

내가 1990년 처음으로 포스트모더니즘에 관하여 글을 쓰기 시작하였을 때만 해도 복음주의자들의 책은 거의 전무한 상태였다. 하지만 이제는 모든 상황이 변했다. 수많은 복음주의 사상가는 이러한 변화를 인식하고 있으며 몇몇 복음주의자들은 이러한 발전을 일종의 패러다임의 전환으로 간주하고 여기에 대하여 응답하고 있다.

이 작은 책의 목적은 포스트모더니즘에 대한 복음주의의 대표적인 반응이 어떠한지를 개관하는 것이다. 포스트모더니즘에 대한 복음주의의 반응은, 그것을 강하게 거부하는 사람들로부터 거의 전적으로 포용하는 사람들에 이르기까지 다양하다. 비록 사람들마다 포스트모더니즘을 조금씩 다르게 이해하기는 하지만 사람들이 동일한 현상을 토론하고 있다는 사실은 분명하다. 각 사람이 지지하고 있는 복음주의의 본성 또한 조금씩은 차이가 있다. 대표적인 복음주의자들의 연구가 독자들에게 포스트모더니즘을 소개해주고 독자들의 사고와 반응을 자극하기를 바라는 것이 나의 바람이라면 바람이다. 이 책은 또한 내가 발전시키고 있는 포스트모더니즘에 대한 보다 더 철저한 분석과 반응을 위한 첫 걸음이 될 것이다.

이 책의 일부분은 강좌를 통해 발표되었던 것들이다. 2, 3, 4, 5장은 1996년 11월 5-8일에 있었던 미주리 주 캔사스 시티에 있는 중서부침례교신학대학원(Midwestern Baptist Theological Seminary)에서의 시즈모어 강좌(the sizemore Lectures)의 내용이다. 이 동일한 강좌가 1997년 2월 24-26일에 미주리 주 볼리바에 있는 남서부침례교신학대학원(Southwestern Baptist Seminary)에서의 스탤리 강좌(the Staley Lectures)에서 행해졌다. 1장은 다소 다른 형태이기는 하지만 1996년 10월 16일 데이빗 독커리(David S. Dockery)가 테네시 주 잭슨에 있는 유니온대학교(Union University)의 총장으로 취임할 때 이루어진 학술적인 형태의 강좌로 발표되었다. 그리고 8장은 1995년 11월 16일 필라델피아에서 있었던 복음주의철학협회(the Evangelical Philosophical society)의 연례 모임에서 토론자로 참여하여 발표하였던 것을 일부 수정한 것이다. 각각의 경우에 이루어졌던 여러 가지 조언과 질문은 그 안에 있는 몇몇 생각을 정갈하게 하는 데 큰 도움이 되었다. 마리아 덴보어는 솜씨 있는 편집작업을 통해 이 책의 질을 높여 주었다.

역자 서문

　이 책은 밀라드 에릭슨의 *Postmodernizing the Faith: Evangelical Responses to the Challenge of Postmodernism*이라는 책을 번역한 것입니다. 원서가 미국에서 처음 출판된 때가 1998년이라고 하니까 벌써 14년의 세월이 지난 구닥다리(?) 책이라고 할 수 있습니다. 에릭슨은 이 책에서 포스트모더니즘에 대한 6명의 복음주의자들의 다양한 반응을 신학적인 스펙트럼을 따라 좌우로 분류하여 다루고 있습니다.

　소위 포스트모더니즘에 반대한다는 진영에 데이빗 웰스와 토마스 오덴, 그리고 프란시스 쉐퍼를 분류하고 있고, 포스트모더니즘에 관하여 보다 긍정적인 진영에 스탠리 그렌츠와 미들턴과 왈시, 그리고 헤이스 퍼트를 분류하고 있습니다. 이 가운데 우리나라에서는 토마스 오덴이나 헤이스 퍼트는 지금까지도 거의 알려져 있지 않습니다. 프란시스 쉐퍼에 대해서는 우리나라뿐 아니라 세계적으로 명성이 있는 분이기에 저와 같은 연령대의 독자들은 광팬까지는 아니라고 하더라도 한두 권의 책을 읽은 기억이 있을 것입니다. 그런 의미에서 보면 데이빗 웰스와 스탠리 그렌츠, 그리고 미들턴과 왈시는 근간에 우리나라에도 많이 소개되고 알려지고 있는 신학자들이라고 할 수 있습니다.

　이 책은 1998년에 출판되었기에 1990년대 중반까지 나온 책들을 집중적으로 소개하고 있습니다. 흥미로운 것은 이 책에서 소개하고 있는 1990년대 중반의 책들이 우리나라에서는 2000년대 중반에 이르러서야 비로소 소개되고 있다는 것입니다. 데이빗 웰스의 『신학실종』이라는 책은 2006년에 번역되었고, 그렌츠의 『포스트모더니즘의 이해』라는 책은 2010년에, 미들턴과 왈시의 『포스트모던 시대의 기독교 세계관』이라는 책은 2007년에 번역 출판되었습니다. 그렇다면 위에서 구닥다리라고 한 이 책의 번역은 어떤 의미에서는 시의적절하다는 생각도 듭니다. 에릭슨이 집중적으로 다루고 있는 책들이 대부분 15년 정도의 격차를 두고 우리나라에 번역되었기 때문입니다.

우리가 어떤 사람의 사상을 이해하는 방법은 그들이 주장한 바를 원전을 통해서, 그들 자신의 글을 통해서 확인하는 방법이 있는가 하면 그들의 사상을 잘 정리한 이차적인 책들을 통해서 도움을 받는 방법이 있을 수 있습니다. 이 두 가지가 잘 조화를 이룰 때 우리는 어떤 사람의 사상을 바르고 정확하게 파악할 수 있습니다. 그런 의미에서 이 책은 위에서 언급하였던 21세기가 되어서 조금씩 우리나라에 알려지고 있는 여러 신학자들의 생각을 잘 요약해주고 있습니다.

에릭슨 자신도 인정하고 있듯이 이 책은 특이하게도 프란시스 쉐퍼를 포스트모더니즘과 씨름한 선구자로 소개하고 있습니다. 이른바 저의 기억 속에 잊혀져 가고 있던 "절망의 선"에 대한 쉐퍼의 주장을 다시 상기할 수 있는 좋은 기회가 되었습니다. 쉐퍼는 C. S. 루이스와 함께 20세기 가장 영향력 있었던 변증가로 지금도 인구(人口)에 회자되고 있습니다. 두 분 다 전문적인 신학자를 자처하지 않았지만 실천적인 차원에서 복음전도자로 불신자들의 논리를 논파하는 데 헌신하였던 사람들입니다.

원저자인 밀라드 에릭슨은 보수적인 침례교 신학자로 우리나라에서도 잘 알려져 있는 분입니다. 에릭슨은 그 신학적인 성향이 온건한 칼빈주의적 성향을 지닌 복음주의 신학자라 할 수 있습니다. 특별히 기독교문서선교회에서 번역 출간한 에릭슨의 조직신학 시리즈는 벌코프의 어렵고 딱딱한 조직신학에 기가 눌려있는 우리나라 독자들에게 숨통을 열어주어 다가서기 쉽게 해 주고 있습니다. 이 책도 예의 에릭슨의 특징이랄 수 있는 명확함이 책 전체를 지배하고 있습니다. 물론 세부적인 사항에 있어서는 에릭슨의 견해에도 문제가 있을 수 있습니다. 보다 보수적이고 보다 진보적인 성향에 따라서는 에릭슨을 포스트모더니즘에 대해 너무 열어놓고 있다고 비판할 수도 있고 너무 지나치게 비판적이라고 할 수도 있습니다.

이 책은 포스트모더니즘과 기독교 신앙 또는 신학의 관계에 대해서 다루고 있는데 이른바 포스트모던 신학의 한 모델로 자타가 공인하고 있는 것이 후기 자유주의 신학(postliberal theology) 또는 이야기 신학(narrative theology)이라고 할 수 있습니다. 예일 대학 신학부의 한스 프라이나 조지 린드벡을 중심으로 제기된 후기 자유주의 신학은 그것이 출현한 지 벌써 30년 가까이 되었기 때문에 이에 대한 나름의 토론도 어느 정도 정리가 되어 있습니다. 우리나라 사람이 쓴 비교적 잘 정리된 후기 자유주의에 대한 글은 위거찬의 『기독교와 포스트모더니즘: 린드벡의 후기 자유주의 신학을 중심으로』(CLC, 2011)라는 책을 참조하면 좋겠습니다.

후기 자유주의 신학이 20세기 말엽에 등장한 포스트모던 신학의 한 실례라면 21세기 첫 10년간 세계 신학계의 주목을 끌고 있는 것은 급진 정통주의 신학(radical orthodoxy theology)입니다. 물론 급진 정통주의가 출현한 것은 21세기 들어서가 아니라 1990년대 초라고 할 수 있습니다만 보다 폭넓은 담론을 형성하기 시작한 것은 21세기에 들어서라고 말할 수 있을 것입니다. 이 운동과 관련하여 제임스 K. A. 스미스의 『급진 정통주의 신학』(CLC, 2001)을 참조하면 좋겠습니다.

제임스 K. A. 스미스는 칼빈대학의 철학과 교수로 1970년생입니다. 그는 젊은 소장 학자인데 특이한 이력을 가졌습니다. 그는 성경학교 출신으로 근본주의적 신앙을 가진 사람이었습니다. 초기에 오순절 신학에 경도되었고, 지금은 개혁파 신학을 주창하고 있습니다. 굳이 위에서 언급하였던 에릭슨의 책에서 다루고 있는 사람들과 비교하자면 미들턴과 왈시가 이 스미스와 비슷한 배경이라고 할 수 있습니다. 스미스의 책으로는 『칼빈주의와 사랑에 빠진 젊은이에게 보내는 편지』(새물결플러스, 2011)와 『누가 포스트모더니즘을 두려워하는가?』(살림, 2009)라는 두 권의 책이 우리나라에 번역이 되어 있는데 스미스의 사상의 면모를 확인할 수 있는 좋은 책들입니다.

이 급진 정통주의 신학은 후기 자유주의 신학과는 달리 그 공과에 대하여 아직 그 전모가 제대로 파악되지 않고 있는 새로운 운동이라고 할 수 있습니다. 조금 더 토론의 향배를 지켜볼 필요가 있습니다. 다만 이 책과 관련하여 할 수 있는 이야기는 위에서 소개한 스미스의 책 제목 『누가 포스트모더니즘을 두려워하는가?』가 시사하는 것처럼 포스트모더니즘에 대하여 급진적일 정도로 수용하는 듯한 자세를 보이면서도 전통에 대한 대단한 관심을 함께 견지하고 있다는 것입니다. 그래서 제임스 K. A. 스미스는 포스트모더니즘의 전문가이면서도 어거스틴과 칼빈, 조나단 에드워즈, 그리고 아브라함 카이퍼 등에 대해서 엄청난 관심을 기울이고 있습니다. 최근의 시대사조와 과거의 영적 유산을 절묘하게 엮어내고 있는 듯한 생각을 가지게 합니다.

2012년 5월
박찬호 識

목차

추천사 / 5
저자 서문 / 7
역자 서문 / 9

1부 서론

1장 포스트모더니즘의 도전 / 19
1. 역사적 배경 / 22
2. 포스트모더니즘의 특징 / 27

2부 포스트모더니즘에 대한 부정적 응답

2장 단호한 거부: 데이비드 웰스 / 33
1. 근대성에 대한 묘사 / 35
2. 포스트모더니즘의 발흥 / 41
3. 기독교의 반응 / 46
4. 복음주의 신학의 실종 / 50
5. 해결 / 53
6. 평가 / 58

3장 미래로 돌이키라: 토마스 오덴 / 63
1. 근대성의 특징 / 66

2. 포스트모던성 / 73
   3. 근대성의 죽음 / 75
   4. 평가 / 86

4장 이성에로의 도피: 프란시스 쉐퍼 / 93
   1. 상황의 분석 / 95
   2. 인간의 곤경 / 102
   3. 기독교에 대한 적극적인 변호 / 104
   4. 비기독교인에 대한 접근 / 115
   5. 평가 / 117

3부 포스트모더니즘에 대한 긍정적 응답

5장 어떤 복음주의자도 가보지 않은 곳까지 담대히 가보자: 스탠리 그렌츠 / 123
   1. 현재 상황에 대한 묘사 / 124
   2. 근대 정신에 대한 묘사 / 125
   3. 포스트모던성에 대한 묘사 / 127
   4. 복음주의에 대한 묘사 / 132
   5. 포스트모더니즘에 대한 평가 / 134
   6. 포스트모던 신학의 윤곽 / 137
   7. 탈개인주의 / 139
   8. 탈합리주의 / 142
   9. 탈이원론 / 144
   10. 탈지식 중심 / 145
   11. 평가 / 145

6장 신학은 이전의 신학과는 다르다:
리차드 미들턴과 브라이언 왈시 / 155

   1. 포스트모던적 상황에 대한 묘사 / 157

   2. 실재에 대한 생각 / 158

   3. 해체 / 161

   4. 거대담론에 대한 불신 / 165

   5. 성경적 대답 / 168

   6. 자아 / 173

   7. 분석적인 요약 / 182

   8. 평가 / 183

7장 해체주의적 복음주의: 케이스 퍼트 / 191

   1. 지식에 대한 현대적 접근 / 192

   2. 포스트모던적 비판 / 196

   3. 신학에 대한 포스트모던적인 매개체 탐구 / 198

   4. 퍼트의 신고난(theopassional)의 신학 / 204

   5. 분석적인 요약 / 216

   6. 평가 / 217

4부 결론

8장 포스트모던적 변증학: 해체된 말이
물가로 갈 수 있는가? / 227

색인 / 239

postmodernizing

1부

서론

1장

포스트모더니즘의 도전

비록 현대가 다양한 의견으로 특징지어지는 시대이기는 하지만 우리가 사는 세상이 변하고 있으며 심지어 빠른 속도로 변화하고 있다는 사실에 있어서는 광범위한 의견의 일치가 있다. 사람들이 이러한 변화의 현상을 좋게 판단하든지 나쁘게 판단하든지 변화라고 하는 실체를 부정하는 것은 사실상 불가능하다. 게다가 이러한 변화는 점점 그 속도를 더해가며 일어나고 있다. 현재 영적인 기상도는 포스트모더니즘으로 알려지게 될 것이다. 비록 '포스트모더니즘이 무엇인가'라는 것에 대해서는 매우 다양한 이해들이 있을 수 있지만, 포스트모더니즘이 실재로 존재하며 우리의 삶에 점증하는 영향을 미치고 있다는 의미심장한 합의가 있다.

어떤 의미에서 포스트모더니즘을 단순하게 보면 근대 시대를 계승한 것이다. 이러한 특성은 아리스토텔레스의 형이상학을 물리학 뒤에 있는 것으로 말하는 것과 흡사하다. 하지만 만일 우리가 이러한 시대적인 기준을 받아들인다면 이상한 문제에 직면하게 된다. 왜냐하면 근대는 정의상 현재적인 것이나 새로운 것이며, 그렇기 때문에 근대와는 다른 어떤 것을 의미하는 포스트모던적인 것이 될 수 없다. 포스트모더니즘에 대한 시대적인 개념 규정은 심지어 복합적인 일인 것처럼 보인다. "근대"라고 규정된 시대의 이념을 시간적으로 뒤따르는 이념이 포스트모더니즘인 것처럼 보인다. 이것은 "전근대적인" 것과 대조된다. 몇몇 독자들은 아마도 이러한 난해한 토론이 언제 끝날지 의아해 하며 눈을 굴리고 있을지 모르겠다. 하지만 포스트모더니즘은 우리가 인식하고 있는 것보다 훨씬 더 우리에게 친숙한 것일지 모르며 우리가 개념 규정 없이도 경험하고 있는 어떤 것일지도 모른다.

우리는 아마도 교회의 사업을 토론하기 위한 모임에서 발언하기 위해 일어선 교회의 나이 많은 구성원과도 같을 것이다. 위원회가 새로운 샹들리에의 구입을 제안하고 있었다. 이 노신사는 세 가지 이유를 들어 자신의 반대입장을 표명하였다. 그는 "우리는 재정적인 여유가 없습니다"라고 말했다. "아무도 그것을 철자대로 쓸 수가 없습니다. 게다가 우리가 정말 필요로 하는 것은 새로운 전기 장치입니다."

초점을 조금 바꾸는 것이 우리의 토론을 보다 명료하게 해주는 데 도움이 될지도 모른다. 나는 몇 가지 사고 실험을 사용함으로써 그렇게 할 것이다.

첫 번째 사고 실험은 음악 시험의 형태로 역사의 다양한 시기에 질문으로 제기될 수 있는 것을 비유적으로 제시하고 있다. 이 내용은 몇 년 전 어느 음악 교사가 나에게 알려준 것이다.

1930년 리듬을 정의하라
1960년 박자와 운율을 포함한 시간 안에서의 음악의 움직임을 _____이라고 부른다.
1990년 박자와 운율을 포함한 시간 안에서의 음악의 움직임을 무엇이라고 부르는가?

a. 멜로디
b. 하모니
c. 리듬
d. 간격

2000년 시간 안에서의 음악의 움직임을 흔히 리듬이라고 부르는 것을 어떻게 느끼는가?

a. 나는 질문을 이해하지 못하겠다
b. 나는 이것이 불공평한 질문이라고 생각한다
c. 나는 리듬이라는 단어가 무엇을 의미하는지 모르겠다
d. 그것이 나 자신의 진정한 감정이기만 하면 내가 어떻게 느끼는지는 중요하지 않다

여러분이 2000년도의 문제를 택하여 d를 답으로 선택하였다면 여러분은 아마도 포스트모더니즘을 지지하는 사람일 것이다!

두 번째 사고 시험은 최근의 개인적인 경험에서 나온 것이다. 나는 당시 내가 가르치고 있던 학교의 젊은 행정직원을, 그 직원의 사무실이 있는 건물에 들어가면서 보았다. 그는 점심을 들고 있었고 그날의 업무에 적합한 옷을 입고 있었다. 그는 멋진 스포츠 잠바와 셔츠를 입고 있었고 넥타이를 매고 있었다. 그리고는 빛바랜 청바지와 운동화를 신고 있었다. 나의 반응은 "그 직원의 위 아래는 서로 잘 어울리지 않는다"는 것이었다. 하지만 나는 내가 한 사람의 생각에서와 마찬가지로 한 사람의 옷에도 일관성이 있어야 한다는 생각에 근거하여 근대적인 반응을 보이고 있음을 알게 되었다.

1. 역사적 배경

이러한 두 가지 고려사항은 우리가 포스트모더니즘이라는 일반적인 문화적 현상에 대하여 어떤 느낌을 가지도록 도움을 줄 것이다. 일반적으로 포스트모더니즘은 근대주의(modernism)에서 자라나 그것을 대신하게 된 지적인 운동으로 이해되고 있다. 포스트모더니즘이란 그에 앞선 시대들과 대조되는 용어로 이해할 때 가장 잘 이해할 수 있다.

1) 전근대주의

만일 근대가 계몽주의를 뒤이은 시대라면 그것보다 앞선 시대는 중세와 고대 시대를 포함하는 전근대가 될 것이다. 이러한 기나긴 전근대 시기에는 다양한 생각과 사상들이 있었지만 거기에는 어떤 공통적인 요소가 있었다. 그 한 가지는 우주의 합리성에 대한 신념이었다. 또한 관찰할 수 있는 자연이 실체의 전부가 아니라는 신념이 있었다. 실체의 보이지 않는 구성요소를 포함하는 일종의 이원론이 있었던 것이다. 종교적인 견해에 있어서 이것은 신 또는 신들에 대한 믿음을 포함하는 초자연주의였다. 다소 덜 종교적인 견해에서는 다른 표현 형식을 취하였다. 예컨대, 플라톤(Plato, BC 424/423-348/347)에게 있어서는 실체라고 하는 것이 가장 근원적으로, 형상 또는 이데아에서 발견되었다. 구체적인 실재들은 그림자나 영상에 불과하며 이것들의 순수한 본질이 바로 형상이요 이데아이다.

전근대적인 실체 이해는 목적론적이었다. 우주에는 하나의 목적이나 여러 목적이 있다고 믿었다. 이러한 목적 안에서 인간을 발견하고 이해하여야 했다. 이러한 목적은 세상 안에서 작용하고 있었다. 서구의 전통에서는 이것이 전능하시고 전지하신 하나님께서 전체 우주와 인간을 창조하셨으며 그가 구현하기를 원하시는 계획을 가지고 있다는 신념이었다. 존재하는 사물에는 이유가 있어야 했으며 이러한 이유는 단지 "때문에"라는 동력인(efficient causes)만이 아니라 "위하여"라는 목적인(final causes)도 포함하는 것이었다. 이러한 이해는 역사 해석에도 적용되었다. 역사에는 역사 바깥에 있는 어떤 원형이 존재한다. 역사가 또는 최소한 역사 철학자의 목표는 이러한 원형을 찾아내는 것이며 그래서 역사의 미래적인 방향을 예측할 수 있게 된다.

전근대주의에는 명확한 형이상학적이고 인식론적인 개념들이 포함되어 있다. 물리 세계의 객관적인 존재에 대한 기본적인 믿음이 있었다. 진리에 대하여는 대응설에 대한 믿음이 있었는데, 명제는 그것이 묘사하려고 하는 실체를 바르게 묘사하고 있다면 참이고 그렇지 않으면 거짓이다. 이것은 지시론적 언어 이해와 밀접하게 관련되어 있다. 언어는 단지 다른 언어를 지시하지 않고 언어 외적인 어떤 것을 지시한다.

2) 근대주의

전근대주의와 그 정신구조는 근대주의에 의해 대치되었다. 근대주의는 몇 가지 중요한 방식으로 전근대주의와 구별되기도 하지만 전근대주의의 몇 가지 특징은 그대로 간직하고 있으며 일부는 수정하기도 하였다. 근대주의는 형이상학적 실재론과 대응설적 진리관 그리고 지시론적 언어 이론에 대한 신념을 전근대주의와 공유한다. 근대주의는 또한 역사에 있어 인식가능한 어떤 원형이 있다고 주장하였다. 하지만 전근대적인 시대와의 차이도 분명해졌는데 이러한 생각들을 주장하는 이유들이 달라지게 되었다. 예컨대 실체에 대한 초월적인 개념은 버려졌다. 역사의 이유와 원형은 역사 위 또는 역사 너머에서가 아니라 역사 안에서 발견되었다. 다른 말로 하면, 역사를 움직여 가는 힘이 역사 안에 내재한다고 믿었다. 이것은 어떤 의미에서 일종의 이원론이었지만 수평적인 차원의 이원론이었다. 관찰 가능한 자연적 대상들 위에나 그 너머에 어떤 실체가 있는 것이 아니라 임마누엘 칸트(Immanuel Kant, 1724-1804)의 본체계의 세계(noumenal world)나 물자체(物自體)의 세계와 같이 현상계 안이나 그 배후에 어떤 것이 있다. 전근대인과 같이 근대인은 사건이나 실체에 대하여 모든 것을 포괄하는 설명을 찾았다. 하지만 근대인은 초자연적인 어떤 것에 호소하지 않고 이런 일을 할 수 있다고 믿었다.

목적인이나 목적과 같은 것은 근대인에 의해 제거되었다. 그 자리에 동력인이 자리 잡았다. 자연적인 세계에서 발생하는 사건들은 어떤 보이지 않는 신적인 의지 때문이 아니라 그 일들을 발생하게 하는 물리적이고 사회적인 실체들 때문에 발생한다.

몇 가지 근대주의의 특징을 열거하면 다음과 같다.

① **자연주의**. 실체는 자연이라고 하는 관찰 가능한 체계에 국한된다고 사람들은 믿는다. 자연의 내재적인 법칙이 발생하는 모든 것의 원인이다.
② **인본주의**. 인간은 어떤 고차원적인 존재에게 봉사하는 수단이 아니라 가장 높은 실체요 가치요 존재하는 모든 실체의 목적이다.
③ **과학적 방법**. 지식은 선한 것이며 인간에 의해 획득될 수 있다. 이러한 기획에 가장 잘 어울리는 방법은 이 시대에 많은 열매를 맺은 과학적 방법이다. 관찰과 실험은 진리에 대한 우리의 지식이 세워지는 원천이다.
④ **환원주의**. 지식을 얻는 최고의 수단으로 간주되는 것과 별도로

과학적 방법은 점차적으로 유일한 방법으로 간주되었다. 그래서 다양한 학문분야가 자연과학의 객관성과 정확성을 확보하려고 애썼다. 어떤 경우 인간은 단지 고도로 발전된 동물에 지나지 않는 것으로 간주되었다.

⑤ **진보**. 지식은 선하고 인간적으로 획득 가능하며 자라나는 것이기 때문에 우리는 인류를 가로막고 있는 문제들을 점차적으로 극복하게 될 것이다.

⑥ **자연**. 자연은 고정되고 정체적인 것이라기보다 역동적이고 자라나며 발전하는 것으로 생각되었다. 그래서 자연은 창조주나 설계자와 같은 용어를 통한 설명을 요구하기보다는 진화라고 하는 내재적인 과정을 통해 생명 형태의 변화를 가져올 수 있었다.

⑦ **확실성**. 지식이 객관적인 것으로 간주되었기 때문에 지식은 확실성을 확보할 수 있다. 이것은 지식을 어떤 절대적인 제일 원리 위에 세우는 것이 가능하다고 믿는 토대주의를 요구하였다. 이러한 초기 모델은 르네 데카르트(René Descartes, 1596-1650)의 합리주의에서 발견되었다. 데카르트는 하나의 의심할 수 없는 신념, 즉 자신이 의심하고 있다는 것을 발견하였고 그런 다음에 그것으로부터 계속해서 연역하였다. 한 가지 대안은 경험론이었는데 경험론에서는 지식이 형성될 수 있는 순수하게 객관적인 감각적인 자료들이 있다고 생각하였다.

⑧ **결정론**. 우주에서 발생하는 모든 일은 고정된 원인으로부터 생겨난다는 믿음이 있었다. 그래서 과학적인 방법은 우주를 지배하고 있는 이러한 일정한 법칙을 발견할 수 있었다. 물리적인 사건뿐 아니라 인간의 행동까지도 이러한 인과적인 통제 아래 있다고 믿었다.

⑨ **개인주의**. 이상적인 지식인은 모든 의견을 평가하여 자신만의

객관성을 조심스럽게 지켜내는 고립된 개인이다. 진리는 객관적이기 때문에 개인은 그 자신의 노력으로 진리를 발견할 수 있다. 개인은 그 자신을 자기 자신의 시대와 장소로 조건 지어진 특수성으로부터 자신을 자유롭게 할 수 있으며 그 자체로서의 실체를 알 수 있다.

⑩ **반권위주의**. 인간은 최종적이고 가장 완전한 진리의 기준으로 간주되었다. 외부적으로 부가된 그 어떤 권위도 그것이 어떤 단체에 의한 것이든 아니면 초자연적인 존재에 의한 것이든 인간 이성에 의해 면밀한 조사와 비판을 받아야 한다.

근대주의는 실제로 두 가지 일반적인 형태로 분류할 수 있다. 다소 온건한 형태와 다소 극단적인 형태가 바로 그것인데 나는 이것을 부드러운 근대주의와 경직된 근대주의라고 부른다. 부드러운 근대주의는 그 전임자인 전근대주의와 우주의 합리성과 진리를 알고 이해할 수 있는 인간의 능력에 대한 믿음을 공유한다. 부드러운 근대주의나 전근대주의 양자는 실체에 대한 포괄적인 설명, 또는 다른 말로 하면, 통합적인 형이상학적 구도 또는 세계관이 건설될 수 있다고 믿는다. 하지만 경직된 근대주의는 이러한 포괄적인 설명의 가능성을 배제함으로 부드러운 근대주의를 넘어 선다. 경직된 근대주의라는 용어에 있어서는 실체가 경험될 수 있는 것에 제한되며 어떤 유의 초자연주의도 배제된다. 지식은 이성과 경험을 통해 알려질 수 있는 것에 국한된다. 어떤 종류의 직관도 배제된다. 논리적이지 않은 것은 실제적인 것으로 간주되지 않는다.

2. 포스트모더니즘의 특징

 이러한 전근대를 이은 근대는 이제 포스트모던 시대에 길을 내주고 근대적인 이념은 포스트모더니즘으로 대치된다. 이것은 다양한 지적인 학문분과들에서의 다양한 움직임이 하나로 모아지는 것으로 나타난다. 여러 가지 방식으로 최초의 영감은 해체주의로 알려진 프랑스의 문학비평 학파로부터 나왔다. 역사 분야에서는 역사라고 하는 것이 단지 과거에 대한 객관적인 발견이 아니라 실제로는 역사를 창조하는 것이라는 새로운 역사주의가 등장했다. 철학에서는 신실용주의가 단어는 객관적이고 언어 외적인 실재를 지시하는 것이 아니라 다른 단어를 지시한다고 주장하였다. 근대적인 견해를 반대하는 어떤 기본적인 중심사상들이 등장하였다. 우리가 살피게 될 여러 사상가들에 의해 이러한 모티프를 보다 상세하게 다루겠지만 여기에서 간략하게 요약할 수 있을 것이다.

① 객관적인 지식은 거부된다. 인식자가 자신의 상황이라는 특수성에 의해 조건지어지든지 아니면 이론이 억압적으로 사용되든지 지식이라고 하는 것은 진리를 발견하는 중립적인 수단이 아니다.
② 지식은 불확실하다. 지식이 어떤 종류의 의심할 수 없는 제일원리라는 근거 위에 세워질 수 있다는 토대주의는 버려져야만 한다.
③ 모든 것을 포괄하는 설명의 체계는 그것이 형이상학적이든 역사적이든 불가능하며 그러한 설명 체계를 건설하려는 시도는 포기되어야 한다.
④ 지식의 본래적인 선함 또한 의문시된다. 자연의 진리를 발견함

으로써 자연이 통제되고 악이나 질병이 극복될 수 있다는 믿음은 지식이 파괴적인 목적으로 사용되는 (예컨대, 전쟁과 같은 것을 통해) 예를 통해 부정된다.
⑤ 그러므로 진보가 거부된다. 20세기의 역사는 이것을 명확하게 증거해 준다.
⑥ 이상적인 고립된 개인적인 인식자라는 모델은 공동체에 근거한 지식으로 대치되고 있다. 진리는 공동체에 의해 공동체를 위하여 정의되고 있으며 모든 지식은 어떤 공동체 안에서 발생한다.
⑦ 탐구의 객관적인 방법을 집약한 과학적 방법이 의문시된다. 진리는 단지 이성을 통해서 알려지는 것이 아니라 직관과 같은 다른 통로를 통해서도 알려진다.

따라서 두 가지 형태의 근대주의에 상응하는 두 가지의 포스트모더니즘이 있다. 나는 이 두 가지의 포스트모더니즘을 근대주의와 마찬가지로 "부드러운" 포스트모더니즘과 "경직된" 포스트모더니즘이라고 부를 것이다. 부드러운 포스트모더니즘은 경직된 근대주의에서 발견되는 근대주의의 극단적인 요소들을 거부한다. 즉 교조적인 자연주의와 반초자연주의, 그리고 심리학을 생물학으로, 생물학을 화학으로, 화학을 물리학으로 환원하는 이성에 관한 환원주의적 견해를 거부한다. 부드러운 포스트모더니즘은 감각경험에 지식을 국한시키는 것을 거부하며 우리가 어떤 진술을 옳다고 해주거나 틀렸다고 해주는 감각 경험으로 확인할 수 있는 그러한 진술에 의미 있는 언어 사용을 제한하는 것도 거부한다. 부드러운 포스트모더니즘은 인간 개성을 자극에 대한 일련의 반사 작용으로 이해하는 것에 제한하는 것도 거부한다. 부드러운 포스트모더니즘은 역사적이고 문화적인 상황의 영향을 부정하는 순진한 객관성을 거부한다. 다른 말로 하면, 부드러운 포스트모더니즘은 논리 실증주의, 행태주의, 그리고 실체에 대한 모든 인위적인 과학적 접근방법을 거부한다.

경직된 포스트모더니즘은 해체주의로 가장 잘 표현되는데 부드러운 포스트모더니즘을 넘어서서 어떤 종류의 객관성이나 합리성이라는 개념도 거부한다. 경직된 포스트모더니즘은 모든 이론은 사실에 근거한 것이라기보다는 단지 그러한 이론을 주장하는 사람들을 정당화하고 힘을 실어주기 위해 만들어진 것일 뿐이라고 주장한다. 경직된 포스트모더니즘은 언어의 의미를 경험적인 지시체에 제한하기를 거부할 뿐만 아니라 언어가 어떤 종류의 객관적이거나 언어 외적인 지시체를 갖는다는 개념 자체를 거부한다. 경직된 포스트모더니즘은 상대주의로부터 진리에 있어 다원주의로 움직이고 있다. 모든 지식과 모든 말이 하나의 특별한 관점에서 이루어질 뿐만 아니라 그 각각의 관점은 똑같이 참되고 가치있는 것이다. 어떤 진술의 의미는 말하는 사람이나 글을 쓴 사람에 의해 의도된 의미가 객관적으로 발견되는 것이 아니라 청취자나 독자가 그 안에서 발견하는 의미이다. 심지어 그 말이 여러분에게 말하는 바가 매우 다르더라도 "그 말이 나에게 의미하는 것"이 그 말의 의미이다.

한 사람의 기독교 신학자로서 나는 부드러운 포스트모더니즘의 존재는 그리스도인에게 격려가 된다고 제안하고자 한다. 부드러운 포스트모더니즘은 그 이전에 그 어떤 형태의 신앙도 배격하였던 세속적인 세상에 대항하여 그리스도인들이 기독교 신앙의 진리성을 주장할 수 있는 문을 열어준다. 기독교 신앙의 대의에 대하여 경직된 포스트모더니즘이 가하고 있는 위협은 어쩌면 그렇게 분명하지 않은 것인지도 모른다.

다음의 이어지는 장들에서 우리는 이러한 포스트모더니즘이라고 하는 현상에 대한 복음주의의 여섯 가지 반응을 살펴보고자 한다. 이들 여섯 가지 반응은 어느 정도까지 포스트모더니즘에 대한 평가가 긍정적인지 다양하게 보여준다. 일반적으로 앞의 장에서 극단적으로 거부하는 입장으로부터 뒤로 갈수록 포스트모더니즘을 극단적으로까지 수용하는 입장으로 진행할 것이다. 처음 세 사상가들은 기본적으로 포스트모더니즘이라고 알려진 현대적인 흐름이 진정한 기독교 신앙과는 양립할 수 없으며 그렇기 때문에 거부되어야만 한다고 주장하고 있다. 뒤에 나오는 세 사람은 포스트모더니즘이 받아들여질 필요가 있는 발전이며 기독교 신학은 포스트모더니즘의 빛 안에서 이루어져야 하며 최소한 포스트모더니즘의 몇 가지 특징들을 받아들여야 한다고 믿고 있다. 다양한 반응을 통해 배우고 난 후 우리는 우리 자신의 반응의 출발점을 제안하고자 한다. 그 제안은 포스트모더니즘에 대한 미래의 반응이 어떤 방향으로 움직여야 하는가에 대한 하나의 제안이 될 것이다.

2부

포스트모더니즘에 대한 부정적 응답

postmodernizing

2장

단호한 거부: 데이비드 웰스

데이비드 웰스(David Wells: 현재 미국 동부에 소재한 고든콘웰신학교 조직신학 교수로 재직 중이다-역주)의 작업은 우리 시대에 복음주의자에 의해 이루어진 가장 철저한 근대 문화에 대한 분석 가운데 하나를 제시해준다. 또한 웰스의 작업은 현대의 복음주의를 비판함과 동시에 이러한 복음주의를 근대성과 연결시키고 있다는 점에서 그 유례를 찾을 수 없을 정도이다.

이 문제에 대한 웰스의 접근방법은 그의 독특한 준비와 연구방향에서 유래한 결과이다. 웰스는 신학 분야로 옮기기 전에 주로 교회사 분야에서 가르쳤던 역사학자였다. 이러한 배경은 그가 일반적으로 신학작업을 역사신학의 모델에 따라 하고 있다는 사실을 통해 드러난다. 예컨대 기독론을 다루는 그의 책은 그 기본방향에 있어 주로 역사적인 것이다.[1] 웰스는 종종 철학의 방법론이나 관점에 대해 불

---

[1] David F. Wells, *The Person of Christ: A Biblical and Historical Analysis of the Incarnation* (Westchester, Ill.: Crossway, 1984). [『기독론』(도서출판 토라, 2008)이라는 제목으로 역간되어 있음-역주]

편해 하는 듯하다. 그러므로 웰스는 근대화를 역사적이고 사회과학적인 관점에서 다루려고 한다. 그가 "우리 시대"(Our Time)라고 부르는 것을 소개하면서 일어난 변화에 대하여 전체 주제를 소개하는 방식은 조그마한 도시(미국 매사추세츠주의 웬함)의 역사를 그 도시에서 발생한 변화들에 주의하면서 19세기 중엽에서 현재까지 추적하는 것이다.

웰스는 때때로 순전히 이념적인 요소들이나 어떤 시대의 철학 또는 운동에 너무나 많은 강조점이 주어지고 있다고 생각한다. 예컨대 웰스는 토마스 오덴(Thomas C. Oden, 1931- : 드류 대학에 재직 중인 감리교 계통의 신학자-역주)이 너무 배타적으로 근대성의 지적인 차원에 관심을 모으고 있다고 비판한다. 특별히 오덴은 계몽주의에 집중한다. 웰스는 이러한 접근방법이 근대성을 단지 개념으로만 파악하는 것이라고 말하고 있다. 즉 오덴의 접근방법은 다음과 같다.

> 사회적인 환경이 의식을 만들어내고 그 다음에 그 환경에 어울리는 일단의 개념들을 만들어내는 방식을 이해하는 데 실패하고 있다.[2]

이러한 판단은 웰스가 지식 사회학을 분명하게 용인하는 것을 통해 강화된다. 웰스는 다음과 같이 지지한다.

> 외부적 사회 환경이 내적인 의식에 대한 설명을 제공하며, 우리가 생각하는 방식은 우리가 살고 있는 사회의 산물이다.[3]

---

[2] David F. Wells, *No Place for Truth: Or Whatever Happened to Evangelical Theology?* (Grand Rapids: Eerdmans, 1993), 63, 각주 8. [『신학실종』(부흥과개혁사, 2006)이라는 제목으로 역간되어 있음-역주].
[3] Ibid., 72.

1. 근대성에 대한 묘사

이러한 웰스의 견해를 염두에 두면 우리는 『신학실종』(*No Place for Truth*)이라는 책의 처음 두 장에서 묘사하고 있는 근대성에 대한 웰스의 예비적인 분석을 보다 더 잘 이해할 수 있을 것이다. 웰스는 19세기 중엽과 20세기 중엽 사이 그 어딘가에 중요한 역사적인 분기점이 있다고 주장한다. 그 시기 이전은 서구의 시대라고 불려질 수 있을 것이다.

웰스는 그 시기 이후의 새로운 시대를 단순히 "우리 시대"라고 부른다. 그 시기 이전에는 유럽이 정치적으로 경제적으로 세계의 중심이었다. 이제는 미국이 그 중심이 되었다. 그 시기 이전에는 비록 개인적으로 기독교 신앙을 믿지는 않더라도 유대 기독교적 가치가 그 문화의 중심에 있다는 의식이 있었다. 하지만 이제는 그러한 일련의 가치가 존재하지 않는다. 도리어 그러한 가치들은 지금 근대성이라 불리는 느슨한 일련의 심리적인 태도에 의해 제거되고 대치되었다.[4]

우리 시대인 이 새로운 시대는 단지 지리적인 것에 국한되지 않는다. 우리 시대는 어떤 한 장소에 있는 어떤 한 그룹의 문명을 이르는 말이 아니다. 그것은 그 성격상 정치적인 것이 아니다. 그것이 나온 토양은 자본주의와 민주주의가 생산한 것이며 특별히 기술과 도시화에 의존하고 있다. 하지만 우리 시대는 실제로 필요한 조건들이 있는 곳이면 어느 곳에서나 발견될 수 있다.[5]

이러한 문명의 시작은 이전의 많은 문화와 여러 면에서 매우 다르다. 이전의 문화는 흔히 군사적이거나 정치적인 정복을 통해 그 꽃

---

4 Ibid., 53-54.
5 Ibid., 54.

을 피웠다. 하지만 이 시대에는 그렇지 않다. 우리 시대가 득세하게 된 것은 도리어 조용하게 발생하였다. 이런 의미에서 우리 시대는 가장 온화한 문명이다. 하지만 폭력적인 전환은 없었지만 이 시대는 이전의 새로운 문화가 진정으로 그러하였던 것과 마찬가지로 분명하게 새로운 문화이다. 이 시대도 다른 여타의 이전 문화들이 그러했던 것처럼 그 앞선 문화와는 날카롭게 대립된다. 이러한 문화는 단지 이전의 문화와 인접한 것일 뿐만 아니라 이전의 문화와 연결되어 있다. 정말로 때때로 이전의 문화와 이 문화는 서로 거의 구별할 수 없는 것처럼 보인다. 그리고 이 시대는 이전 시대의 성취 위에 세워져 있다.[6]

우리가 보고 있는 것은 서양의 몰락이다. 19세기에 이러한 몰락을 예견한 목소리가 있기는 하였지만 20세기에 이러한 목소리는 훨씬 더 일반적인 것이 되었다. 우리가 나란히 보고 있는 것은 쇠락의 요소와 부흥의 요소이다. 쇠락의 요소는 계몽주의적인 정향을 가진 사람들이 관심을 가지고 고려하고 있는 듯하다. 이들에게 진보라고 하는 것은 항상 긍정적이다. 반면에 유대 기독교적인 일련의 가치를 가지고 생각하는 사람들은 해체 가운데서 실체론적 가치평가로 나아가는 첫 단계를 본다. 실체론적 가치평가 없이는 부흥이 불가능하다.[7]

근대성의 많은 부분을 형성하고 있는 계몽주의 세계는 낙관적인 것이었다. 계몽주의 세계관은 인간 이성과 인류의 문제를 아무런 도움 없이 해결할 수 있는 이성의 능력에 대한 강력한 확신에 근거하고 있었다. 하지만 웰스에 따르면 이러한 확신은 다시금 하나의 환상에 근거하고 있다. 이것은 일종의 비인격적인 힘이 계몽주의가 상상하였던 목적을 촉진시키기 위해 세상 안에 작동하고 있다는 환상이었

---

[6] Ibid., 55.
[7] Ibid., 55-57.

다. 하지만 그것은 그렇지 않은 것으로 입증되었다. 이러한 계몽주의의 열매는 많은 경우 긍정적인 것과는 거리가 멀다. 포스트모더니즘은 많은 형태로 우리 사회에 존재하고 있다. 힘 있는 사람들이 약자들을 괴롭히고 있다. 태어나지도 못한 태아들이 살아볼 기회도 가지지 못하고 있다. 산업은 지구를 오염시키고 있다. 나이 많은 사람들은 그들의 뒤를 이어오는 후손들을 위해 죽어서 자리를 마련하라는 격려를 받고 있다.[8]

계몽주의라고 하는 특별한 이념은 많은 것을 약속했지만 이러한 약속을 제공하는 데 실패했다. 다윈주의(Darwinism)는 일단 생물학의 영역을 넘어서자 기대되었던 진보를 산출하지 못하였다. 정치학에서는 파시스트들과 공산주의자들 모두 새로운 인류를 약속하였다. 하지만 새로운 인류는 나타나지 않고 있다. 프로이드주의가 설교하였던 억압으로부터의 해방은 인간의 자유와 통전성을 가져오지 못하였다. 이와 비슷하게 절대자가 인류를 지고한 문명의 단계로 움직여 가리라는 철학적 소망과 영적으로 변화된 사회에 대한 가톨릭과 개신교 근대주의자들 모두의 소망, 그리고 인류는 점점 더 개선되어가고 있다는 빅토리아 시대의 기대, 이 모든 것이 똑같이 실망스러운 것으로 드러났다.[9]

이러한 인간의 삶을 다시 새롭게 해보려는 계몽주의의 실패에도 불구하고 전체적인 기획이 세워져 있는 기본적인 전제는 사라지지 않고 있다. 그 전제는 모든 종류의 자유이다. 그것은 하나님으로부터, 권위로부터, 과거로부터, 악으로부터의 자유이다. 웰스는 이러한 믿음이 그 약속과 결과들의 불일치에도 불구하고 어떻게 지속될 수

---

8 Ibid., 58.
9 Ibid., 58-59.

있는지 묻고 있다.

웰스는 현대인들이 의식적으로 유토피아적이지는 않기 때문에 이러한 믿음은 지적인 추론이 아니라 과학적인 경험 위에 근거하고 있다고 결론을 내린다. 과학이 질병과 불편과 간격을 극복하는 데 그토록 성공적이었기 때문에 과학이 불멸하리라는 생각이 생겨났으며 진보에 과학이 근거하고 있는 것, 즉 진보에 대한 믿음도 영원한 것으로 생각되었다. 사물을 향상시키는 능력과 자아를 향상시키는 능력 사이에는 아무런 본래적인 상관관계도 존재하지 않는다. 하지만 사물을 향상시키는 능력이 마치 자아를 향상시키리라는 기대를 산출하는 것처럼 보인다.[10]

정말이지 끊임없이 후기(*post-*)가 되고자 하는 열망 배후에 있는 것은 어떤 단계의 성취를 또 다른 단계의 성취로 움직여가게 하는 능력에 대한 믿음이다. 그래서 우리는 후기 청교도, 후기 기독교, 후기 근대, 후기 베트남, 후기 워터게이트, 후기 냉전이라고 말한다. 웰스는 그것들보다 더 우위에 있다고 생각하는 것을 좋아해서 우리 사회가 이러한 다른 경험들 배후에 남아있기를 원하는 것은 이해할 만한 반면에, 사람들이 오늘날의 우리를 형성하고 있는 근대성 배후에서 지금의 우리를 규정하려 하는 것은 이상하다고 주장하고 있다. 하지만 웰스는 근대를 넘어가는 것이 실제로 가능한지 의문을 제기하고 있다. 이것은 근대라고 하는 단어가 사용되고 있는 다양한 방식에서 분명히 드러난다.[11]

하나의 지적인 현상으로서 근대 세계는 계몽주의와 더불어 시작하였고 계몽주의는 모든 실체를 자연적인 이성의 한계 안에서 설명하

---

10 Ibid.
11 Ibid., 60.

려고 시도하였다. 근대 세계는 외적인 권위를 거부하였고 인간을 실체의 중심에 자리하게 했다. 하지만 이러한 기획은 실패로 끝났다. 예컨대 철학에서 점점 더 인간 해석자는 할 말이 없어지게 되었다. 철학만이 그 스스로를 실체 전체를 포괄하는 거대한 세계관이나 전체를 조망할 수 있는 비전을 건설할 능력이 없는 것으로 간주하였던 것은 아니다. 철학은 이제 진리와 같은 것이 존재하여 그것이 발견될 수 있다는 더 오래된 믿음을 포기하였다. 철학의 노력은 이제 주로 실용주의적인 것이 되었으며 리차드 로티(Richard Rorty, 1931-2007, 미국의 대표적인 신실용주의 철학자-역주)의 견해에 의하면 치유적인 것이 되었다.[12]

하지만 근대 세계가 지적으로 죽었거나 죽어가고 있다면, 흥미롭고 충격적이기까지 한 사실은 이것이 발생하고 있는 것과 꼭 마찬가지로 사회적인 형태로 태어나고 있다는 것이다. 이것은 정확하게 그 날짜를 알 수는 없지만 우리 시대로의 이러한 전환이 19세기의 마지막 25년 동안의 어느 시점에서 일어났을 것이라고 제안하고 있다.[13]

이러한 두 세계의 병립, 즉 지적인 의미에서 근대적인 것과 문화적인 의미에서 근대적인 것의 양립은 때때로 현대에 대한 혼란스러운 그림을 만들어낸다. 이전 시대에는 지성인들이 세상에 강력한 영향력을 행사하였다. 계몽주의는 철학자들에 의해 시작되었으며 그들의 생각은 세상에서 중요한 정치적 변화를 만들어냈다. 하지만 우리 시대에서는 개념이라고 하는 것은 별로 중요하지 않다. 웰스는 다음과 같이 말한다.

> 근대 세계를 형성한 것은 강력한 지성이 아니라 강력한 힘이었고 철학이 아니라 도시화와 자본주의, 그리고 기술이었다. 진리에 대한 오래된

---

12 Ibid., 60.
13 Ibid., 61.

탐구는 몰락하였으며 지적인 삶은 근대화 과정에 대한 주석 정도에 지나지 않게 되었다. 지성인들은 단지 사회 안에서 발생하고 있는 일들을 비추어주는 거울과도 같은 역할만을 할 뿐이다. 지성인들은 종종 이전의 계몽주의적 이상들이 지닌 허망함의 미몽에서 깨어났다는 의미에서 포스트모더니즘적이다. 하지만 그들은 근대화라고 하는 비인격적인 과정의 가치를 반영한다는 점에서는 전적으로 근대적이다.[14]

그렇다면 여기에는 우리가 위에서 언급하였던 모호성이 존재한다. 많은 지성인은 근대적인 동시에 포스트모던적이라는 것이다. 지성인들은 사회학적으로 근대적이기 때문에 그들은 진보를 믿는다. 하지만 그들은 과거를 초월하며 지적으로는 포스트모던적이다. "그들은 포스트모던적이어야 하기 때문에 근대적이다."[15]

실제로 우리들이 웰스가 이 점에 대해 말한 것을 바르게 이해하였다면, 그의 이러한 말은 인식론적으로는 옳지만, 논리적으로는 옳지 않기 때문에 오해를 불러 일으킨다. 지적으로 포스트모던적이어야 할 필요성으로 귀결하는 그들이 사회적으로 근대적이라는 것은 사실이다. 그러나 그 반대는 성립하지 않는다. 지성인들이 지적으로 포스트모던적이 되어야 하는 것이 필수적임을 발견하였다는 사실은 그들이 사회학적으로 근대적임을 우리에게 보여주는 것이다.

이러한 포스트모더니즘은 최근의 것이라고 주장하지만 실제로는 1880년과 1920년 사이에 등장하였던 다양한 반(反)근대주의의 연장에 불과하다. 이것은 고도로 문명화된 세계에 대한 반항이었으며, 단순한 삶과 색다른 심리 치료나 예술과 기예에서 피난처를 찾으려 했다. 하지만 그러한 접근방식은 스스로를 근대성을 넘어가는 것으로

---

14 Ibid.
15 Ibid.

보지 않았으며, 근대성의 길에서 이탈한 것으로 생각하였다.[16]

2. 포스트모더니즘의 발흥

근대성에 대한 현재의 불만은 지적으로 여러 다양한 학문 분야에서 나타나고 있다. 가장 두드러진 불만은 건축에서 나타났다. 건축에서 근대성은 과거와 과거의 디자인과는 단절된 균질화된 양식을 발전시키려고 시도하였다. 건축이란 특별히 어떤 특정한 장소에 속하지 않고 모든 장소에 어울리게 하기 위하여 보편화하려는 시도를 하였다. 포스트모던 건축은 과거와 현재 모두의 관심을 반영하는 많은 양식을 가짐으로써 이러한 근대성과 단절하였다. 이것은 우리 시대의 다문화주의의 한 가지 표현이다. 하지만 근대주의와 마찬가지로 포스트모더니즘은 어떤 경직된 이념에 의해 이끌리지는 않기 때문에 포스트모더니즘은 그 절충주의적인 성향으로 인해 그 어떤 명확한 목적도 가지지 않는다.[17]

옛날의 계몽주의적인 믿음에서는 합리적이고 객관적인 학문의 가능성에 대한 확신이 있었다. 이러한 확신이 포스트모더니즘에 의해 지적으로 거부되었다. 일단의 보편적인 진리에 대한 동의 없이 심지어는 학자들에 의해 짐짓 객관적으로 발견되었다고 하는 결론마저도 단지 이러한 학자들의 관심과 성향으로 인한 결과에 불과하다고 여겨지고 있다.

상대주의에 대한 믿음이 인정되고 나면 어떤 사람의 발견이 가지는 보

---

[16] Ibid., 61-62.
[17] Ibid., 64-65.

편 타당성에 대한 주장은 매우 어려워진다. 심지어 근대인들에 의해 객관성과 합리성의 전형으로 생각되었던 과학마저도 이러한 상대주의적인 영향으로부터 예외일 수 없다. 토마스 쿤은 과학자들의 관찰이 너무나도 많이 그들이 찾고자 하고 그들이 가능하다고 생각하는 것에 대한 자신들의 기대에 의해 영향을 받는다는 것을 보여주었다. 문학에서는 해체주의가 단어라고 하는 것은 그 자체로는 아무런 의미도 가지지 않는다고 주장하고 있다. 단어들은 단지 우리가 그 단어들이 의미하기를 원하는 것을 의미할 따름이다.[18] 이러한 동일한 현상은 포스트모던 신학에서도 발견할 수 있다.

하지만 웰스는 근대와 포스트모던 사이의 관계는 우리가 때때로 인식하고 인정하고 있는 것보다 훨씬 더 복잡한 것이라고 주장한다. 우리가 반근대적이기보다는 포스트모던적이려고 애쓰고 있다는 바로 그 사실이 근대를 초월하려는 열망을 지시해준다. 이것은 다시금 진보에 대한 믿음을 반영하고 있다. 그리고 이것은 그 자체로는 분명히 근대적인 개념이다. 그래서 포스트모더니즘마저도 그 자체로서 근대주의로부터 완전히 자유롭지는 못하다. 미국은 낙관론자를 사랑하며, 부정적인 말을 하는 사람들에 대하여 참지 못한다. 더 나은 미래에 대한 소망의 기초가 사라졌다고 생각하는 사람들의 논증은 잘못되었을 뿐 아니라 도리어 공격적이기까지 하다. 왜냐하면 그들은 미국인들이 당연시하는 신앙고백의 근본 요소를 어기고 있기 때문이다.[19]

웰스는 이제 지나가버린 이러한 근대성에 대한 토론으로 넘어가고 있다. 앞에서 살펴보았듯이 웰스는 외적인 사회적 환경이 사고 방식

---

[18] Ibid., 65.
[19] Ibid., 67.

의 원인이라고 주장하였다. 많은 점에서 서양의 시대로부터 우리 시대로의 전환은 유럽 시대에서 미국 시대로의 전환이었다. 이전의 시대는 위대한 식민주의 시대였다. 이때 유럽의 여러 나라들은 주도적이었다. 두 번의 세계대전은 유럽에 치명상을 입혔고 권력을 미국에 넘겨주면서 유럽이라고 하는 제국은 무너졌다.[20]

하지만 이러한 변화는 우선적으로 정치적인 것이라고 생각해서는 안 된다. 오히려 이러한 변화는 일련의 멋진 발명으로부터 생겨났다.

> 그들은 서로를 이용하여 우연찮게 서로의 인간적인 유익을 위하여 삶을 새롭게 바라보는 방식, 새로운 가치들, 주로 사회에 대한 새로운 관계, 새로운 우선순위, 새로운 지평—간단히 말해서 하나의 새로운 문명을 산출했다.[21]

이러한 발명이 쏟아져나온 것은 산업혁명이라는 연료를 공급받았고 사회를 도시로 조직화하였기 때문이다. 이러한 발전에 있어 놀라운 일은 이러한 발전이 토착적인 요소는 고려하지 않고, 실제로는 전 세계적으로 동일한 길을 따라가고 있다는 것이다. 존재하게 된 세계문명은 그 성격상 민족적이거나 문화적인 것이 아니라 기술중심적이고 도시중심적이다.[22]

웰스는 두 가지의 개념을 사용하여 토론하고 설명하기를 제안한다. 근대화와 근대성, 그리고 세속화와 세속성이 그것이다. 하지만 각각의 경우에 앞의 것을 기본적인 것으로 생각하며, 뒤의 것을 부차적인 것으로 생각한다. 근대성은 근대화의 결과이며 세속성은 세속

---

[20] Ibid., 68-69.
[21] Ibid., 70.
[22] Ibid.

화의 결과이다.[23]

웰스는 근대화를 제조업과 상업을 위해 우리 사회가 도시화된 과정이라고 생각하고 있다. 이 과정은 근대성의 가치를 부상시키게 하였다. 웰스는 다음과 같이 말한다.

> 이러한 맥락에서, **근대성**이라는 용어는 주로 도시화에 의해 야기된 공공의 환경을 가리킨다. 도덕적인 예의범절과 사고양식, 그리고 관계성은 사회를 가득 채우고 있는 거대하고 비인격적인 구조에 의해 형성된다[24]

이러한 근대화의 결과는 공적인 영역과 사적인 영역이라고 하는 두 가지 분리된 영역을 만들어냈다. 한 쪽은 인격적인 관계에 의해 규정되며, 작고 고립된 집과 가정, 그리고 개인적인 친구들로 구성된다. 다른 쪽은 자본주의적인 기계 내부에서의 기능으로 규정된다. 생산과 분배라고 하는 이러한 거대한 체계에서 사람들은 그들이 누구인가 또는 그들이 무엇을 가치라고 생각하고 무엇을 가치로 간직하고 있는가 하는 것으로 평가받지 않고 그들이 하는 일로 평가받고 있다. 사실 이러한 영역에서 많은 효율성은 비인격적이 되는 것에 달려 있기 때문에 인격적인 관계는 실제로 방해가 될지도 모른다. 이러한 익명성은 또한 책임감에 반대하여 작동한다. 노동자는 생산된 물품에 대한 그 어떤 책임감으로부터도 해방된다. 그 물품의 최종적인 소비자에 대하여 그 어떤 책임감도 가질 필요가 없다.[25]

이러한 도시화된 근대의 작업장은 책임감을 약화시켰을 뿐 아니

---

23 Ibid., 72.
24 Ibid., 74.
25 Ibid., 74-75.

라 종교적 신념과 도덕의 설득력에 대해서도 동일한 결과를 가져왔다. 너무나 폭넓은 세계관과 문화적이고 인종적인 차이, 그리고 그러한 근접성에서 발견되는 개인적인 가치들 때문에 각각의 거주자들의 가치는 경쟁하는 견해들 사이의 반감을 제거하기 위해 가장 낮은 수준에서의 공통분모로 환원되어야만 했다. 그리고 공적인 삶이 사적인 세계로부터 분리되면서 공적인 삶은 그 대신 공업기술 시대의 기계에 연결되고 있다. 사람들이 "다가오는 변화를 기대하고 거기에 적응해야만" 할 때, 거기에는 또한 미래에 대한 강력한 방향성이 부여된다.[26]

이러한 근대 사회에서 문화의 중심은 지리적인 것과는 별반 관련이 없었다. 오히려 문화의 중심은 "사회의 구조를 형성하는 거대하고 서로 연결되어 있는 많은 체계들"과 맞물려 있다. 예컨대 이러한 중심은 경제다. 때로는 정치적인 (세계, 연방, 주) 정부이며, 때로는 지식을 산출하고 유포하는 대학들이다. 때로 그 중심은 우리가 우리 자신을 이해하는 이미지에 대해서도 동일한 일을 하는 대중매체이다. 비록 사람들이 종종 그것을 의식하지 못한다 하더라도 사회 안에서 사람들은 이러한 체계들로부터 "무엇이 옳고 무엇이 잘못되었으며 무엇이 중요하고 무엇이 중요하지 않은지에 대한 감각"을 가지게 된다.[27]

웰스가 근대화와 근대성 사이의 관계에 대해서 묘사하고 있는 관계성은 또한 세속화와 세속성 사이에서도 발견된다. 최종적인 분석에서 웰스는 세속화란 거의 근대화와 동의어라고 결론짓는다. 세속성의 가치를 생산해내는 것이 바로 근대화라는 것이다. 웰스는 세속성을 "하나님의 부재나 부적절성을 도모하기 위해 사상과 삶을 재구조화하는 것"이라고 말한다.[28]

---

[26] Ibid., 75-76.
[27] Ibid., 77.
[28] Ibid., 87.

웰스가 그렇게 부르고 있는 것과 같이 세상의 상투적인 문화에 대하여 웰스의 결론적인 주장은 우리 시대에 대하여 새로운 것은 그것이 근대적인 것이 아니라고 말하는 것이다. 오히려 우리 시대의 새로움은 세 가지 다른 고려사항에 있다.

첫째, 근대적 의식은 세계 문명에 의해 형성되고 있다. 이것은 단지 세계의 한 부분의 문화가 아니다. 전체 세계의 문화이다.

둘째, 근대성의 가치를 위한 통로로서의 대중매체의 영향력이다. 이것은 지금까지 전혀 본 적이 없는 근대성의 경험에 강렬함을 더할 만큼 깊게 스며들어 있다.

셋째, 우리는 이제 전례가 없을 정도로 근대성의 가치를 시험하고 채택하는 것을 보고 있다.[29]

3. 기독교의 반응

이러한 발전은 기독교인이나 불신자 모두에게 영향을 미치고 있다. 이것은 사회 안에 살아가고 있는 사람들의 의식을 형성하는 커다란 힘이 되었다. 그렇게 하면서 이것은 불신앙이 자연스럽고 신앙이라고 하는 것이 기이한 것이라는 분위기를 만들어냈다. 하지만 교회는 주전자 안의 개구리마냥 이러한 상황을 기쁨에 젖어 인식하지 못하고 있다. 웰스는 이것이 커다란 위기의 시대이기도 하지만 또한 커다란 기회의 시대라고 믿고 있다. 하나님의 섭리 가운데 교회의 생명을 새롭게 하는 개혁의 시대는 흔히 무질서와 혼돈의 시대에 생겨난다. 하나님께서는 종종 세우시기 전에 무너뜨리시며 지금이 그런 시

---

[29] Ibid., 89-90.

대 가운데 하나일지도 모른다.30

웰스의 판단에 의하면 불행하게도 기독교, 특별히 복음적인 기독교는 이러한 도전에 매우 잘 응답하지 못했다. 웰스는『신학실종』이라는 책을 자신의 조직신학 수업 첫 날에 대한 설명으로 시작하고 있다. 한 학생이 수업이 마친 후, 조직신학을 택하지 않을 수 없었음에 대해 불평한다. 조직신학은 자신의 미래 사역과는 아무런 관계가 없을 것이 너무나 분명하였던 것이다. 이것이 전체 책의 토론의 방향을 잡아 주고 있다.

웰스는 신학이 일반적으로 세 가지 부분으로 구성되어 있음을 지적하고 있다. 고백적인 요소는 교회가 물려받고 주장하고 있는 일단의 믿음의 내용이며 교리로 결정된다. 반성적인 요소는 오늘의 시대에 하나님의 말씀을 맡고 있다는 것이 무엇을 의미하는지 이해하고자 하는 교회의 노력이다. 이것은 다시 세 가지 오솔길로 갈려 내려간다. 이것은 성경 전체를 망라하고 다른 부분들을 연계하는 것이기에 틀림없이 성경신학이다. 과거 교회 안에서 하나님의 일하심의 역사를 개관하는 것이라면 역사 신학임에 틀림없다. 이것은 지나간 과거 교회 역사의 영적 유익을 받아들이고 현재의 잘난 체하는 마음을 상대화하기 위하여 필요한 견실함을 부여할 것이다. 그것은 주어진 어떤 시대가 규범적이라고 간주하는 것에 고백의 내용을 관련짓는 것이기에 또한 현대적인 신학(비록 웰스가 이러한 용어를 사용하고 있지는 않지만)이어야만 할 것이다. 세 번째 요소는 처음의 두 가지 요소에 근거하고 있는 일련의 가치들을 배양하는 것이다. 이것은 교회가 그 실천을 신앙 위에 정초시키는 것으로부터 나오는 지혜를 얻는 문제이다.31

---

30 Ibid., 91.
31 Ibid., 98-100.

하지만 복음주의 교회는 근대화의 여러 요인들로부터 강력한 영향을 받고 있으며 신학의 이러한 과제들을 제대로 수행하지 못하였다. 웰스는 "심리치료 시대의 묘책이 신앙고백을 대치하였으며, 설교가 심리화 되었으며, 기독교 신앙의 의미는 개인적이요 사적인 것이 되었다. 고백은 그 핵심이 단칼에 제거되었고 반성은 주로 한 사람의 자아에 대한 생각으로 환원되었다"라고 말한다. 목회자는 그 문화가 가장 선망하는 두 가지 역할을 통해서 자신의 목회 사역과 기능을 규정하고자 한다. 그것은 관리자와 심리치료사이다. 이것은 신학이 축소된 것이다. 학문세계에서의 반성과 교회에서의 실천도 이 두 가지 기능에 집중하고 있다.[32]

이러한 근대화의 한 가지 결과는 복음주의를 포함하여 교회가 역사적인 기독교의 가르침으로부터 이탈하고 있다는 것이다. 웰스는 다음과 같이 말한다.

> 이러한 방식으로 신학을 제거하면서 그토록 중요한 중심적인 고백을 일단의 새로운 원리들(만일 그것들이 이렇게 불리는 것이 적절할지 모르겠지만)로 대치함으로써 복음주의자들은 자신들이 더 이상 그들 자신을 역사적 개신교도들이라고 의미있게 부를 수 없는 지점에 훨씬 더 가까이 나아가고 있다.[33]

웰스는 사도적 메시지가 자신이 신학이라고 묘사하고 있는 일련의 노력과 같은 유형 위에 매우 강력하게 세워져 있음을 보여주면서 이러한 주장을 견지하고 있다. 사도들이 그리스도에 대한 사실을 선포했고 그러한 사실들을 해석하였으며 그런 다음 그것들을 그리스도인

---

[32] Ibid., 101.
[33] Ibid., 101-2.

의 삶에 적용하였다고 웰스는 주장한다. 그리스도인의 결정적인 표지가 된 것이 바로 이 사도적 가르침이었다. 신자가 되는 것은 사도들이 가르친 것을 믿는 것을 의미하였다. 그리고 사도들은 단순히 교리를 가르치지만 않았다. 그들은 교리의 보존과 변호를 주장하였다. 이것은 "단번에 주어진" 믿음이었으며 그리스도인들이 가지는 소망의 유일한 근거였다. 이것은 신조적인 정통만을 주장하지 않는다. 예컨대 바울은 수많은 경우에 믿음과 실천 사이의 연결을 분명하게 주장하였다. 사랑과 순종은 교리적인 믿음으로 대치될 수 없었다. 오히려 사랑과 순종은 교리적 신앙의 표현이었으며 그러한 교리의 진정성을 보여주는 것이었다.³⁴

웰스를 놀라게 한 것은 오늘날의 다원주의 때문에 더 이상 사도적 고백의 배타성에 매어달려 있을 수 없게 되었다는 세계교회협의회(WCC)의 주장인데 이러한 주장은 암묵적으로 제2바티칸 공의회가 주장하였던 것이다. 사실상 사도들이 살고 선포했던 세계는 지금까지의 그 어떤 시대보다 더 다원적인 사회였다. 사도들의 세계가 작고 우리의 세계는 그렇지 않기는 하지만 그들의 세계와 우리의 세계 사이에는 그 대응방법뿐 아니라 또 하나의 매우 중요한 차이점이 존재한다.

> 사도들이 살던 세계는 기독교 신앙이 아주 작기는 하지만 하나의 사실로 남아 있는 상충하는 종교적인 주장들이 난무하는 커다란 솥이었다. 초대 그리스도인들은 그들의 신앙이 절대적으로 진리라는 것을 알고 있었으며 기독교 신앙은 어떤 경쟁상대도 허용하지 않으며 그래서 어떤 절충도 추구하지 않았다. 이것은 하나님과 성령께서 고대 세계 가운데서 그리스도를 아는 지식을 확산하는 일에 있어 복 주시고 사용하였던 그런 종류의

---

34 Ibid., 102-4.

온전함이었다. 감히 말하자면 오늘날 우리는 사도들과 같이 주장하고 있지 않기에 주님의 축복을 누리지 못하고 있는 것은 아닐까? 현 시대의 교회를 인도하고자 하는 사람들 가운데 많은 사람들은 기독교 신앙이 단지 상대적인 진리일 뿐이라는 생각을 가지고 있다. 그렇지 않으면 그들은 우리가 신약성경에서 가지고 있는 각각의 규례와 실제적인 예와는 반대로 그리스도를 다른 종교에서도 "만날" 수 있다고 생각한다. 이들은 다른 종교를 경쟁상대로가 아니라 적응할 필요가 있는 "해석들"이라고 생각한다. 교회 지도자들 중 다수가 이와 비슷하게 설득된다면 여러 시대를 거쳐 어떤 일이 일어날까 사람들은 의아해 하고 있다.[35]

4. 복음주의 신학의 실종

웰스는 복음주의로부터 신학이 실종되고 있다고 주장한다. 이 말은 별스럽게 들릴지도 모른다. 왜냐하면 조사에 의하면 역사적인 기독교 교리에 대한 믿음과 헌신이 여전히 강한 것으로 나타나기 때문이다. 하지만 웰스는 그러한 신앙이 주변부로 밀려나고 있기 때문에 신학이 실종되고 있다고 주장한다. 그러한 상황에서는 복음적인 삶이 어떠해야 하는지 규정할 수 있는 능력이 상실되었다. 이러한 신학의 실종은 두 가지를 의미한다. 한편으로는 신학의 다양한 국면들이 산산조각이 났다. 이제는 성경을 연구하는 학자들과 철학자들, 역사가들 그리고 사회학자들과 실천에 대한 이론가들이 제각기 신학에 종사하고 있다. 그리고 신앙의 항목들은 더 이상 복음주의자들이나 복음주의의 중심적인 가치가 아니다. 그 대신에 근대성이 쏟아 부어지고 있는 일종의 진공상태가 있다(복음주의가 무차별적으로 근대성을 수용하고 있다는 것을 이르는 말임-역주). 그 결과 신학적으로 자신을 규정하지 않는 신앙이

---

[35] Ibid., 104.

처음으로 존재하게 되었다.³⁶

이러한 신학의 실종은 두 가지 영역에서 확인할 수 있다. 복음주의자들의 실제적인 삶과 복음주의적 사역이 바로 그것이다. 복음주의적 경건은 매우 내적이고 매우 개인적인 것이 되었다. 이것은 우리 시대에 만연한 심리학을 반영해 주는 발전이다. 이제 행복이 관심과 활동의 제일 목표가 되었다. 이러한 기분 좋은 감정을 경험하는 것이 점차적으로 많은 복음주의적 활동의 목표가 되고 있다. 이것은 복음주의를 매우 성공적이게 해주고 있다. 왜냐하면 단순한 소비자적인 심리상태는 정통 신앙을 형성하고 규정하기 위해 요구되는 반성이나 판단이라는 관습에 호의적이지 않다.³⁷ 웰스는 로버트 슐러(Robert Schuller, 1926-)와 헤리 에머슨 포스딕(Harry Emerson Fosdick, 1878-1969: 록펠러가 교인이었던 리버사이드 교회 담임목사였으며 근본주의자들에 대항하여 자유주의 신학을 적극적으로 옹호한 것으로 유명함-역주)의 메시지 사이의 유사한 점을 보여준다. 웰스는 삶을 심리화하는 것은 세 가지 점에서 역사적 기독교를 약화시킨다. ① 그것은 기독교 복음과는 반대로 인간 본성이 온전할 수 있다고 가정한다. ② 그것은 사고하려는 열망이나 능력을 약화시켜 신학을 불가능하게 만든다. ③ 그것은 외부 세계에 대한 관심을 제거하며 자아를 위해 문화를 희생시킨다.³⁸

복음주의의 본성에 대한 이해뿐 아니라 목회에 대한 이해까지도 근대화에 의해 더럽혀지고 있다. 우리 사회에서 대단히 존경받는 두 가지 역할 모델은 심리학자와 관리자인데 이제 목회자들이 채택하려고 하는 모델이 되었다. 그래서 심지어 복음주의적인 강단에서마저도 설교는 치유적인 것이 되고 있으며 목회자는 회사의 효율성과 성

---

36 Ibid., 109.
37 Ibid., 171-73.
38 Ibid., 178-84.

장을 책임져야 하는 최고경영책임자(CEO)로 간주된다.[39] 이것은 웰스가 두 가지 유형의 목회사역을 대조시키고 있는 것과 보조를 같이 한다. 하나는 신학적으로 기초를 가진 사역이고, 다른 하나는 그 방향성에 있어 전문적인 사역이다. 후자에서는 어떤 사람의 직업은 그의 경력이 되며 그 안에서 더 크고 더 재정적으로 많은 반대급부가 있고, 보다 유명한 자리에 오르는 것이 목표가 된다. 웰스는 이러한 일이 일어나게 되는 과정을 상당히 상세하게 묘사하고 있다. 목회와 교회의 현재적인 상태에 대해서도 웰스는 그렇게 하고 있다.[40]

목회 사역의 새로운 유형은 실제로는 평신도를 인정하는 것이 아니다. 사실상 웰스는 두 번째 유형의 성직자를 "새로운 무능력자들"이라고 언급하고 있다. 그들의 사역의 결과는 스탠리 하우어와스(Stanley Hauerwas, 1940-)와 윌리엄 윌리몬(William Henry Willimon, 1946-)이 실천적 무신론자라고 부르고 있는 것을 만들어내고 있다.

> 교회가 단지 제공하는 서비스에 지나지 않거나 사역자가 만들어낼 수 있는 좋은 기분에 지나지 않는 것은 무신론이다. 다른 말로 하면, 전문적인 기능이 작동하고 있는 곳에서 목회사역은 전형적으로 그 초월성을 빼앗기고 단지 조력하는 직업이 되고 말 것이다.

이것은 판단하지 않고 듣기를 원하는 일종의 감상주의를 산출하였다.

> 의견을 가지기는 하지만 진리에는 별 관심이 없다. 동정하기는 하지만 옳은 것에 대한 열정은 없다. 정말이지 전문적인 기능이라고 하는 경건의 위장

---

[39] Ibid., 112-14.
[40] Ibid., 218-45.

아래에서 목회적인 불신앙이 그 삶을 지탱해가고 있다.⁴¹

웰스는 이러한 주장을 「프리칭」(*Preaching*)과 「풀핏 다이제스트」(*Pulpit Digest*)라고 하는 두 가지 잡지에 발표된 설교에 나타난 현대 설교의 본성을 살펴봄으로 입증하고 있다. 웰스는 이들 설교 가운데 명확하게 성경적인 설교는 절반 이하이며 14퍼센트는 전혀 성경 구절을 찾아 볼 수 없다는 것을 발견하였다.

여기에서 더 나아가 80퍼센트의 설교는 인간중심적이며 하나님과 하나님의 뜻은 신앙적인 삶에 대한 고려의 중심에 있지 않았다고 웰스는 결론을 내리고 있다.⁴² 만일 복음주의자들을 포함하여 그리스도인들이 근대성의 중심에 있다는 믿음을 가지고 있다면 이것은 놀라운 일이 아니다. 복음주의자들은 바른 신학을 믿고 있지만 신학은 어떻게 살 것인가 하는 문제와는 무관한 것이라고 믿고 있다. 그리고 매우 실제적인 의미에서 이 문제들이 교회 강단을 특징짓고 있다.

5. 해결

웰스는 근대성과 근대성이 복음주의적 사고와 삶에 미친 영향을 묘사하고 분석하는 데 상당한 지면을 할애하고 있다. 때때로 이러한 묘사는 자주 반복되고 있다. 만일 웰스가 옳다면 상황은 기독교에 있어 매우 심각하다. 기독교의 바로 그 본질과 생존이 여기에 달려있다. 이러한 성가신 상황에 대하여 웰스는 그 대응책과 해결방안으로 무엇을 제시하고 있는가?

---

41 Ibid., 248-49
42 Ibid., 251-52.

기본적으로 웰스가 요청하고 있는 것은 성경적인 진리로 돌아가는 것이다. 단지 그 내용면에서만이 아니라 진리라고 하는 바로 그 개념부터 그래야 한다. 구약 성경의 예언자들과 신약 성경의 사도들은 근대성의 전망과는 날카롭게 대조되는 확신을 가지고 있었다. 그들은 하나님께로부터 받아 선포하고 있는 계시가 절대적인 의미에서 진리라고 믿었다. 이것은 단지 그들에게만 진리이거나 그들의 시대에만 진리인 것은 아니다. 그것은 "보편적으로 절대적으로 지속적으로" 진리이다.[43]

웰스는 이러한 진리 개념이 근대인들에게는 지지할 수 없는 것으로 간주되고 있음을 알고 있다. 웰스는 우리가 고대인들이 가지고 있었던 절대적 진리에 더 이상 집착할 수 없다는 입장을 변호하기 위해 근대인들이 제시하는 세 가지 이유를 제시한다.

첫째 이유는 그 자체로 논의되기 보다는 흔히 암묵적으로 전제되는 것이다. 이것은 우리가 더 이상 구시대적 사고 방식으로 돌아설 수 없는 그런 지점까지 진보하였다는 생각이다. 문화적으로 더 오래된 것은 가치 면에서 떨어지는 것이라고 간주된다. 이것은 이전에는 다윈주의와 거기에서 생겨난 철학에 근거하였던 것이지만 보다 최근에는 기계공학과 관련되어 있다.[44]

둘째, 단지 고대나 성경적인 세계관으로 돌아가는 것은 불가능하다는 주장이 있다. 이것은 어떤 옷을 벗었으면 그것을 다른 옷으로 바꾸어야 한다는 식이다. 세계관은 주어진 시대의 심리학이나 경험과 연결되어 있다. 우리 시대는 근대라는 것이다. 이러한 방식을 따르고 있는 신약 신학자 루돌프 불트만(Rudolf Bultmann, 1884-1976: 신화로

---

[43] Ibid., 259-60.
[44] Ibid., 260-61.

가득찬 신약 성경을 비신화화하여 실존론적으로 해석할 것을 주장한 신학자-역주)의 주장은 지금은 진부한 것으로 간주되고 있지만 이러한 믿음에 사람들은 미련을 가지고 있는 듯하다.[45]

셋째, 우리는 이제 종교 다원주의와 진리에 대한 수많은 주장에 직면하고 있다. 그러므로 성경의 저자들이 그러했던 것처럼 진리에 대하여 타협 없는 견해를 단순하게 믿는 것은 이제는 불가능하다.[46]

웰스는 각각의 주장들이 우리들로 하여금 성경적인 진리에 대한 이해를 가지지 못하게 하지 않는다고 주장하면서 이러한 주장에 하나하나 응답하고 있다.

첫째, 지난 20세기에 자행되었던 숱한 잔혹행위에도 불구하고 인간 정신의 진보에 대한 견해를 주장하는 것은 성경 저자들을 믿는 것보다 더 큰 믿음을 요구한다.[47]

둘째, 우리가 현재 경험하는 사실을 보면 우리가 단지 이러한 견해를 묵종하는 것 외에 다른 도리가 없는 것은 아니다. 경험이라고 하는 것은 해석되어야 하며 경험은 우리가 믿음을 받아들이거나 거부할 자유를 잃어버렸다는 것을 확실하게 보여주지는 못한다. 만일 신념이 엄격하게 결정된 것이라면 이러한 주장을 포함하여 어떤 주제에 대하여 어떤 사람을 설득하기 위하여 책을 쓰는 것이 과연 무슨 소용이란 말인가?[48]

셋째, 우리 시대의 종교 다원주의가 이전 시대와는 비견할 수 없을 정도로 확산된 것은 사실이지만 이 사실이 기독교의 독특성을 포기하라고 요구한다는 주장을 듣는 것은 매우 놀랄만한 일이다. 웰스는

---

45 Ibid., 261.
46 Ibid.
47 Ibid.
48 Ibid., 261-62.

"이것이 다른 다수의 종교와 직면한 필연적인 결과라면, 모세와 이사야, 예수님과 바울은 우리 시대에 그렇게 하는 것이 유행하기 훨씬 이전에 성경적인 신앙을 포기했을 것이다."[49]

웰스는 특별히 진리에 대한 견해라는 용어로 이교사상을 성경적인 기독교와 대조하고 있다. 이교의 견해는 다음의 생각들을 포함하였는데 지금도 이들 각각의 주장의 여파를 느낄 수 있다.[50]

① 신들은 비록 제한된 정도이기는 하지만 자연을 통해 알려질 수 있다.
② 이교도들은 초자연을 이해하기 위해 자신들의 경험으로부터 시작하였다.
③ 초자연적인 영역은 안정적이지도 예측 가능하지도 않다.
④ 이교의 신들은 성적이다. 그래서 이교의 신들과 관계된 종교적인 관습들은 성적인 함축을 가지고 있다.
⑤ 이교도들에게는 도덕적으로 절대적인 것이 없었다.
⑥ 이교도들에게 역사는 진정한 가치가 없었다. 이교도들은 흔히 역사를 순환적인 것으로 이해하였다. 그들은 현재에 대한 자신들의 경험에 의존하였다.

반면에 성경적 기독교는 역사와 진리에 대하여 매우 다른 생각을 가지고 있었다.[51]

① 성경의 내러티브는 그 자체가 역사 안에서 작동하고 있다.

---

49 Ibid., 263-64.
50 Ibid., 267-68.
51 Ibid., 271.

② 그러한 역사의 의미는 역사 안에 현존하지만, 하나님에 의하여 보충되어야만 한다.
③ 성경 내러티브의 의미는 단지 그 완성에서 알려질 수 있다. 그러므로 종말론은 매우 중요하다.

최종적인 분석에서 성경적인 진리 이해와 비기독교적인 진리 이해 사이의 가장 주된 차이점은 한 가지 중요한 특징으로 모아진다. 왜냐하면 고대나 근대의 이교도 모두에게 진리는 내부에서, 즉 한 사람 자신의 개별적인 경험에서 발견된다. 하지만 성경적 기독교에서는 진리란 그 자신의 경험 안에서 발견될 수 없는 어떤 것을 외부적으로 획득하는 것이다. 진리라고 하는 것은 단지 어떤 한 사람을 위해 작동하는 개별화된 신념의 집합이 아니다. 그러므로 실용적으로 채택되어서는 안되는 것이다. 진리는 하나님께로부터 신적으로 계시된 객관적인 진리이며 이 진리는 모든 시대와 장소에서 모든 사람에게 진리이다. 진리는 우리에게 나타난 것으로가 아니라 그 자체로 실체이다.[52]

그렇다면 문제 해결은 복음적인 그리스도인들이 실체에 대한 객관적인 지식으로서의 진리에 대한 관심으로 돌아가는 것이다. 특별히 이것은 자아로서가 아니라 거룩하신 하나님 앞에 서 있는 인간으로 사람을 이해하는 것을 회복하는 문제이다. 웰스는 "만일 교회가 하나님 중심성에 다시금 관심을 가지고 신학을 위한 자리를 발견하기 시작한다면, 만약 교회가 자신의 충분성에 의존할 수 있다면, 만일 교회가 그 도덕적인 본질을 회복할 수 있다면, 그렇다면 교회는 이제 근대성에 빠져 죽어가고 있는 세상을 향해 말할 무엇인가를 가지게

---

52 Ibid., 279-82.

될 것이다"라고 말하고 있다.[53]

6. 평가

1) 긍정적 평가

이러한 웰스의 주장은 칭찬할만한 많은 특징을 가지고 있다.

① 웰스는 개념이나 신념이 진공상태에서 주장되는 것이 아니라 그 안에 수많은 다른 문화적 요소들을 가지고 있는 주어진 시대의 한 부분임을 인식하고 있다. 주어진 시대의 신념은 예컨대 사회학적인 요소로부터 분리될 수 없다.
② 웰스는 대략 지난 세기에 교회 외부와 내부에서 발생하였던 문화적인 변화들을 철저하게 입증하고 있다. 어떤 중요한 변화가 발생했다는 것을 부정하기는 어려울 것이다.
③ 웰스는 성경의 저자와 설교자들, 그리고 교회 바깥에서 발견되고 또한 교회, 심지어는 오늘날 복음적인 교회 안에서도 발견되는 전망 사이의 차이점을 분명하게 드러내고 있다.
④ 웰스는 신약 성경 저자들의 가르침뿐 아니라 실천적인 경험에 있어서도 믿음과 실천 사이의 연관성을 올바르게 보여주고 있다.
⑤ 웰스는 교회의 갱신과 개혁을 요구하며 이러한 흐름에 맞서 나갈 용기와 의지를 가지고 있다.

---

[53] Ibid., 301.

2) 부정적 평가

① 웰스는 짐짓 지식 사회학적 접근방법을 인정하지만 이것과 마찬가지로 자신이 주장하는 견해와 자신이 추천하고 있는 접근방법도 상대적인 결과를 가진다는 점은 알지 못하고 있는 것 같다. 아마도 이것은 단지 사물이 그러하다는 객관적인 방식이라기보다는 역사적으로 조건지어진 견해이다.
② 웰스는 어떤 문제에 대하여 철저하게 역사적이고 사회과학적인 분석을 제공하고 있다. 하지만 철학적인 분석에 있어서는 정교하지 못한 부분이 있는 것 같다. 예컨대 칸트에 의하여 제기된 문제는 그에 대한 설명에 있어서나 그에 대한 대응에 있어 정당하게 다루지 못하고 있다.
③ 이와 밀접하게 관련된 문제는 웰스가 근대성에 의하여 제기된 인식론적 문제들을 포착하는 데 실패하였다는 것이다. 웰스가 성경의 저자들이 분명히 객관적인 진리에 대한 견해에 헌신되어 있음을 발견하였지만, 이에 대한 근대적인 반응은 웰스가 성경을 그 자신의 객관적인 전제를 가지고 읽었다는 것이다. 이 문제는 다루어지거나 심지어 인지되지도 못하고 있다. 근대성에 대한 웰스의 반응은 논란이 되고 있는 바로 그 문제를 전제하고 있는 듯하다. 절대적인 진리를 가지고 있는 것과 진리를 절대적으로 이해하는 것은 전혀 다른 별개의 문제일 수 있다. 이러한 구분이 웰스의 토론에는 빠져 있는 것 같다.
④ 각기 다른 지적인 시대를 다루면서 웰스가 정확히 어떤 기준들을 채택하고 있는지 분명하지 않다. 예컨대 웰스는 때때로 전근대주의로 돌아가자고 주장하는 것처럼 보인다. 하지만 웰스는 단지 과학기술을 포함하여 근대성의 어떤 특성들을 용인할 뿐만

아니라 받아들인다. 어떤 근거에서 웰스가 그러한 취사선택을 하고 있는지 분명하지 않다.

⑤ 아마도 가장 심각한 부정적인 요인은 현대 교회의 문제 해결을 위한 어떠한 실제적인 제안도 없다는 것이다. 『신학실종』에서 웰스는 이 문제를 마지막까지 미루고 있으며 드디어 마지막 다섯 페이지나 그 이하로만 그 문제를 다루고 있다. 그런 다음 그는 이러한 실제적 제안을 다루고자 『거룩하신 하나님』(God in Wasteland)이라는 또 다른 책을 썼다. 하지만 이 책도 이전의 책과 거의 동일한 방식을 따르고 있다. 다시금 해결책은 마지막 장에서 다루어진다. 분석은 지루할 정도로 쌓여 가지만 종합은 극히 드물다.[54]

⑥ 웰스는 우리가 그렇게 하기를 원하는 것과 같이 완벽하게 포스트모던성을 벗어나지 못했다는 몇 가지 징후가 있다. 웰스가 진리에 대한 공동체적인 접근방법을 강조하는 것은 이상하게도 공동체에 대한 포스트모던적인 관심과 유사하게 들린다. 포스트모더니즘에서는 공동체가 그 본래적인 상대주의에 대항하여 객관성의 그 어떤 기초를 제공하는 것으로 도입되고 있다. 웰스는 이러한 고려와 관련하여 자신의 입장을 명료하게 밝히지 않는다.

⑦ 기본적으로 제안된 해결책은 복음주의가 객관적인 진리로 돌아가야만 한다는 것이다. 하지만 어떻게 이 일이 이루어질 수 있는

---

54 웰스의 동료인 리차드 린츠(Richard Lints)는 인식론적인 절대주의를 전제할 뿐 아니라 설명하고 분석하는 것을 지나치게 강조하는 동일한 경향을 드러내고 있다. 1995년 3월 16-17일 미네소타주 세인트 폴에서 열렸던 복음주의 신학회 중서부 지역 모임에서 발표했던 세 편의 미발행 논문들 "The Defining Moments of Evangelicalism", "The Age That Cannot Name Itself", 그리고 "Theology and the Many Faces of Modernity"과 함께 *The Fabric of Theology: A Prolegomenon to Evangelical Theology* (Grand Rapids: Eerdmans, 1993)를 보라.

지는 웰스의 분석에 담겨 있지 않다. 이것은 마치 화학적으로 약물에 의존적인 사람에게 단지 약물 사용을 포기하라고 말하는 것과 같다. 하지만 이것은 어떤 의미에서는 해답이 아니라 질문, 즉 "어떻게 내가 그 일을 하지요?"라고 묻는 물음을 유발할 뿐이다. 웰스가 제공하고 있는 것은 어떤 방식으로 윤리학의 용어로 하면 윤리적 해결 또는 어떤 일이 이루어져야 하는가라는 문제와 상응한다. 부족한 것은 실천적인 해결이다. 바라는 바의 윤리적인 해결을 어떻게 일으키는가 하는 문제는 웰스의 책에 없다.

나는 종종 내가 1950년대에 딥 사우스(Deep South, 알라바마, 조지아, 루이지애나, 미시시피 등의 미국 남부의 인종차별이 극심했던 지역을 이르는 말임-역주)에서 목회하던 목회자였다면 어떻게 하였을까 나 자신에게 묻곤 한다. "분리되어 있지만 동일한" 정책(흑인들에 대한 인종차별에 반대하면서도 교묘하게 흑백 분리를 주장할 때 쓰는 표현임-역주)에 의해 영속화된 악과 싸우고자 바라면서 나는 어떻게 교회가 변화하도록 지속적으로 인도하였을까? 즉각적이고 전체적인 변화에 대한 너무나 극단적인 주장이 우리가 하는 노력은 실패하고 회중에게 영향을 미치는 기회는 상실되고 만다는 사실을 보증하는 수단이 되었을 것이다. 웰스에게 동의하면서도 교수가 가지는 종신교수직과 같은 것을 가지고 자신의 목표를 지속적으로 수행해 나갈 수 없는 목회자는 정확히 어떻게 해야 하는가?

웰스는 자신의 책을 수업 첫날의 일화로 시작하고 있다. 웰스는 입문적인 과목들에 대한 강의 평가에서 좋은 점수를 받지 못했기 때문에 신학의 가치를 보여주기 위해 특별한 노력을 기울였다. 수업 후에 한 학생이 와서 웰스에게 신학의 비실천적인 요소를 불평하였다. 이러한 상황에서 웰스가 느꼈을

당혹감은 너무나 분명하다.[55]

그러나 그런 학생들이 여럿이었다면, 아마도 학급의 대다수가 그들 수업의 내용이 무엇이 되어야 하는지 결정하는 일을 도울 권리가 있다고 주장하였다면 어떻게 되었을까? 심지어는 학구적인 것이나 신학교 생활의 다른 측면들에 대해 상대적인 강조만이 주어져야 한다면 어떻게 되었을까? 그들이 만일 교수의 봉급을 결정하거나 심지어는 교수를 해임할 수 있는 권한을 요구하였다면 어떻게 하였을까? 학생들이 그를 싫어한다면 어떻게 하였을까? 이것은 지역교회의 목회자가 직면하는 상황과 비슷할 수도 있다. 웰스 편에서는 목회자나 다른 교회 지도자들의 어려운 문제에 대한 공감이 부족한 것 같다.

---

55 *No Place for Truth*, 1-4.

3장

미래로 돌이키라: 토마스 오덴

어떤 신학자들의 사상이나 가르침은 그들의 삶이나 전기와는 무관하게 이해할 수 있는 경우가 있다. 그들이 살았던 삶의 사건들과 무관하게 그러한 생각들은 타당하기도 하고 부당하기도 하다. 하지만 어떤 경우에는 그 가르침의 정확한 의미는 그들의 경험과 밀접한 관계가 있는 것이기에 그 주장을 한 사람의 경험에 대한 설명 없이는 그 주장의 바른 의미를 바르게 파악할 수 없다. 이러한 사정은 마틴 루터나 죄렌 키에르케고르, 그리고 칼 바르트와 같은 신학자들에게 있어서 특별히 그러하다. 그리고 이것은 뉴 저지 주 매디슨에 있는 드류 대학의 신학부에서 신학과 윤리학 헨리 앤손 부츠 교수로 재직 중인 토마스 오덴(Thomas C. Oden, 1931-)에게 있어서도 그러하다.

어떤 방식으로 오덴은 우리가 지금 토론하고 있는 신학적 변화를 보여주는 하나의 비유가 될 만한 사람이다. 왜냐하면 그의 전체 저서를 연구해보면 두 명의 토마스 오덴을 발견하게 된다. 그들은 바로 근대적인 토마스 오덴과 포스트모던적인 토마스 오덴이다. 지난 20년에 걸쳐 그 자신의 신앙과 신학의 커다란 변혁을 경험한 한 사람이 여기 있다. 오덴은 상당히 상세하게 자신의 이전 견해와 현재의 신학적 견해를 묘사하고 있다. 오덴은 자신의 학생 시절과 초기 교수사역 기간 동안 현존하는 수많은 개념들과 대의명분들에 노출되었고 거기에 관여하였음을 설명하고 있다. 오덴은 이러한 역할을 하나의 "운동 신학자"의 역할로 묘사하고 있다.[1] 16세밖에 안되었을 때 오덴은 세계 정부를 설립하기 위해 연합세계연방주의자단체에 가입하였다. 그는 또한 1954년의 에반스톤 세계교회협의회 모임과 1966년 사회와 교회에 관한 제네바 콘퍼런스에 참여하면서 교회연합 활동에 매우 깊이 관여하였다. 오덴은 또한 17세 때부터 시민권리운동에도 관여하였으며 1953년 전미흑인지위향상협회(NAACP)에도 참석하였고, 수많은 행진과 연좌데모 등에 참여하였다. 월남전 10여 년 동안 오덴은 평화주의자였으며 스스로를 민주 사회주의자요 이론적인 공산주의자로 생각하였다. 오덴은 민주적 행동을 위한 학생 연대와 미국 시민자유연합, 그리고 여성 권리 운동에 활발하게 참여하여 활동하였다. 오덴은 자유로운 낙태에 대한 충실한 지지자였으며 각 주의 권리와 군사적인 소비와 같은 보수적인 대의에 대하여 반대하는 사람이었다. 1950년 후반에 오덴은 비신화화 운동을 포함한 실존주의로 무장하게 되었다. 오덴은 예일 대학에서 박사학위를 취득하였는데 예일에서 그는 특별히 리차드 니버(H. Richard Nibuhr, 1894-1962)와 함께 공부하였고 신약성경에 대한 비신화화를 주창한 것으로 유명한 루돌프 불트만에 대한 논문을 썼다.

  10년마다 오덴은 추종하는 새로운 일단의 사상과 함께 등장하며 옹호하는 새로운 대의를 가지고 발견된다. 1960년대에 오덴은 내담자 중심의 치유 운동, 상호작용 분석, 게쉬탈트 치유 운동 그리고

---

[1] "운동 신학자"라는 표현은 토마스 오덴의 책 *After Modernity... What? Agenda for Theology*(Grand Rapids: Zondervan, 1990), 27-28에서 발견할 수 있다.

티 그룹 운동에 관여하였다. 1970년대에 오덴은 불가사의한 활동(Paranormal activity)을 연구하는 학회에 가입하였고 유사 심리학 과목을 가르쳤으며 생체리듬 차트와 점성술 그리고 트럼프 카드와 같은 것들을 공부하였다.

점차적으로 오덴의 마음과 영혼 가운데 질문이 생겨나기 시작했다. 어떤 일보다 이러한 질문은 낙태 요청 운동에서 오는 불편함에서 생겨났다.[2] 오덴은 자신이 정확하게 그 자신만의 포스트모던적인 시대로 움직여가고 있음을 알아차릴 수 있다고 느끼고 있었다. 그는 연구를 위해 잠시 떠나 있을 준비를 하고 있었는데 이는 그가 자신의 개인적인 서재로부터 열두 달의 기간을 온전히 떠나있게 되는 것을 의미하였다. 오덴은 주의깊게 자신이 배로 부쳐야 할 책들을 골라야만 했다. 왜냐하면 만일 그렇게 하지 않으면 비용이 엄청날 것이기 때문이었다. 고통스럽지만 오덴은 자신의 짐을 몇 꾸러미로 줄일 수 있었는데 그때 그는 엄청난 발견을 하였다. 그의 최종적인 도서목록에는 20세기에 해당하는 책은 한 권도 없었다. 그가 자신의 영적인 성장과 존재를 위해 의존하고 있었던 책들은 그 이전의 고전적인 책들이었던 것이었다. 오덴은 다음과 같이 말하고 있다.

> 나는 그 너무나 중요한 날 나 자신에 대해 중요한 어떤 것을 배웠다. 내게는 마치 두번째 기독교 천년이 이미 영적으로 끝이 난 것처럼 느껴졌다. 그것은 그것이 끝나기 전 몇 년 남은 기간을 다 소진해버린 것과도 같았다. "포스트모던" 세계로 내가 들어간 날짜를 지정해야했다면 (개척자시대의 부흥사들이 자신들이 개종하였던 정확한 날을 말하곤 하였던 방식과 유사하다) 나는 내가 가장 필요로 했고 가장 확실히 나와 함께 있기를 원했던 책들을 선택해야만 했던 그 날이었을 것이라고 생각한다. 놀랍게도

---

2 Ibid., 28-29.

어쩔 수 없는 상황에서라면 나는 20세기의 문서들은 전혀 없어도 살아갈 수 있을 것 같았다. 하지만 히폴리투스나 토마스 아퀴나스, 니콜라우스 쿠자, 독일 신비주의자의 글, 마이모니데스, 파스칼, 키에르케고르가 없이는 살아 갈 수 없을 것 같았다.³

오덴이 "전환"이라고 이름 붙인 이 사건은 대략 지난 30여 년 동안 점차적으로 드러났다. 초기의 오덴의 저술들을 후기의 오덴의 저술과 비교해보면 엄청난 대조를 이루고 있음이 드러난다. 오덴은 자신의 학문적이고 교회적인 식견이 편협하였음을 말하고 있다. 오덴은 자신의 대화를 거의 전적으로 대학의 동료들과 자유주의적인 교회 교인들에게 제한하였었다. 그러다가 개신교 복음주의자들과 가톨릭 교인들 가운데 학문적인 대화가 되는 사람들을 발견하고 기뻐하였다.⁴ 이번 장에서 우리가 살펴보려고 하는 사상이 바로 이 후기의 오덴의 사상이다.

1. 근대성의 특징

오덴이 사용하고 있는 근대성은 여러 가지 의미가 있다. 근대성은 오덴의 판단으로는 매우 정확하게 시기를 정할 수 있다. 근대성은 "1789년에서 1989년까지의 이념이요 무력감이다. 1789년에 바스티유 감옥이 무너졌고 1989년에 베를린 장벽이 무너졌다."⁵ 하지만 근

---

3 Ibid., 25.
4 Ibid., 29.
5 Thomas C. Oden, "The Death of Modernity and Postmodern Evangelical Spirituality," in *The Challenge of Postmodernism: An Evangelical Engagement*, ed. David S. Dockery (Wheaton, Ill: Victor, 1995), 20.

대성은 "개념적인 장소나 이념적인 어조 그리고 하나의 태도"에 불과한 것으로 간주되었다.[6] 근대성은 19세기까지는 지적인 인텔리겐치아로부터 평범한 사람들에게로 확대되지 않았다. 그리고 20세기에는 이전 시대에 반론이 있을 수 있고 평판이 좋지 않았던 도덕적 태도들이 시대정신의 한 부분이 되었다.[7]

오덴은 근대 시대가 시작된 것이 논평자들마다 다를 수 있음을 인정하고 있다. 비록 오덴은 근대의 시작을 프랑스 혁명, 특별히 바스티유 감옥 습격(1789)년으로 생각하고 있지만, 어떤 사람들은 근대의 시작을 인쇄술의 발명(대략 1450년경)으로 생각하기도 한다. 데카르트나 사회계약론자들은 그 사이의 어느 시점을 근대의 시작으로 잡고 있다.[8] 근대의 끝 또한 1989년 베를린 장벽의 붕괴로 정확하게 자리매김을 할 수 있을 것이다.[9] 근대의 의미는 라틴어 단어인 모데르누스(modernus, 현재 시간의)와 모두스(modus, 척도)에서 나왔다. 그러므로 "어떤 것이 변화하거나 다변화되거나 새로운 형태가 주어지면 변경되었다고 한다. 어떤 양식은 우세한 스타일이나 현재적인 패션이다."[10] 예술이나 음악, 가구 그리고 문학과 같은 분야에 적용된 것처럼 근대성은 전통적인 것과는 대조되는 현재적인 것을 지시한다. 근대성에는 근대적이지 않은 것, 전에 지나간 것은 "적절하지 않으며, 구시대적인 것이며 그러므로 내버려야만 한다"[11]는 구실이 존재한다. 비록 오덴이 그렇게 언급하고 있지는 않지만 이것은 어떤 것이 "유행에 뒤떨어진" 것이라는 개념 배후에 있는 생각이다. 그 유형은 지나갔으며

---

6 *After Modernity... What?* 44.
7 Ibid.
8 Ibid., 46.
9 "Death of Modernity," 20.
10 After Modernity, 44.
11 Ibid., 45.

새로운 유형으로 대치되었다.

오덴은 세 가지 뚜렷한 의미의 층을 묘사함으로써 자신의 정의를 정교하게 한다. 이 층들은 표적에 있는 세 개의 동심원과도 같다.[12]

① 근대주의로 규정된 역사적 시기의 무엇보다 중요한 지적인 이념이 있다. 독일 관념론과 영국의 경험론과 함께 프랑스 계몽주의의 전제들이 근대 시기를 점하였던 하나의 세계관을 특별히 지적인 엘리트들 사이에서 형성하기 위해 합쳐졌다.[13] 그 주된 일반적인 특징은 도덕적 상대주의와 자기도취적 쾌락주의, 그리고 자연주의적 환원주의와 자율적 개인주의 등이다.
② 전근대적인 어떤 것과 대조되는 것으로서 연대기적으로 최근의 인식 방식이 더 우위에 있다고 전제하는 성향이 있다. 어떤 면에서 이것은 전제로 생각되지 않으며 자명한 진리로 받아들여졌다. 이것을 오덴은 근대성을 맹종하는 태도라고 부르고 있다.
③ 마지막으로 보다 안쪽의 원인 과녁의 한복판에 있는 흑점은 "두 가지 이전의 관점들을 후기의 단계가 **퇴보시킨다**"는 의미에서의 근대성이다.[14] 이러한 퇴보는 20세기 후반부에 훨씬 강화되었기는 하지만 지난 40년 동안 특별히 빨라지고 극적이 되었다.

근대적인 의식을 드러내주는 몇 가지 특별한 특징들이 있다. 매우 뚜렷한 것은 무제한적인 개인의 자유에 대한 수사학이다. 모든 제약과 모든 전통, 모든 사회적인 육아법은 비인간적인 것으로 생각되었기에 그것으로부터 자유롭고자 하는 강한 열망이 있다. 근대성은 "만

---

12 Ibid., 46-47.
13 "Death of Modernity," 24.
14 Ibid., 45.

일 우리가 x나 y로부터 단지 자유롭기만 하다면 우리는 진실로 우리 자신일 수 있다"라고 생각한다.[15] 이것은 우리가 그토록 많이 듣고 있는 자아 성취나 자아 실현을 위한 압력이다. 이러한 압력은 많은 방식으로 그 자신을 보여주고 있다. 그 중 하나가 어떠한 종류의 성적인 억압에 대하여서도 반대하는 프로이드식의 반발이다. 하지만 그러한 자유가 미화되고 있는 것은 단지 심리분석 이론에서만이 아니다. 정치학이나 근대의 연극이나 영화, 그리고 예술과 대중적인 문화에서도 마찬가지이다. 이것은 추상적인 종류의 자유이다. 왜냐하면 사회적인 책임이라는 기반으로부터 추상되거나 제거된 자유이기 때문이다. 이러한 자유는 수반하는 책임은 없는 자유이다. 이러한 자유는 개인적인 성격의 것이다. 언약적인 책임감 대신에 단지 주관적인 자아의 표현만이 있을 따름이다. 이것을 오덴은 "터무니없는 쾌락적인 주제넘은" 자유라고 부르고 있다.[16]

이러한 자기도취적 쾌락주의는 특별히 자신의 감각과 육체, 그리고 즉각적인 쾌락을 우상화한다. 중심적인 가치는 "나를" 지금 즉시 기분좋게 하는 것이다. 모든 다른 가치는 이것에 비하면 평가절하된다. 오덴은 "자기도취적인 쾌락주의는 나 자신의 쾌락에 병적으로 집착하며 이러한 집착을 어떤 사람이 그 자신의 자아에 대해 기대할 수 있는 최고의 것으로 간주하는 삶에 대한 정향성이다"[17]라고 말한다. 이러한 쾌락주의가 거의 제도화되어 있을 정도로 팽배되어 있다. "이러한 쾌락주의적인 우상숭배가 가족오락으로 광고되고 있는 네트웍 튜브에서는 살아있는 색깔로 나타나지만 이것은 성과 폭력에 집착되

---

15 *After Modernity*, 47.
16 Ibid.
17 "Death of Modernity," 28.

어 있는 것으로 드러난다."¹⁸

  이것과 밀접하게 관계있는 것이 근대성의 도덕적 상대주의이다. 모든 인간의 도덕적 가치는 역사적으로 조건지어진 것이다. 그것들은 "인간의 문화에 대한 변화하는 사회적이고 심리학적인 결정론"에 의존한다.¹⁹ 이러한 이해 위에서는 또 다른 규범을 비판할 근거가 없다. 규범을 판단할 그 어떤 규범적인 방식도 존재하지 않는다. 그러므로 전통적인 사회가 적법한 가치라고 간주하던 것을 다룰 때 근대성은 이러한 가치를 다른 사람들에 의해 주장되었던 규범의 묘사로 번역한다. 하지만 오덴에 의하면 이러한 안전 법안은 모든 규범의 실체를 폭로하기에 이르고 만다.²⁰ 우리는 단지 다른 사람들의 도덕적 규범을 용인해야만 한다. 우리는 우리 자신의 의견이나 확신을 다른 사람들에게 강요해서는 안 된다.²¹

  이러한 근대적인 정신상태의 또 다른 현저한 특징은 연대기적 쇼비니즘이다. 이것은 다양한 특징을 가지는데 오덴은 이것을 "전근대적인 생각들에 대해서는 경멸하는 경향을 보이며, 원시적이고 역사적인 인간 공동체의 영웅적인 투쟁에 직면해서는 막연한 권태를 느끼며, 이전 시대들의 지적이고 사회적이며 도덕적인 성취에 대해서는 별반 존중하지 않는"²² 것으로 특징짓고 있다. 광범위하게 퍼져 있는 역사에 대한 현재적인 무지와 심지어 지난 50여 년 전의 사건들만 해도 무시하는 것을 잠깐이라도 생각해보면 우리는 즉각적으로 오덴이 설명하고 있는 현상들을 인정하게 될 것이다. 물론 어떤 사람

---

18 Ibid., 29.
19 Ibid.
20 *After Modernity*, 80.
21 Thomas C. Oden, *Requiem: A Lament in Three Movements* (Nashville: Abingdon, 1995), 24.
22 *After Modernity*, 47-50.

들은 어느 시대나 마찬가지라고 주장할 것이다. 그 시대의 자기중심성은 모든 다른 사회적 규범과 지적인 생각들을 무시하게끔 할 것이다. 그러한 반론은 어떤 다른 사회가 이전의 사회 구조와 생각들에 대해서 그리고 자신들의 조상들의 전통에 대하여 커다란 존경심을 가지고 있다는 사실을 통해 논파할 수 있다.[23]

이러한 유의 쇼비니즘은 우리 시대에 만연하고 있다. 사실 오덴은 **새로운**(*new*)과 **변화**(*change*)라는 단어가 "마술적인 단어들"이 되었다고 주장한다. 오덴은 독자에게 일상적인 대화에서 **새롭다**와 **선하다**가 동의어로 사용되고 있는 시대가 얼마나 되는지 헤아려 보는 실험을 해보라고 요구하고 있다. 반대로 변화가 나쁜 의미로 사용되고 있는지 물어보라고 말하고 있다. 암묵적인 가정은 새로운 것이 좋은 것이고 변화는 항상 개선이라는 것이다. 학문세계에서는 **창발적**이고 **혁신적**이고 **혁명적**이며 **변형**과 같은 보다 현학적인 단어들을 사용하고 있다고 오덴은 주장하고 있다. 이것은 마술적이며 탈비판적 의식의 부분이기에 우리는 **새로움**과 **변화**를 마술적인 단어로 사용하기를 그만두어야 한다고 오덴은 충고하고 있다. 근대성은 또한 나쁜 마술적 단어를 가지고 있다. "'시대에 뒤떨어지거나' '구식이거나' '엄격하거나' '전통적인' 것으로 보이는 어떤 것이든 피해야 할 악이나 우리를 부여잡고 있는 사악한 억압이나 어둠의 세력들과 암묵적으로 은연중에 연결되어 있다는 것이다. 모두가 진부한 냄새를 풍기는 형용사가 많이 있다. 오래된 어떤 것, 중세의, 폐기된, 고령의, 초로의, 기왕의, 사라진 등이 그것이다."[24]

게다가 부모의 지위에 대한 강한 거부와 거절이 존재한다. 물론 이

---

[23] Ibid., 50.
[24] Ibid., 42.

것은 청소년이 자신의 부모들의 가르침과 통제에 반항할 때 가장 분명하게 나타난다. 이것은 사회적인 양육에 대한 거절까지 나아간다. 근대성은 어떤 종류의 사회적 통제나 심지어는 영향까지도 본질적으로 억압적이라며 거절한다. 한 세대에서 다른 세대로 이어지는 사회적인 연계성이나 도덕적인 전통을 육성하는 것은 아무 가치가 없으며 그런 책임은 존재하지 않는다. 개인은 어떤 사회적 전통보다 인간의 상황을 더 잘 재구성할 수 있는 능력이 있다고 믿고 있다. 모든 종류의 역사적 지혜는 개인적 판단을 위해 무시된다. 오덴은 모든 세대에서 청소년들이 독립적이 되려는 투쟁을 기대할 수 있음을 인정한다. 하지만 이번 경우에 있어서는 그것이 정치적 윤리학과 심리학적 전략, 그리고 인간상호간의 태도를 포함한 전체적인 세계관이 되었다.[25] 비록 오덴은 이러한 현상을 특별히 베이비 붐 세대의 인구통계학적인 현상과 관련하여 토론하지는 않지만, 이런 인구통계학적인 현상이 문제를 더 강화하고 있다고 볼 수 있다. 이전 시대에는 정신상태의 통제가 더 나이 많은 세대에 달려 있고 어린 세대가 그에 대해 반항하는 어떤 경향이 있었지만 베이비 붐 세대의 경우에는 그들의 절대적인 숫자가 자신들의 생각이나 가치를 형성할 수 있게 되었으며 실질적으로 이런 자신들의 생각이나 가치를 사회에 강요할 수 있었음을 의미한다.

보다 간략하게 언급되고 있는 것이 자연주의적 환원주의이다. 이것은 현상에 대한 모든 설명을 자연적인 원인으로 환원하는 경향을 말하며 자연적이거나 심지어 물질적인 것을 초월하는 어떤 것도 배제한다는 전제를 가지고 있다. 이것은 역사적인 방법과 관련하여 가장 분명하게 나타난다. 모든 사건에 대한 자연적인 설명이 발견되어

---

[25] Ibid., 50.

야 하며 받아들여지거나 심지어 고려되어야 하는 유일한 설명은 자연적인 것이다.[26] 환원주의는 경험적인 관찰이 맹목적으로 우상화되어서 그 어떤 다른 지식의 원천도 실제로는 받아들여지지 않는다는 사실에서 나타난다. 믿을만한 유일한 지식의 형태는 연구실의 실험이나 양적인 분석에서 발견된다. 여기에서 "성은 오르가즘으로, 인간은 육체로, 심리학은 자극으로, 경제학은 계획적인 수단으로, 정치학은 유효한 방법으로 환원되었다."[27] 그러한 분위기 속에서 정통 기독교는 심지어 실제로는 대학에 받아들여지지도 않고 있다. 우리는 분명히 정통 기독교가 과거에 다양한 분야의 학문에 대하여 가하였던 특별한 남용에 대한 기억 때문에 대학들이 망설이고 있음을 부분적으로는 이해할 수 있다. 하지만 대학들은 고전적인 기독교가 긍정적인 계기들과 긍정적인 기여들을 만들었음은 전혀 보지 못하고 있다.[28]

2. 포스트모던성

훨씬 대중적인 어법에서는 **포스트모던**이라는 용어는 근대적인 정신에 반대되는 것을 표현하는 운동에 적용되고 있다. 예컨대, 포스트모던이라는 말은 데리다(Jacques Derrida, 1930-2004)와 푸꼬(Michel Foucault, 1926-84)의 해체주의에 종종 사용되고 있다. 이러한 해체주의적 문학 비평이나 리챠드 로티와 같은 어떤 사람의 상대주의적 허무주의는 실제로 오덴이 판단하기에는 근대적인 양식이 끊임없이 재생해내는

---

[26] Ibid., 124, 190.
[27] "Death of Modernity," 29.
[28] *After Modernity*, 190.

절망적인 신념에 불과하다.

오덴은 일찍이 이러한 시대와 운동을 뒤늦은 근대성이라고 언급하였지만 지금은 이것을 "극단적 근대성"(ultramodernity)이라고 부르고 있다. 그 대표자들은 자신들이 근대적 의식을 끝낸 것으로 생각하는데 이는 잘못이다. 실제로는 "그들의 철학적 헌신과 가치 판단은 극단적 근대의 절망을 특징지워주는 바로 그 상대주의를 보여주고 있다."[29]

오덴은 1969년 뿌리를 찾고 있는 영적인 방랑자들을 언급하며 자신이 그 용어를 사용하였으며, 이것은 이 용어를 대중화한 데리다나 푸꼬, 그리고 이것을 "낚아채 사용하고 있는" 건축학적 단어를 시대적으로 앞선다고 주장하고 있다. 오덴은 "자동화된 진보라는 이념이 그들의 눈을 불태웠다"라고 믿고 있다.[30] 오덴은 그토록 철저하게 퇴락되었기에 자신이 **포스트모던**이라는 단어를 단지 버리지 않아야 하는지 묻고 있지 않다. 이런 상황에도 불구하고 오덴은 그 단어가 가지는 묘사적인 가치와 수사적인 효용성 때문에 그대로 사용할 것을 주장하고 있다. 그 단어의 이전 용법에 대해 나중에 변화를 가한 사람들은 자신들의 용법을 새로운 의미에서 정당화해야만 하는 사람들이다. 그 묘사적인 가치는 "근대성의 논리는 심지어는 근대성의 신화가 그 가능성을 거절하는 데 달려 있을 때에도 그것을 따라야 할 어떤 것을 요구한다"는 사실에 있다.[31]

---

[29] "Death of Modernity," 26.
[30] *Requiem*, 117.
[31] Ibid.; "Death of Modernity," 26-27.

3. 근대성의 죽음

오덴은 근대성이 초근대적인 단계에서는 실제적으로 끝장이 난 근대성이라고 주장한다. 이것은 마지막으로 파편화된 근대성이다. 지난 과거 30년 동안, "우리는 개인적으로 지난 30년의 시작 지점에서 우리가 수많은 세기 동안 지속되리라 기대하였던 안정적인 지적인 환경이라고 할 수 있는 것이 신속하게 해체되는 것을 목격하고 있다." 에어 쇼에서의 저돌적인 충돌을 목격하는 것과도 같이 두렵게도 우리는 지난 2백년 동안 통용되던 세계관의 해체를 목격하고 있다. 이것은 "급격하게 악화되고 있는 근대성의 심각한 단계"[32]임을 잘 보여준다.

이러한 악화를 가져오고 근대성의 죽음을 보여주는 것이 위에서 언급한 항공기의 강하와 충돌 같은 도덕적인 탈선이다. 근대 시대의 도덕적인 열매를 사람들은 감내하고 있으며 그것은 대격변임이 입증되고 있다. 오덴은 말한다.

> 외설적인 60년대로부터 동성애적인 90년대까지의 쾌락적인 성적 혁명의 파티는 끝이 났다. 이 파티를 끝낸 것은 전염되고 있는 성적인 질병들이다. 우리는 지금 자아도취적 자기 만족이 우리를 이끌었던 성적이고 상호인격적이고 가정(家庭)적인 파탄의 결과들과 더불어 살아가기를 배워야만 한다. 그 상호인격적인 열매는 친구 없음, 소원함, 이혼, 약물남용, 친밀함을 위한 성적인 실험이라고 하는 절망적인 대치와 같은 것들이다.[33]

오덴은 이러한 몰락의 결과들을 보다 상세하게 살펴보기 위해 현

---

[32] *Requiem*, 116.
[33] Ibid.

미경을 들이댄다. 이 현미경은 네 가지 타락한 우상들, 사라져가고 있는 근대성의 네 가지 흔적들을 잘 보여준다.[34]

① 자율적인 개인주의는 "세대 간 불화와 성적인 격리, 가족 해체와 사회적 파괴"로 인도하였다. 공동체로부터 떨어져 나온 외로운 자아는 혼자 의미를 구해야만 하였다. 도시와 가족, 그리고 사멸하고 있는 근대성의 정치학은 이제 이러한 극단적인 개인주의의 결과들과 더불어 살아가야만 한다. 이러한 개인주의는 "반짝이는 테니스 운동화를 신은 열한 살 소들끼리 총 싸움을 하게 하였다."[35]

② 다른 사람에 대한 관심 없이 자행되는 자아도취적 쾌락주의는 "성의 실제적인 최근의 역사가 상징적으로 잘 보여주고 있듯이 만질 수 있는 지옥, 예견할 수 있는 파멸"[36]로 열매 맺고 있다. 이러한 쾌락주의는 도덕적 무감각과 마비를 가져왔다. 그리고 이것은 쾌락에 대한 쾌락주의적 추구에 의해 해를 입은 다른 사람들에 대한 실제적인 고통을 가져다주었다. "어떤 한 사람의 자아도취적 혼란이 또 다른 사람의 일평생 동안의 고통이 될 수도 있다는 사실은 엄마의 약물중독으로 고통당하며 태어난 놀랄만한 수의 미국 아기들을 보면 너무나 분명하다. 현재 해마다 30만이 넘는 아기들이 고통당하고 있다."[37]

③ 경험적 관찰을 강조하는 환원주의적 자연주의는 직관이나 인격적이고 계시적인 지식을 포함한 그 어떤 다른 지식의 근원도 무

---

34 "Death of Modernity," 28-29.
35 *Requiem*, 118.
36 "Death of Modernity," 28.
37 *Requiem*, 118.

시하고 있다. 이러한 자연주의는 자연적이고 유한한 질료인과 동력인에 대한 탐구에서 "자유를 부정하며 목적이 있는 선행하는 최종적인 인과성의 모든 형태를 부정하고 그래서 인간의 책임성을 오해한다."[38]

④ 무규범성을 무비판적으로 그리고 절대적으로 주장함으로 절대적인 도덕적 상대주의는 새로운 종류의 교조주의가 되었다. 그러므로 오덴은 "사라져가는 근대성은 그 자체의 상대적인 가정들의 재앙과도 같은 사회적 낙진과 함께 살아가도록 강요당하고 있다. 도덕적 아노미와 역사 너머 최종적인 심판에 대한 망각, 그리고 모든 도덕적인 주장을 평범한 공통의 분모로 환원하는 것 등이 바로 그것이다"[39]라고 말하고 있다.

간단히 말해서 근대성을 사라지게 한 것은 근대성의 이론적인 개념을 정교하게 지적으로 논파한 것이 아니었다. 그것은 근대성이라고 하는 정신상태로부터 나온 결과들이었다. 오덴은 다음과 같이 말하고 있다.

> 어떤 이론이 아니라 실제적인 근대의 **역사**가 근대성이라고 하는 이념을 죽이고 있는 것이다. 나는 단지 아우슈비츠와 밀라이(Mylai, 1968년 미군에 의한 양민학살이 이루어진 베트남 중남부 지역의 한 지명임—역주), 그리고 솔제니친의 『수용소 군도』, 허슬러 잡지와 공립학교에서의 폭력 통계와 청소년의 자살율, 마약 중독 아기들만을 언급하고자 한다. 이 모든 것은 근대적인 의식의 실패가 얼마나 심각한지 잘 보여준다. 근대성은 우리가 계속해서 앞으로 위로 나아가고 있다고 우리를 온화하게 가르치고

---

38 Ibid.
39 "Death of Modernity," 29.

있지만, 근대성의 지나간 실제 역사는 보다 더 잔인하고 야만적이며 악의적이다. 우리는 우리의 눈 앞에 낙관적인 진화론적 진보주의와 자연주의적인 자아도취적 쾌락주의의 퇴행적인 형태 사이에서 벌어지고 있는 걱정스럽고 갈등스러운 동맹이 펼쳐지고 있는 것을 보고 있다.[40]

근대성의 사멸을 가져온 것은 바로 근대성의 실천적인 실패였다. 이 진술을 다소 완화시키는 것이 필요하다. "이것을 적절하게 심지어 온순하게 진술하는 것이 최선일 것이다. 우리는 지금 근대적 이념의 동기들이 급격하게 축소되고 있는 역사적인 단계에 들어서고 있다. 그리고 근대성을 뒤이어 나타나고 있는 것이 무엇이건 이미 그 발아적인 형태를 취하고 있다."[41] 근대성을 계승하게 될 세상으로 변화하는 데 수십 년이 걸릴지도 모른다. 하지만 그러한 세상이 오고 있으며, 그와 함께 환상이었음이 입증된 근대성이라고 하는 개념에 대하여 덜 열광적인 시대가 오고 있다.[42]

그렇다면 이러한 포스트모던 시대에 우리는 무엇을 기대할 수 있는가? 우리가 이미 지적하였듯이 오덴은 흔히 "포스트모더니즘"이라고 부르고 있는 것이 정말로 그렇게 불리워져야 한다고 믿지 않는다. 왜냐하면 포스트모더니즘이라고 하는 용어가 심지어는 과장된 형태로 근대성과 동일한 전제들을 공유하고 있기 때문이다. 도리어 오덴은 포스트모더니즘이라고 하는 용어를 우선적으로 비이념적인 의미로 사용하고 있다. 근대 시대를 뒤따라 오는 것은 단지 잠정적인 것이다. 오덴은 "'포스트'가 단순히 후에, 뒤따라오는 것, 나중을 의미한다. 그러므로 우리가 의미하는 바 포스트모던성은 수수께끼와도 같

---

40 *After Modernity*, 51.
41 "Death of Modernity," 30.
42 Ibid., 31.

은 것이 아니라 근대성을 따라오는 것이다"[43]라고 말하고 있다.

매우 실제적인 의미에서 오덴은 이 지점에서 주도권을 잡고 이러한 포스트모더니즘이 어떤 형태를 취하게 될지를 결정하는 과정에 도움을 줄 수 있는 기회가 있다고 말하는 듯하다. 오덴은 복음주의가 근대성의 해체를 견뎌냈다는 사실에 고무되어 있다. 고전적 기독교의 포스트모던적인 재발견이 발생하고 있다.

오덴의 판단으로는 포스트모던 시대가 자유주의 기독교에 속하지 않을 것이라는 점은 확실하다. 자유주의는 그 자체로 근대성과 너무나도 밀접하게 연결되어 있으며, 근대성의 운동과 함께 이미 쇠퇴를 경험하고 있다. 이러한 쇠퇴는 분명 더욱 강화될 것이다. 특별히 소위 주류 교단의 신학교에서 제시되고 있는 자유주의 기독교 형태는 오덴이 그의 책 『레퀴엠』(Requiem, 장송곡이라는 의미임-역주)에서 그 증거를 제시하고 있는 것과 같이 이 기회를 유용하게 활용할 수 있는 힘을 가지고 있지 않다. 자유주의 기독교는 최근의 것이면 무엇이든 오래된 것보다는 자동적으로 더 낫다는 신념을 맹목적으로 도입하였기 때문에, 기독교로부터 그 어떤 전근대적인 통찰력을 얻어보려고 애쓰지 않는다. 자유주의 기독교에서는 전 근대적인 것은 단지 근대성을 앞서는 어떤 것에 대한 엄격한 표명에 불과하다.

오덴이 근대성에 대하여 환멸을 느끼고 나서 만족스럽다고 발견한 기독교의 유형은 고전적인 정통 기독교이다. 오덴은 고전적인 정통 기독교를 교회가 존재해 온 역사적인 시대를 통틀어 대다수 교회가 견지하였던 합의된 핵심적인 신념들이라고 생각한다. 이것은 기독교 초기 수 세기 동안의 종교회의를 통한 신경들과 같은 그런 문서들에 나타나 있다. 포스트모던적인 정통성의 활력있는 근원이 될 것으

---

[43] Ibid., 25.

로 입증이 된 것이 바로 주류 기독교에 의해 오래도록 간과되고 무시되었던 이 자료들이다.[44]

오덴은 포스트모더니즘이 근대를 반대하는 것이 아님을 강조하고 있다. 그 이유는 두 가지이며 주장의 의미는 두 가지이다.

첫째, 근대성에 반대하는 것은 불필요하다. 왜냐하면 근대성이 죽어가고 있기 때문이다. 우리는 이미 죽은 것에 반대할 필요가 없다. 그러므로 근대성에 대한 포스트모던적인 반응은 주로 분노나 반목이 아니라 필요하다면 그것은 슬픔이 되어야 한다. 그 근본적인 전제는 근대성이 타락했다는 것이 아니라 근대성은 이미 죽었으며 폐기되었으며 못쓰게 되었다는 것이다.[45]

둘째, 포스트모더니즘이 근대성을 반대하는 것으로 이해되어서는 안되는 이유는 근대성의 장점과 약점을 경험하고 근대성으로부터 배우면서 근대성을 통과한 사람들이 있다는 것이다. 오덴은 마치 결코 근대성이라고 하는 것이 없었다는 듯이 단순하고 감상적으로 전근대주의로 돌아가는 것을 지지하지는 않는다. 근대성의 성취는 왜곡되거나 단절되어서는 안 된다. 근대성의 분쇄로부터 새롭게 세워가는 일은 오래되고 새로운 보물 두 가지 모두를 사용하여 이루어져야 한다. "이들 젊은이들은 근대적인 환상을 해독하기 위해 근대의 탐구방법(심리적인 분석과 사회학, 정치학, 그리고 역사적인 분석과 과학적이고 문학적인 분석)을 사용하는 근대성에 의해 굳어지고 있다."[46] 이러한 포스트모던 시대의 사람들을 "포스트"로 만드는 것은 "그들이 더 이상 한때 지배적이었던 근대의 질병(mod rot)이라고 오덴이 부르고 있는 것의 목소리에 휘둘리지 않는다"는 것이다. 어떤 위대한 잊혀진 지혜를 배제하

---

[44] "So What Happens after Modernity," 398.
[45] "Death of Modernity," 21.
[46] Ibid.

는 계몽주의 사상이라고 하는 좁은 교의는 거부되어야만 할 것 같다. 그래서 그러한 고대의 지혜는 한때 다시금 새로운 복음주의를 건설함에 있어 고려되고 채택될 수 있을 것이다.[47]

그렇다면 오덴이 추천하고 있는 것은 무엇인가? 부분적으로 그것은 성경에 대한 새로운 목소리이다. 이것은 근대 시대에 실행되어 오고 있는 성경비평에 대한 상당한 비판을 포함한다. 비평적인 방법론의 정당한 사용이 있다. 그것은 우리가 성경의 메시지를 이해함에 있어 우리에게 도움을 주는 유용한 수단으로 사용되어야 한다. 그러나 근대의 비평가들은 종종 비평이 근대 시대에 시작하였다고 가정하지만 그 가설은 너무나 부정확한 것이다. 성경에 대한 비판적이고 역사적인 탐구는 근대성 이전보다 천 년 이상 소급된다. 그것은 고전적인 기독교로부터 자라나왔으며 중세 시대의 스콜라주의에서 사라졌다가 르네상스 시대에 다시 회복되었다. 하지만 근대의 비평은 그 역사적인 쇼비니즘과 함께 전근대적인 어떤 것에 대한 강력한 편견을 수반하였다. 오덴은 이것을 비평이라기보다는 편견이라고 주장한다.[48]

오덴은 우리가 특별히 양식비평을 공격하기 위해 선별적으로 비평의 비판에 관여해야만 한다고 주장하고 있다. 오덴은 양식비평학자들이 정신분석과 흥미로울 정도로 유사한 활동에 관여하고 있다고 주장한다. 정신분석학자들은 자신들의 고객의 인격에 무의식적인 영향이라고 하는 심층적인 층에 도달하고자 노력한다. 이와 비슷하게 양식비평은 이러한 의미에 대해 저자는 알지 못했던 본문의 숨겨진 의미의 층을 탐구한다. 양식비평이나 정신분석이나 본성상 고

---

[47] Ibid.
[48] *After Modernity*, 110. 나는 이러한 쇼비니즘을 언급하기 위해 "시대중심주의"(chronocentrism)라는 용어를 만들어냈다. 이것은 흔히 마치 포스트모더니즘 시대가 결코 새로운 시대에 의해 계승되지 않을 것처럼 행동하는 경향도 포함한다.

도로 사변적이다. 양자 모두는 과학적이라고 주장하지만 그런 주장은 의심스럽다. 왜냐하면 양식비평학자들은 단지 단편적인 증거에 근거한 직관적인 추측 이상의 것에 거의 관여하지 않기 때문이다. 하지만 정년 체계와 "50년 넘게 독일이나 미국 대학의 백화점식 관료주의에 깊이 안주하게 된 전문적인 이미지 관리의 정교한 장치"는 양식비평의 "경직된 정통"을 보호하고 있다.[49] 오덴은 특별히 "비유사성의 기준"에 대해 비판적이다. 이러한 비평의 방법은 사실상 단지 유대교나 헬라 교회에서 그 병행 구절을 찾을 수 없는 그러한 예수님의 말씀만이 진정성 있는 것으로 간주될 수 있다고 주장한다. 오덴은 이것이 미국의 법정에서 따르고 있는 심리과정이나 증거 기준과 다르다고 지적하고 있다. 법정에서는 어떤 사람이 유죄로 입증될 때까지는 무죄로 간주된다. 또한 그러한 기준은 문학 비평에서 일반적으로 채택되고 있지도 않다. 만일 사태가 이러하다면 셰익스피어가 다른 곳에서 발견되는 문구를 사용할 때마다 우리는 그 구절이 셰익스피어가 진짜로 쓴 것이 아니라고 판단해야만 할 것이다. 오덴은 또한 이것이 일상적인 대화에서 사람들이 기능하는 방식도 아니라고 지적하고 있다. 사람들은 자신들이 독특하게 소유하고 있는 그러한 단어들만을 사용하지 않는다. 사람들은 문화에서 일반적으로 유용한 단어들을 끌어온다. 그리고 이러한 단어들은 변함없이 긴 역사와 의미의 뉘앙스, 그리고 다양한 조합들을 가지고 있다.[50]

양식비평의 방법론의 바닥에는 진보를 가설로 하는 신약 성경의 정경 발전 이론이 있다. 구전으로부터 바울과 공관복음, 히브리서, 목회서신들, 그리고 요한을 거쳐 신약 성경 시대가 종료되고 마침내

---

49 Ibid., 112.
50 Ibid., 113-14.

정경의 완전한 수집과 형성에 이르게 되었다는 것이다. 이러한 가설은 이 과정에서 초기 단계는 보다 믿을만하고 나중 단계는 덜 믿을만하다는 것이다. 하지만 이것은 편파적인 가설에 불과하다. 초기의 발전 단계는 온전하고 적절한 퇴적층이었다는 고전적인 주해의 견해와는 상반되는 편견에 사로잡힌 가설이다. 나중의 단계는 그 안에 있는 어떤 중요한 주제들을 전개하고 발전시킬 것을 요구한다.[51] 하지만 비유사성의 원칙의 기초 위에서마저도 진짜 예수님의 말씀이라고 나타나는 것은 여전히 "고전적 기독교의 가르침의 기본인 삼위일체와 그리스도 안에서의 신인 양성의 연합"을 포함하고 있다.[52] 오덴은 또한 예수님의 자기 이해를 확정하려는 시도들을 살펴본다. 오덴은 역사적인 인물은 말할 것도 없고 현대인을 다룰 때조차도 어떤 사람의 글과 말로부터 그가 그 자신에 대해 생각하고 있는 것을 정확하게 결정하는 것이 얼마나 어려운지 모른다고 말하고 있다.[53]

오덴은 더 나아가 역사적 예수와 교회가 선포하였던 사람('신앙의 그리스도'를 말함-역주) 사이에 차이가 있다는 비판적인 견해를 살펴본다. 이러한 견해는, 예수님 자신은 주장하거나 믿지 않았던 메시아라거나 하나님의 아들이라는 생각이 바울에 의해 예수님에게 부여된 것이라고 주장하고 있다. 이러한 바울의 생각은 헬라화된 유대교 서클에서 나온 것(브레데, William Wrede, 1859-1906)이거나 영지주의의 구원자 신화에서 나온 것(불트만)이라고 주장한다. 하지만 오덴은 이 가운데서 근대 성경비평학의 오만함에 대한 강력한 증거를 본다. "공관복음의 그리스도 이외의 그 누구도 메시아적 통치를 시작할 수 없었을 것이라는" 고전적인 견해를 주장하는 것이 보다 더 그럴듯하다. 현재의

---

[51] Ibid., 115.
[52] Ibid., 116-17.
[53] Ibid., 117-18.

비평학자들은 예수님 자신이나 2000년 이전에 살았던 사람들보다 자신들이 예수에 대해 더 많은 것을 알고 있다고 생각한다.[54]

오덴은 근대의 비평학자들이 채택하고 있는 역사적 방법이 근대의 가설을 포함하고 있다고 주장한다. 이러한 근대의 가설은 진정으로 초자연적인 어떤 일이 일어난다는 생각에 반대하여 엄격하고 환원주의적이며 종종 왜곡되어 있다. 이것은 인격과 사건을 다루는 법정의 방법론보다는 대상을 연구하는 과학적 실험실의 방법론을 사용하고 있다. 심지어 법정의 방법론은 역사를 탐구하는 과정에 온전하게 채택될 수도 없다. 왜냐하면 법정에서는 증인이 심문을 받을 수 있지만 역사적인 인물을 다루는데는 그렇게 할 수가 없기 때문이다. 비평학자들의 공격은 미리 어떤 증거가 받아들여질 만한지를 결정하는 것이다. 그러한 가설은 반드시 짚고 넘어가야만 한다.[55]

현대 신학의 문제는 근대성이라고 하는 전체적인 정신상태를 채택하여 근대성이 소유하고 있는 모든 단점을 드러내고 있다는 것이다. 현대 신학은 공허하고 세계의 필요에 대하여 어떤 실제적인 희망을 제공하거나 그 어떤 구원을 제시할 수도 없다. 그것은 너무나 정치적인 과제에 헌신하여 실제로는 어떤 도움도 줄 수 없다. 하지만 현대 신학은 많은 신학교의 교수직뿐 아니라 오래된 교단의 통제적인 위치를 차지해 오고 있고 강력한 정치적인 통제와 거부권을 행사하고 있다. 이러한 힘을 통해 영향력 있는 중심적인 위치에서 진정으로 정통적인 기독교를 배제시키고 있다.[56]

만일 기독교 신앙에 대하여 적용되고 있는 근대성의 전제와 불관용을 폭로하는 것이 오덴의 과제 중 중요한 한 부분이라면 오래된 정

---

[54] Ibid., 118-20.
[55] Ibid., 124-26.
[56] *Requiem*, 34-41.

통의 추구는 또 하나의 과제이다. 이러한 미숙한 표현을 오덴이 사용해야만 한다고 느끼는 이유는 자신의 주장이 신정통주의와 혼동되지 않기를 바라는 마음 때문이다. 신정통은 근대성에 대한 적절한 대응을 제시하는 데 실패하였다. 신정통을 지지하는 사람들은 근대성을 충분히 들이마시지도 않았거나 정통적인 기독교를 거부하거나 하는 경향이 있다.[57] 오덴은 다섯 가지 근본이라는 목록과 일치하는 신학이라는 의미에서의 근본주의를 받아들이거나 근본주의로 돌아가기를 원치 않는다. 오덴은 다섯 가지 근본 각각의 것은 동정녀 탄생이나 부활과 같이 역사적 사건과 관련있다고 주장한다. 그러한 사건들이 지니는 교리적인 의미에는 무관심하기 때문에 죄와 성화, 그리고 교회와 같은 다른 많은 교리는 무시하게 된다. 이것은 자유주의와 함께 근본주의가 신앙이라고 하는 것은 객관적으로 확정 가능한 역사적 사실들에 근거한다는 근대적인 견해를 견지하였기 때문이라고 오덴은 믿고 있다. 그러므로 근본주의는 생각보다 자유주의와 많은 공통점을 공유하고 있다. 다른 말로 하면, 근본주의는 근대성에 의해 강력하게 영향을 받았으며 근대성을 대표한다.[58] 오덴이 요청하고 있는 것은 기독교 역사의 대부분을 관통하여 기독교를 특징지워주는 고전적인 정통으로 돌아가는 것이다. 처음 천 년 동안의 기독교 저술에 나타나 있고 (니케아 회의나 칼세돈 회의와 같은) 교회일치 회의에서 발견되는 의견일치가 있다. 비록 이러한 오래된 정통이 그 전근대적인 뿌리로 돌아가는 것이라 해도 그것은 전근대라기보다는 포스트모던적인 것이다. 이것은 근대성의 실패로부터 등장하는 새로운 영성이다.[59] 신학적으로 이것은 역사 속에서 자신을 드러내시는 하나

---

57 *After Modernity*, 63-66.
58 Ibid., 66-68.
59 "Death," 22-23.

님에 대해 말하려는 시도이다. 그러한 사건들은 "성경에 알려져 있으며, 이성에 의해 정확하게 반추되고 있으며, 살아있는 의식적인 전통을 통해 개인적으로 경험된다."[60] 그러나 우리는 왜 기독교 역사의 첫 천 년에 관심을 기울여야 하는가? 오덴은 "이 시대가 본질적으로 다른 시대보다 더 흥미롭거나 그 주창자들이 보다 똑똑하기 때문이 아니라, 그 시대가 사도적인 신앙에 밀접하게 연결되어 있기 때문에" 이 시대를 추천한다. "보다 완벽한 교회일치를 통한 합의가 어떤 다른 시대에서보다 그 시대에 성취되었으며 사실상 이러한 합의는 후대의 개신교와 가톨릭, 그리고 동방교회 전통 모두에 의해 확증되고 있다."[61]

4. 평가

우리는 근대성과 포스트모더니즘에 대한 오덴의 대담한 접근방법을 살펴보았다. 이것은 우리의 문제에 대한 적절하고 도움이 되는 입장인가?

1) 긍정적 평가

이러한 접근 방식은 추천할만한 장점을 많이 가지고 있다.

① 오덴의 접근 방식은 진정성이라고 하는 강력한 반지를 가지고 있다. 체험의 진정성이 심지어 일정한 열정을 가지고 분명하게

---

60 *After Modernity*, 160.
61 Ibid., 161.

나타난다. 여기에 신학자로서 근대성의 분수에서 가능한 깊이 들이마신 진정으로 포스트모던적인 사람이 있다. 이 사람은 근대성의 방식이 가지는 무익함을 잘 알고 있다. 그러므로 오덴이 말할 때 그는 자신이 말하고 있는 것을 분명하게 알고 있다. 그는 단지 전근대적이라거나 근본주의자라고 비난 받을 수 없다. 오덴의 증언은 단지 멀리에서 근대성을 관찰한 사람의 증언보다 더 인상적이다.

② 오덴은 근대성에 대하여 정확하게 묘사하고 있다. 현대의 대학에서 근대성을 마주하며 이 운동의 살아있는 대변자들과 대화하고 그들과 동시대의 저술들을 읽고 있는 우리는 오덴이 묘사하고 있는 것이 무엇인지 잘 안다. 우리가 오덴이 다루고 있는 견해들에 대하여 보다 많은 자료들을 살펴보기를 원한다면 오덴의 분석은 매우 통찰력 있는 것이다.

③ 오덴은 철저하고 무자비하게 근대성의 결과들을 추적한다. 오덴은 이러한 정신상태의 최종적인 결과가 무엇인지 보여주었다. 이러한 일은 근대성의 지지자들이 종종 할 수 없거나 하려 하지 않는 일이다. 오덴은 지금 그 이념 내부에 있거나 그것을 채택하려고 생각하거나 그러한 체계의 최종적인 결과들을 고려하고 있는 사람들에게 정신이 번쩍나게 하는 경고를 주었다.

④ 오덴은 오래된 많은 교단이나 신학교 그리고 대학 안에 있는 편견들을 적나라하게 드러냈다. 근대인들이 정치적 문제에 대하여 보다 숙련된 모습을 보이는 것은 그들이 자신들이 속해 있는 학교의 이념을 통제할 수 있게 하였으며 보다 보수적인 성향의 사람들을 조직적으로 배제하였다. 관용은 단지 어떤 인정된 견해에만 적용되었다. 한 사람이 지적한 것처럼 "어떤 사람들은 다른 사람들보다 더 평등한 대접을 받는다." 공식적인 입장은 그러한

사람들이 학적이지 않다는 것이다. 그러나 오덴이 발견하였듯이 많은 경우에 보수적인 사람들의 학문성과 통찰력은 그 정확성에서 "자유주의화된" 입장에 있는 사람들을 능가한다. 정치적 공정성에 대하여 말할 수 있는 새로운 유일한 일은 근년에 그것이 보다 광범위한 진영에서 관찰 가능하다는 것이다. 오랜 기간 동안 많은 대학의 학부들에는 공식적인 전통성이라고 하는 것이 존재했고 다양한 견해들은 무시되었다. 예컨대 주립대학 시절 나의 학부 전공은 철학이었는데 한 사람을 제외하고는 논리실증주의자들이나 분석철학적인 관점을 대변하는 교수들로 가득 차 있었다. 이와 유사하게 내가 부전공을 하고 있었던 심리학과의 교수진은 모두가 다 행동주의자들(인간의 내면적인 동기를 중시하는 프로이드의 정신분석학이나 심층심리에 반대하여 환경과 그에 대한 인간의 외형적인 반응을 중시하는 스키너와 같은 사람들의 이론을 추종하는 사람들임-역주)이었다. 오덴은 이러한 기관들의 편견을 드러내고 있는 용기와 솔직함에 대해 존경받을만하다.

⑤ 오덴은 종종 포스트모더니즘을 "극단적 근대주의"(hypermodernism)라고 부르는 것으로 개념화하고 있다는 점에서 상당 부분 옳다. 왜냐하면 대중적으로 포스트모더니즘으로 알려져 있는 것을 분쇄하기 오래 전에 오덴이 묘사하고 있는 많은 경향이 이미 근대성, 특별히 실존주의 안에 존재했었기 때문이다. 근대성에서 개인주의와 자기도취주의, 그리고 쾌락주의가 이미 두드러졌다.

⑥ 많은 현대의 성경비평학에 대한 오덴의 비판은 과녁을 바르게 겨냥하고 있다. 그 결론은 많은 경우 아마도 반초자연주의적인 편견을 채택함으로 방법론화되고 있다. 비평 방법에 활용되고 있는 기준은 많은 경우에 자의적이며 비현실적이다. 바라기는 오덴의 비판 때문에 많은 보수적인 신학생들과 또 다른 사람

들이 과격한 성경비평학의 부적절한 결론에 대항할 수 있었으면 한다.

⑦ 오덴은 성경에 대한 비평적인 연구가 과거 100년이나 150년 전에 시작한 것이 아님을 정확하게 지적하고 있다. 교회와 신학의 초기 역사에는 근대적인 전제 없이 비평적이며 성경의 본문의 의미를 드러내는 데 도움이 되는 것이 많이 있다.

2) 부정적 평가

이러한 중요한 기본적인 장점에도 불구하고 오덴의 제안에는 발전시켜야 할 분야들이 있다.

① 오덴은 포스트모던이 반근대적이 아님을 지적하고 있다. 근대성 안에는 그대로 유지하여야 할 많은 가치가 있다. 하지만 어떤 것이 유지되고 어떤 것은 버려져야 하는지를 결정함에 있어 채택되어야 하는 기준을 정교화할 필요가 있다. 오덴은 근대성이 성취한 기술적인 진보를 우리는 감사해야 하고 사용하기를 주저하지 않아야 할 것임을 기꺼이 인정한다. 하지만 이를 넘어서서 우리는 어떻게 결정하는가? 오덴은 성경비평학에 내재해 있는 가치를 보고 있다. 그러나 오덴은 우리에게 어디에 선을 그어야 하는지를 말하지 않는다. 만일 초자연적인 것을 배제하지 않거나 정통적인 합의 요소를 제거하지 않는다면 모든 비평을 받아들일 수 있는가? 이 점에 있어서 오덴의 진전된 연구를 기대한다.

② 이전의 논점에 보다 더 날카롭게 집중하기 위하여 오덴은 포스트모던적인 정통을 제안하고 있으며 단지 전근대적인 사고로 돌아가기를 원치 않는다. 하지만 만일 이대로 행해진다면 오덴은

근대성에 의해 제기된 몇 가지 인식론적인 문제들을 다루어야만 한다. 이것은 기독교의 첫 천 년 동안의 정통이 예견하거나 다루지 못했던 것이다. 예컨대 칸트가 자신의 비판에서 제기하였던 문제들에 대한 근대적인 대답을 거부한다면 우리는 반드시 다른 대답을 주어야만 한다. 우리는 단지 칸트가 전혀 살지도 생각하지도 쓰지도 않았던 것처럼 행동할 수는 없다. 그리고 우리는 칸트가 단지 근대적이라고 그를 무시할 수 없다. 이러한 질문은 답변 가능할지도 모른다. 그렇다면 이러한 질문은 반드시 대답이 주어져야 한다. 그렇지 않다면 우리는 단지 전근대주의를 영속화할 위험이 있다.

③ 근대성 안에 함께 존재하고 있는 서로 상반되는 입장들에 대하여 오덴은 실제적인 분석이나 설명을 제시하고 있지 않다. 예컨대 실존주의로부터 생겨나는 강력한 개인주의와 자아중심주의에 수반하는 것은 과학적인 근대성에 대한 합리적이고 심지어는 환원주의적인 경험론이다. 이것은 동일한 정신상태의 서로 상반되는 특징인가, 아니면 두 가지 상이한 일들인가? 다른 말로 하면, 우리는 근대성들에 대하여 말해야만 하는가? 이것은 오덴의 사고에서는 아직 해결되지 않은 질문인 것 같다. 부분적으로 오덴은 특별히 후기 근대성 안에 있는 대단히 반합리적인 흐름을 충분하게 다루고 있지 않은 것 같다.

④ 오덴은 자신이 개인적으로는 실존주의, 특별히 키에르케고르의 실존주의를 받아들이고 있다고 말하고 있다. 하지만 동시에 오덴은 자신의 주의를 끌었던 일부의 운동들을 거부하고 있으며 이것은 근대성의 다양성에 대한 영감을 거기에서 발견하는 것 같다. 심지어 신학에서 오덴은 바르트와 니이버의 노력을 거부하고 있다. 바르트와 니이버는 근대성에 불충분하게 노출되었거

나 정통을 불충분하게 평가하고 있다. 하지만 두 신학자는 키에르케고르에 강하게 의존하였으며 그래서 이들 사이에는 매우 강한 유사성이 존재한다. 분명 이러한 역설은 어떻게든 해결되어야 한다.

⑤ 오덴은 근본주의를 많은 방식에 있어서 지나치게 근대적이라고 비판한다. 특별히 근본주의는 동정녀 탄생이나 예수님의 부활의 역사적 실체에 관심이 있지만 이들 교리의 교리적 의미에 대해서는 충분히 생각지 못했다. 오덴은 이것을 근본주의가 19세기의 역사주의를 채택한 결과라고 보고 있다. 최소한 부분적으로 이것은 옳을지도 모르지만 오덴은 자유주의로부터 도전이 왔던 것이 바로 이러한 영역이었다는 사실에 대해 정당한 의미를 부여하지 않는 것 같다. 근본주의자들은 확실히 죄와 성화, 그리고 교회에 관한 교리를 가지고 있었다. 하지만 공격받고 있었던 것은 그리스도의 신성이라고 하는 실체였다. 동정녀 탄생과 부활의 교리적 의미에 대한 토론은 만일 이러한 사건들이 실제로 일어나지 않았다면 중요하지 않다. 아마도 이러한 논평은 오덴이 자신의 불트만적인 전제를 온전하게 내어버리지 못하였음을 보여주는 것인지도 모른다.

⑥ 이것은 오덴이 역사와 역사적 방법론에 대해 가지는 관계가 다소 모호함을 지적해 준다. 오덴은 자신의 신학에서 판넨베르그(Wolfhart Pannenberg, 1928-)가 역사를 사용하고 있는 것을 인정한다. 하지만 이것은 비록 조심스럽게 초자연적인 것의 권리를 인정하기는 하지만 많은 방식으로 전적으로 객관적인 역사적 추론에 대한 근대적인 견해와 유사한 역사 개념을 함축하고 있다.

⑦ 오덴은 공동체를 강조하고 있음에도 진정으로 포스트모던적이 되는 것은 개인적인 전기의 문제인지, 아니면 우리가 오덴이 그

러했던 것처럼 근대성의 정신상태를 모조리 받아들이고 살아내는 것 없이도 진정으로 포스트모던적이 될 수 있는지에 대해서 분명하지 않다. 철두철미 근대성에 정통하고 근대성 안에서 깊이 연구하였지만 결코 진정으로 근대성을 받아들이지 않은 사람은 어떻게 되는가? 만일 그러한 사람이 근대성의 빛 안에서 정통 신학을 발전시킨다면, 그러면서도 그런 주장을 받아들이지 않는다면, 그런 사람은 포스트모던적인 사람인가? 아니면 그런 사람은 포스트모던적인 사람이 되기 이전에 먼저 근대성으로 개종해야만 하는가?

우리는 오덴의 최종적인 제안을 아직 듣지 못했다. 단지 그 시작만을 들었을 뿐이다. 오덴의 주장은 예견하지 못했던 방향에서 불어오는 흥미롭고 신선한 바람이다. 우리는 진전된 결실있는 공헌을 기대해본다.

4장

이성에로의 도피: 프란시스 쉐퍼

어떤 독자들에게는 내가 포스트모더니즘을 생각하면서 프란시스 쉐퍼(Francis Schaeffer, 1912-1984)를 다루는 것이 이상하게 여겨질 수도 있다. 쉐퍼는 주로 1960년대와 1970년대에 활동하였는데 그때는 포스트모더니즘이라는 말조차 생겨나지 않았고 근대성의 종말이 분명하지 않은 그런 시절이었다. 그런 의미에서 쉐퍼의 작품들을 포스트모더니즘에 대한 응답이라고 말하는 것은 시대착오적임에 분명하다.

물론 어떤 의미에서 이러한 비난은 옳다. 왜냐하면 하나의 운동으로서의 포스트모더니즘은 쉐퍼가 활동하던 시대에 아직 무대에 등장하지도 않았기 때문이다. 하지만 근대 시대와 포스트모던 시대가 단지 정확하게 시대 구분이 되는 것도 아니고 이 두 시대가 연이어 등장하는 것도 아니다. 토마스 오덴은 어떤 방식으로 포스트모더니즘이라고 알려진 것은 실제로는 과도한 근대주의로 간주되어야 하며 근대 시대 안에서 작동하고 있는 어떤 경향의 자연스런 발전이라고 바르게 주장하고 있다. 어떤 운동에는 항상 선구자나 개척자가 있기 마련이며 포스트모더니즘의 현상도 그것이 북미에서 나타나기 이전에 유럽 대륙에 먼저 등장하였다. 쉐퍼가 활동하고 연구하였던 활동 무대가 바로 이들 유럽의 지성인들과 더불어서였다. 비록 쉐퍼가 묘사하고 있는 경향이나 견해가 오늘날 우리가 근대적 생각과 포스트모던적 생각이라 부를 수 있는 것을 함께 지니고 있기는 하지만 쉐퍼의 연구가 포스트모더니즘에 대한 반응이라고 말할 수 있는 충분한 자료가 있다. 쉐퍼가 응답하고 있는 것은 포스트모더니즘이었는데 그 운동의 지지자들마저도 당시로서는 그것이 무엇인지 정확히 알지 못했다. 이러한 주장이 합당하다는 점은 쉐퍼가 뮤지크 콘크레트(musique concrete)의 결과에 대하여 평가해 놓은 것을 보면 분명히 알 수 있다. "반대 명제가 사라지고 상대주의가 태동되어 특수한 경우를 정당화할 수 있는 어떠한 보편적인 것을 발견할 수 있는 가능성이 거부될 때에는 그 어떤 목적도 있을 수 없다."[1] 여기 포스트모더니즘의 기본적인 요소가 있다. 논리적 반립의 실종과 철저한 상대주의, 그리고 어떤 통합적인 형이상학적 종합이나 거대담론의 불가능성. 그러므로 여러 면에서 쉐퍼는 자신의 시대를 앞서고 있다. 쉐퍼는 하나의 운동을 다루고 있다. 그 운동은 여전히 다소 혼합된 형태이며 조금씩 보편적으로 경험되기 시작하고 있었다.

쉐퍼는 라브리 공동체를 설립하고 운영하였다. 지성인들은 그곳에서 육체적으로 일할 뿐 아니라 연구하고 생각하고 토론하는 휴식의 시간을 가졌다. 쉐퍼는 또한 대학의 캠퍼스와 학생들이나 지성인들이 함께 하는 또 다른 자리에서 폭넓게 강연하였다. 쉐퍼가 암에 걸려 투병할 때 그는 치료를 위해 미네소타 주 로체스타에 있는 마요 클리닉에 갔는데 그곳에서 로체스타 근처에 미국판 라브리 공동체를 설립하였다. 그의 책을 통해 쉐퍼의 사상은 보다 널리 알려지게 되었다.

---

1 Francis A. Schaeffer, *The God Who Is There* (Downers Grove, Ill.: InterVarsity, 1968), 38.

1. 상황의 분석

쉐퍼는 20세기에 한물간 근대주의로 결실을 맺게 되는 하나의 운동이 19세기에 시작되었다고 주장한다. 대략 유럽에서는 1890년 이전, 미국에서는 1935년 이전에는 모든 사람들이 인식론적으로나 방법론적으로 함께 공유하고 있는 전제들이 있었다. 그 전제들은 기본적으로 기독교의 전제들과 일치하는 것들이었다. 그 가운데 하나가 바로 존재의 영역에서나 도덕의 영역에서 절대적인 것이 존재한다는 것이다. 어떤 일이 참이라면 그 모순되는 일은 거짓이다. 비록 사람들은 어떤 것이 참이요 바른 것인지에 대해서는 일치된 의견이 없었지만 최소한 서로 대화를 나눌 수는 있었다. 왜냐하면 사람들은 동일한 일을 말하고 있었고 자신들 사이의 차이는 객관적인 차이이지 단지 주관적인 느낌이 아니라는 데에는 의견의 일치를 보이고 있었기 때문이다. 어떤 일이 참이라면 그 반대 또는 역은 거짓이다. 다른 말로 하면, 진정한 반대 명제가 존재한다는 것이다.

사람들은 A가 참이라면 동시에 A의 부정은 참일 수 없다는 것을 잘 이해하고 있었기 때문에 대화가 가능하였다. 우리의 대화 상대자가 우리와 동의하든 상관없이 그는 우리가 말하는 것을 최소한 이해하였다. 기독교인이 아닌 사람들은 이러한 견해를 주장할만한 충분한 근거가 없었지만 최소한 낭만적인 방식으로 이러한 절대적인 것이 존재한다는 데에 동의하였다.[2] 그러므로 전통적인 변증학에서는 불신자들을 향한 변증에 종사하는 것이 가능하였다. 왜냐하면 불신자들도 최소한 기독교인들이 말하고 있는 것을 이해하기는 하였기 때문이다. 쉐퍼는 역사적 기독교는 반대명제(antithesis: 반제라고도 번역할

---

[2] Ibid., 13-14.

수 있음-역주)의 기초 위에 서 있다고 주장하곤 하였다. 반대명제가 없이는 기독교는 무의미한 것이 되고 만다.³

하지만 쉐퍼에 따르면 20세기 후반에 이 모든 상황이 변화하였다. 위에서 언급한 시기를 쉐퍼는 절망의 선(line of despair)이라고 불렀다. 비록 사람들이 절대적인 것을 주장하는 다소 부족한 낭만적인 근거만을 가지고 있기는 하였다. 그러나 최소한 그 시대 이전에는 사람들이 절대라는 기초 위에서 작업을 하고 있었다. 하지만 그 시기 이후에 사람들은 절망의 선 밑으로 미끌어졌다. 이러한 절망은 철학 분야에서 시작되었으며 미술과 음악, 일반 문화, 그리고 마침내는 신학으로까지 확산되었다. 이러한 절망은 지난 밤에 지배적인 지위를 차지한 것은 아니다. 하지만 점차적으로 그리고 세 가지 방식 또는 방향으로 확산되었다. 이것은 지리적으로 확산되었다. 첫째로, 이러한 절망은 독일에서 시작해서 유럽 전역을 통해 확산되고 그리고는 도버해협을 건너 영국으로, 그리고는 대서양을 건너 미국으로 확산되었다. 둘째로, 이러한 절망은 사회 전반으로 확산되었다. 이 절망은 실제적인 지식인들에게서 시작하여 고등 교육을 받은 사람들에게로, 그리고 노동자들에게로 마침내는 중상위 계층에게로 확산되었다. 세째로, 이러한 절망은 위에서 지적한 것처럼 어떤 학문 분과에서 다른 학문 분과로 확산되었다.⁴

쉐퍼는 우리가 먼저 이러한 변화를 이해하고 그런 이해를 가지고 우리 자신들의 기독교적인 메시지를 제출하는 것이 필요하다고 말하고 있다. 아무 것도 변한 것이 없으며 절망의 선 밑에 있는 사람들을 마치 아직도 여전히 그들이 그 위에 있는 것처럼 우리가 그 사람들에

---

3 Ibid., 15.
4 Ibid., 16.

게 계속해서 전도하기를 시도한다면 효과적이지 않을 것이다. 우리는 단지 허공을 치고 있는 것이다.[5]

쉐퍼는 이러한 변화의 뿌리가 독일 철학자인 헤겔(Georg Wilhelm Friedrich Hegel, 1770-1831)에게서 시작되었다고 보고 있다. 그 이전에 서구인들은 반대명제를 통해 사고하였다. 하지만 이것은 수평적이고 직선적으로 보자면 원인과 결과라는 개념과 관련이 있다. 하나의 사건이 다른 사건을 일으킨다. 이 다른 사건이 그 다음에 또 다른 사건을 일으킨다. 이러한 원인과 결과라는 직선적인 관계에 대하여 헤겔은 정·반·합의 변증법을 제시하였다. 직선적인 사고 대신에 헤겔은 삼각형적인 사고를 소개하였다. 정에 해당하는 사건이나 운동이 나타난다. 그 다음에 그 반대-반대명제-가 정을 반대하기 위해 나타난다. 고전적이고 합리적인 견해에서는 만일 둘 중 하나가 참이라면 다른 하나는 필연적으로 거짓이다. 하지만 헤겔의 견해에서는 이들 둘이 종합된다. 비록 모순적인 반대 관계가 절망의 선으로 인도하기는 하지만 헤겔 자신은 결코 그 선 아래로 미끌어지지는 않았다고 쉐퍼는 주장한다. 반제가 이성에 의해 해결될 수 있다고 생각하면서 헤겔은 관념론자로 남아 있었으며 그래서 낙관론자였다.[6]

죄렌 키에르케고르(Søren Kierkegaard, 1813-1855)는 이 점에 있어서 헤겔을 따라갔다. 키에르케고르의 철학은 큰 맥락에서 보면 당시의 덴마크 국가 교회 뿐아니라 헤겔 철학에 대한 반응이었다. 키에르케고르는 헤겔이 주장하였던 정과 반의 종합을 이성으로 성취하는 것이 불가능하다고 생각하였다. 그래서 키에르케고르의 책 제목은 『이것이냐 저것이냐』(Either-or)이다. 키에르케고르는 그 책에서 "이것이냐

---

[5] Ibid.
[6] Ibid., 20-21.

저것이냐는 하늘에 이르는 길이다. 하지만 이것도 저것도는 지옥에 이르는 길이다"라고 주장하고 있다. 합리적이고 논리적인 종합이 성취될 수 없다면, 논리적인 추론에 근거한 믿음을 가지는 것은 불가능하다. 그 대신 이성을 배제하거나 이성에 모순됨에도 불구하고 신앙의 비약이 이루어져야만 한다. 이것은 인간의 사상 역사에 있어 커다란 진전이었다. "그러나 키에르케고르에 대한 중요한 사실은 그가 신앙의 비약이라는 개념을 내어놓았을 때, 그가 실제로는 세속적이건 신학적이건 가릴 것 없이 모든 현대 실존주의 사상의 아버지가 되었다는 것이다"[7]라고 쉐퍼는 말하고 있다. 키에르케고르는 분명히 절망의 선 아래로 미끌어졌다.

 이러한 시대 이전에 절망의 선 위에서 살아가고 있던 철학자들은 하나의 세계관을 발전시켰으며 이러한 세계관을 통해 실재 전체를 그 자신의 경험 내부로부터 해석하려고 노력하였다. 이러한 일은 그 안에 모든 것을 포괄하는 하나의 원을 그리려는 일이었다. 이러한 일은 인간 자신의 자아로부터 출발하였기 때문에 인본주의라고 할 수 있다. 이것은 또한 인간의 이성을 이용하여 이러한 원을 그리려고 시도한 것이었기 때문에 합리주의였다. 그러므로 철학의 역사는 그러한 원을 그리려고 한 여러 철학자들의 시도라고 할 수 있다. 각각의 철학자들이 자신의 바로 직전에 그려져 있던 원을 벗어나 그 원을 "더 나은" 버전의 원으로 대치하였다. 이것은 그 자신의 이성으로 유한한 인간이 다양성 안에서 통일성을 발견할 수 있으리라고 생각하는 낙관론적인 생각이다. 그러한 생각들 사이의 차이점은 그 원이 어디에 그려져야 하며 그 원 안에 무엇이 포함되어야 하는가 하는 것이었다.[8]

---

[7] Ibid., 22.
[8] Ibid., 17.

이 모든 상황이 절망의 선 아래로 변화하였다. 이제 키에르케고르와 그를 추종하는 사람들은 모든 것을 포괄하는 하나의 원을 그릴 수 있다는 생각을 내어버렸다. 이제 합리적인 사람이 목적이나 의미, 그리고 사랑의 실체와 같은 실제적인 삶의 문제들을 다루기를 원한다면 비합리적인 신앙의 비약에 의하여 그 일을 해야만 한다. 이러한 일은 뚜렷한 이분법을 포함하고 있다.⁹

비합리적이고 비논리적인 영역	실존적인 경험; 궁극적인 경험, 1차적인 경험
합리적이고 논리적인 영역	오로지 특수한 것만이 있으며 목적이나 의미는 없다. 인간은 하나의 기계이다.

쉐퍼는 이러한 자신의 주장이 처음 보았을 때에는 보다 실존론적인 철학에만 적용되는 것처럼 보인다는 점을 인정하고 있다. 그런데 실존철학은 쉐퍼가 "정의하는 철학"이라고 부르고 있는 일상언어철학 또는 분석철학과는 대조되는 주장이다. 하지만 쉐퍼는 짐짓 대조되는 듯 보이는 이 두 철학 사상 사이에는 중요한 일치점이 있다고 주장하고 있다. 즉 실체의 양 측면이라고 할 수 있는 합리적인 지식의 영역과 가치의 영역 양자를 설명할 수 있는 포괄적인 형이상학을 수립하는 것이 불가능하다는 것이다. 이러한 의미에서 실존철학이나 분석철학은 모두 절망의 선 아래에 있기 때문에 반철학적이다.¹⁰

쉐퍼의 절망이라는 개념에 대하여 설명의 말이 필요할 것이다. 이 말은 흔히 우리에게 절망이나 낙심, 또는 감정적인 고뇌를 떠올리게 한다. 이것은 필연적으로 절망의 선 아래에 있는 사람들에게 해당되

---

9 Ibid., 22.
10 Ibid.

는 말은 아니다. 절망의 선 아래에 있는 사람들은 자신들의 희망과 가치에 합리적인 기초를 부여할 수 있으리라는 기대를 포기하였지만 그들은 단지 아직 이에 대한 충분한 의미와 함축을 경험하지 못하였는지도 모른다. 이들은 그러한 상황과 매우 잘 어울리며 살아갈 수 있을지도 모른다. 그들의 희망은 어떤 실제적인 기초를 가질 수 없을지도 모르지만 그렇다고 그들이 아무런 희망이 없는 것은 아니다.

철학에서 일어난 이러한 일은 다른 지적인 학문 분야들이나 문화 영역으로도 확산되었다. 쉐퍼는 때때로 약물의 사용이나 동양의 신비주의와 같은 별난 수단들이 궁극적인 경험을 얻거나 삶의 의미를 만들어내기 위해 사용되고 있는 것을 지적하고 있다. 궁극적인 경험이나 삶의 의미와 같은 것은 합리적인 이해를 통해서는 획득될 수 없는 것들이다.[11]

여러 방식으로 음악이나 예술, 그리고 문학은 또한 삶에 대한 하나의 견해를 표현하는 수단들이다. 그러므로 쉐퍼는 절망의 선이 예술 영역에서 어떻게 발전하였는지 추적하고는 고흐와 고갱, 세잔느, 그리고 피카소나 몽드리안, 다다와 마르셀 뒤샹의 그림과 해프닝(Happenings)과 인바이론먼트(Environments) 등의 음악 모두는 동일한 종류의 절망을 표현한다고 주장한다. 사실상 다다의 이름은 이러한 점을 잘 보여준다. 이 이름은 불어 사전에 손가락을 짚어 무작위로 선택되었는데 이 말은 어린이의 흔들목마를 가리키는 말이다.[12]

음악 분야에서 쉐퍼는 뮤지크 콘크레트를 사용하여 예를 들고 있다. 이것은 특별히 무작위로 우연하게 헬라어 소리를 내게 하는 음악 작곡법을 말한다. 그리고는 점차적으로 이 소리는 변질되어 흩어진

---

[11] Ibid., 27-28.
[12] Ibid., 30-36.

다. 여기에서 쉐퍼는 철학이 실체 전체에 대한 어떤 정합성 있는 설명을 발견하지 못하고 있다는 사실에 대한 지적을 감지하고 있다.[13] 일반 문화에 있어서 쉐퍼는 특별히 헨리 밀러와 존 오스본, 딜런 토마스, 그리고 현대 영화, 대중매체들과 비틀즈를 언급하고 있다. 특히 흥미로운 것은 동성연애를 정당화하는 철학적 주장에 대한 쉐퍼의 해석이다. 이러한 주장은 남성과 여성 사이의 구별을 거부함으로써 어떠한 반제도 거부하고 있음을 보여주는 것이다.[14]

표현의 다양성에도 불구하고 이 모든 영역에서 쉐퍼는 우리가 하나의 공통적인 통합적인 요소를 다루고 있다고 주장하고 있다. 그것은 어떤 명제와 그 명제에 반대되는 명제가 동시에 참일 수는 없다는 그 어떠한 반제(antithesis)도 거부하고 있다는 것이다. 이것은 사실 우리 그리스도인들이 반드시 주장하여야 할 논점이다. 만일 우리가 정통적인 신학에 머물러있으면서도 이러한 중요한 특성을 내어버린다면 우리는 그리스도인 아닌 사람들에게 아무 말도 할 수 없게 될 것이다.[15]

철학에서 시작하여 다양한 학문 분야로 퍼져나간 이러한 경향은 마침내 신학에도 영향을 미치게 되었다. 여기에서 쉐퍼는 칼 바르트(Karl Barth, 1886-1968)가 비록 자신의 『로마서 주석』(*Epistle to the Romans*)의 첫 번째 판의 발행 이후에 키에르케고르에게 빚지고 있는 것을 인식하지 못하고 있음에도 불구하고 신학에서 이러한 절망의 선으로 나아가는 문을 열었다고 느끼고 있다. 여기에서도 다른 탐구 영역에서와 마찬가지로 합리적이고 논리적인 것과 비합리적이고 논리적인 것 사이의 구분이 존재한다. 합리적이고 논리적인 영역에서 사람들은

---

13 Ibid., 37-38.
14 Ibid., 39.
15 Ibid., 47.

성경을 오류가 가득한 것으로 보며 이러한 영역에서는 염세주의가 지배적이다. 비합리적이고 비논리적인 영역에서는 일차적인 경험의 위기가 존재하며 신앙은 검증이나 대화 가능한 내용이 없는 낙관론적인 비약이 되고 만다.[16]

2. 인간의 곤경

실체에 대한 이러한 접근방법은 이례적인 곤경을 산출해냈다. 비교적 최근의 철학이라고 할 수 있는 이러한 20세기 철학에 의하여 살아가고 있는 인류는 일종의 긴장상태에 사로잡혀 있다. 인류는 자신의 입장이 지닌 함축을 가지고 살아갈 수 없다. 예컨대 이것은 실존주의자들인 알베르 까뮈(Albert Camus, 1913-60)나 장 폴 사르뜨르(Jean Paul Sartre, 1905-80)에게 있어서도 마찬가지이다. 사르뜨르는 까뮈를 일관적이지 못하다고 비판하였다. 쉐퍼가 보기에 이러한 주장은 모든 인간이 합리성을 포함하고 있는 하나님의 형상으로 지음 받았으며 아직도 이러한 형상이 모든 인류에게 있다는 자신의 믿음에서 기인하는 것이다. 이들의 견해가 지닌 논리가 비록 사람들이 기계라는 믿음으로 인도하여야 마땅하지만 사람들의 타락성은 "기계성"으로 인도하는 것이 아니라 "타락한 인간성"으로 인도한다.[17] 합리적 인간은 심지어 반제라는 생각을 포기하였음에도 불구하고 이러한 기초 위에서 살아갈 수는 없다. 반제를 부정하는 사람들은 그들 자신의 생각대로라면 자신들의 생각을 다른 사람들에게 전달할 수도 없다. 반제를

---

16 Ibid., 53.
17 Ibid., 63.

전제하여야만 "나는 그녀를 사랑한다" 또는 "꽃망울은 사랑스럽다"라는 생각이 "나는 그녀를 좋아하지 않는다" 또는 "그 꽃망울은 보기 흉하다"라는 생각과 대조 내지는 반대되는 주장이 될 수 있다.[18]

쉐퍼는 현대인이 자신이 주장하는 이론의 기초 위에서 살아갈 수 없는 수많은 실례들을 제시하고 있다. 비록 그 이론이 인간을 기계로서 이해하기를 요구하고 있지만 그 자신의 기계성이라는 사실을 회피하는 것은 불가능하다.

쉐퍼는 지중해를 여행하던 중 자신이 성직자라는 사실을 알고 쉐퍼에게 관심을 표명했던 한 운동선수에 대하여 이야기하고 있다. 그 젊은 운동선수는 자신의 입장이 지니고 있는 함축적인 의미를 이해하였고 쉐퍼는 그 운동선수가 매우 사랑하는 아내가 있음을 알게 되었다. 서로의 대화가 끝나갈 때 쉐퍼는 그 운동선수에게 물었다. "당신은 밤에 당신의 팔로 당신의 아내를 안을 때 그녀가 거기에 있다고 확신할 수 있느냐?" 곤혹스러운 표정으로 그 운동선수는 소리쳤다. "아니요. 나는 그녀가 거기에 있는지 언제나 확신하지는 못합니다." 그리고 그는 객실로 돌아갔다.[19]

보다 더 잘 알려진 예는 동전을 던져 음악을 작곡하였던 존 케이지(John Cage, 1912-1992)이다. 그가 선택한 음계는 그래서 순전히 우연에 기초하고 있었다. 나중에 케이지는 캠 위에서 작동하는 기계 장치의 일종인, 우연히 음표를 선택하는 장치를 개발하였다. 음악가는 단지 그 지시만 따르면 된다. 이것은 많은 개별자들을 함께 묶으려고 하는 그 어떠한 전체를 포괄하는 합리적이거나 논리적인 설명이라고 하는 것이 있을 수 없다는 케이지 자신의 실체에 대한 철학을 표현한 것이

---

18 Ibid., 55-56.
19 Ibid., 63-64.

었다. 케이지는 인생의 어느 지점에 버섯에 매우 흥미를 느끼게 되었다. 케이지는 만일 자신이 독버섯을 잘못 알아보고 그것을 요리하여 먹는다면 자신이 죽을 수 있다는 사실을 알게 되었다. 케이지는 "만일 내가 주장하고 있는 우연 기법의 정신에 따라 버섯에 접근한다면 나는 곧 죽을 것이라는 것을 알게 되었다. 그러므로 나는 버섯에 대하여 그런 식으로 접근하지 않기로 결심했다"[20]라고 말하였다.

쉐퍼는 이러한 케이지의 결정이 바로 한 사람의 이론에 기초하여 살아가는 것이 불가능한 경우를 보여주는 것이라고 생각한다. 쉐퍼는 다음과 같이 말한다.

> 다른 말로 하면, 여기 우주가 내재적으로 무엇이며 삶의 실제적인 철학이 무엇인지를 가르치려 하는 사람이 있다고 하자. 그 사람은 자신의 주장을 버섯을 따는 일에는 적용하지 못할 것이다. 만일 그 사람이 산림 숲으로 들어가 우연에 의거하여 마구 버섯을 꺾기 시작한다면 며칠 안에 거기에는 케이지가 더 이상 존재하지 못할 것이다.[21]

3. 기독교에 대한 적극적인 변호

이 지점에서 쉐퍼는 기독교에 대한 적극적인 변호를 시작한다. 쉐퍼는 기독교가 인간 존재의 세 가지 근본적인 질문에 대하여 답을 가지고 있다고 주장하고 있다. 단지 기독교에만 인간이 그 안에 살아가고 있는 긴장을 해결해 줄 수 있는 길이 있다고 쉐퍼는 논증하고 있다. 그러한 대답을 제공하는 일을 신신학(쉐퍼에 있어서는 바르트를 비롯한

---

20 Ibid., 73-74. 『뉴욕 시민』(*New Yorker*)이라는 잡지에 실린 인터뷰에서 인용.
21 Ibid., 74.

신정통 계열을 염두에 두는 표현임-역주)은 할 수 없다. 전통적인 진리에 대한 이해를 지니고 있는 정통적인 기독교만이 그 일을 할 수 있다.[22]

이러한 필요 가운데 첫 번째 필요는 인간의 인격에 대한 믿음의 기초이다. 인간은 자신이 누구인가를 이해하기까지는 자신의 내적인 긴장으로부터 벗어날 길이 없다. 이것과 관련하여 모든 일에 대한 인격적인 시작을 가지든지 아니면 비인격적인 시작을 가지든지 단지 두 가지만이 선택 가능할 뿐이다. 하나님과 피조세계에 대한 성경의 묘사는 하나님께서는 그 자신의 자유로운 결정에 의하여 다른 인격적인 존재들 즉 다른 사람들을 존재하게 하는 인격적인 존재라는 것이다. 하나님의 인격성은 삼위일체 교리에도 나타나 있다. 삼위일체론에 따르면 심지어 인간의 창조 이전에 이미 삼위일체의 삼위 하나님의 위격 사이에 상호관계와 사랑이 존재하였다는 것이다. 그런 이후에 인격적인 하나님은 자신의 형상으로 인간을 인격적인 존재로 창조하셨다.[23]

이에 대한 대안은 사람의 인격성이 우연히 비인격적인 존재로부터 기인한다는 생각이다. 쉐퍼는 알프스 산맥에 있는 두 개의 계곡을 소개하고 있다. 한 계곡은 건조하고 또 다른 계곡은 호수를 이루고 있다. 그런데 어찌된 영문인지 건조한 계곡에 호수가 생겨난다. 그 호수의 수면을 주의 깊게 살펴보고 만일 그 호수가 다른 계곡에 있는 호수와 같은 고도임이 확인된다면 첫 번째 호수는 두 번째 호수를 만들어낸 그 물 근원이라고 결론지을 수 있을 것이다. 하지만 만일 새로이 생겨난 두 번째 호수의 수면 고도가 첫 번째 호수의 수면보다 20 피트가 더 높다는 것을 발견한다면 두 번째 호수가 첫 번째 호수

---

[22] Ibid., 87.
[23] Ibid.

에서 나올 수 없음을 알게 될 것이다. 두 번째 호수의 근원은 또 다른 곳에서 찾아야만 한다. 쉐퍼는 인격성이 무엇인가라는 질문이 그러하다고 말하고 있다. 만일 인격이 비인격으로부터 나온 것이라면 인격은 그 근원보다 더 높이 올라간 것이다. 하지만 사실은 그럴 수가 없다.[24]

지금까지 어떻게 인격이 비인격적인 것에서부터 기인할 수 있는가 하는 질문에 대해 어떠한 타당한 설명도 실제로 주어진 적이 없다. 그에 대한 설명이라고 제시된 것들은 단지 실제로는 전혀 아무런 설명이라고 할 수 없는 말들을 사용하고 있는 환영에 불과하다. 인격성이 그렇게 해서 출현하게 되었다는 주장은 신비로운 비약에 불과하다. 그러한 주장은 그 자체로 유지될 수가 없다. 이러한 견해가 옳다면 인간 존재는 자연 가운데 있는 다른 존재보다 더 하등의 것이 되어야 한다. 쉐퍼는 단지 고체나 액체만 있고 아무런 공기가 없는 우주에서 살고 있는 물고기를 가상의 예로 들고 있다. 물고기는 이러한 우주에서 헤엄치고 있는 것처럼 생존하고 기능할 수 있다. 하지만 진화라고 하는 우연한 사건을 통해 이 물고기가 허파를 발전시켰다고 가정해보자. 이러한 일은 과연 고등의 것인가 하등의 것인가? 쉐퍼는 더 하등의 것이 되리라고 대답한다. 왜냐하면 이전에 물고기는 자신의 환경 가운데서 잘 살아가고 있었다. 그런데 이제 물고기는 물에 빠져 죽을 수 있게 되었다. 그런 면에서 생존할 수 있는 피조물이 생존할 수 없는 피조물보다 고등한 것이기 때문이다. 하지만 여기 사랑과 도덕성, 그리고 합리성과 아름다움, 그리고 소통에 대한 온갖 종류의 희망과 갈망을 지니고 있는 인간이라는 존재가 있다. 이러한 희망과 갈망은 인간의 인격성에 대한 적절한 해결이 없이는 충족될 수

---

[24] Ibid., 87-88.

없는 것들이다. 줄리안 헉슬리 경(Sir Julian Huxley, 1887-1975)은 비록 자신이 무신론자이기는 하지만 만일 자신이 신이 존재한다고 믿는다면 어떻게든 인간이 보다 더 잘 기능하리라는 점을 기꺼이 인정하고 있다. 하지만 이러한 주장은 결국에는 인간이 거짓이 참이라는 가정 위에서 행동할 때 더 잘 기능한다고 말하는 것과 같은 것이다. 사실 비인격적인 가정이 옳다면 인간은 두더지나 잡초보다 하등하다. 왜냐하면 두더지나 잡초는 그 기능이 성취되지만 인간은 그렇지 못하다. 물고기의 이야기에서처럼 성취되지 못하는 것이 성취 가능한 것보다 하등이다.[25] 쉐퍼는 1960년대의 학생 봉기가 인간성이 인간성에 대한 합리적이거나 자연주의적인 설명을 받아들일 수 없는 증거라고 믿고 있다. 쉐퍼는 교수들이 인간 존재가 실제로는 기본적으로 하나의 기계라고 가르치고 있었으며 대학은 학생들을 실제 학생들이 기계인 것처럼 다루었다고 주장한다. 그러한 비인격화에 대한 학생들의 저항은 인간이 그러한 비인격화가 지니고 있는 특성이 얼마나 적절하지 못하고 타당하지 못한지를 인식하고 있다는 설득력 있는 설명이다.[26]

기독교가 대답을 제시하고 있는 인간의 두 번째 질문 또는 문제는 지식에 대한 요구이다. 특히 현대인은 전체 실체에 대한 통합성을 결여하고 있다. 삶 전체에 대한 통합적인 대답이 없이는 절망에 이를 수밖에 없다. 일어난 일은 현대인이 합리주의에 골몰하여 모든 일을 자기 자신으로부터 설명해내려고 시도한 것이다. 그렇게 함으로써 사람들은 거기 계신 하나님의 진리를 무시하면서 합리성을 상실해

---

[25] Ibid., 88-89.
[26] Francis A. Schaeffer, *Genesis in Space and Time* (Downers Grove, Ill.: InterVarsity, 1972), 17.

버렸다.²⁷ 합리성을 다시 회복하기 위해 필요한 것은 인간이 지적인 영역을 포함하여 모든 삶의 영역에서 자신의 자율성을 포기하는 것이다.²⁸

하지만 존재하시고 자기 자신을 계시하시는 인격적인 하나님이 여기 존재하신다. 하나님께서 인간을 자신의 형상과 모양으로 창조하셨고 그 결과 사람들은 진리를 이해할 수 있다. 하나님은 참인 명제 형식으로 말씀하셨으며 그 자신에 대한 진리뿐 아니라 인간과 역사, 그리고 우주에 대한 진리가 알려지게 하셨다. 쉐퍼는 하나님께서 주신 계시는 그 어떤 고차원적인 영역으로 분리된 것이라기보다는 시공간의 우주와 관련있는 것으로 이해되어야 한다고 주장한다. 신신학을 주장하는 사람들에게는 하나님의 계시가 실제적인 경험적 사실에 관여하지 않기 때문에 그것을 논박할 수 없다고 하는 것은 기독교에 이로운 점처럼 보일런지 모르지만 쉐퍼는 바로 그 정반대라고 주장하고 있다. 만일 검증도 반증도 가능하지 않다면 토론 자체가 불가능하다.²⁹ 창세기의 처음 열한 장의 역사성은 실제적인 진리라는 개념을 주장함에 있어 핵심적이다.³⁰ 하나님께서 자신과 우주에 대하여 계시하신 진리를 진지하게 취급하는 것만이 우리에게 그 안에서 사실들을 해석할 수 있는 틀을 제공해 준다.

기독교가 인간의 필요에 대하여 제공하는 세 번째 영역은 인간과 인간의 딜레마에 대한 것이다. 인간과 인간의 딜레마라는 것은 고차원의 높이에 도달하거나 잔혹함과 비극의 거대한 심연으로 가라

---

27 Francis A. Schaeffer, *Escape from Freedom* (Downers Grove, Ill.: InterVarsity, 1968), 82.
28 Ibid., 83.
29 *God Who Is There*, 93-94.
30 Francis A. Schaeffer, *Genesis in Space and Time* (Downers Grove, Ill.: InterVarsity, 1972), 9-10.

앉거나 하는 인간의 능력에 대한 이상한 모순을 의미한다. 도덕적인 감수성을 지닌 사람이라면 이러한 엄청난 모순을 발견할 수 있어야만 한다. 이러한 인간의 곤경에 대한 두 가지 가능한 해석이 있다. 한 가지는 그 원인이 형이상학적인 것이고 또 다른 하나는 도덕적인 것이다. 인간의 모순이 형이상학적인 원인에서 생겨난 것이라고 말하는 것은 인간의 사악함을 유한성에 돌리는 것이다. 그 결과 인간은 자신이 직면하게 되는 요소들을 다룰 수 없게 된다. 하지만 사실이 이러하다면 쉐퍼는 악이나 잔혹함의 문제에 대한 그 어떠한 대답도 있을 수 없다고 주장한다. 왜냐하면 악이나 잔혹함이라고 하는 것은 단지 인간이 그러한 방식의 한 부분일 것이기 때문이다.[31]

이 부분에서 쉐퍼는 그 논점을 자세하게 설명하지 않고 있기 때문에 그 논점이 분명하지 않은 하나의 실례를 들고 있다. 물론 쉐퍼가 주장하려고 하는 논점은 인류가 옳고 그름이라고 하는 생각을 단지 사물들이 그러한 것의 산물, 즉 도덕적으로 중립적인 것으로 받아들일 수는 없는 것처럼 보인다. 쉐퍼는 자신이 기독교를 제시한 것에 대하여 반대하였던 어떤 힌두교도에 대해 말하고 있다. 그 젊은 힌두교도는 그 자신의 견해가 지닌 문제를 잘 알지 못하고 있음이 쉐퍼에게는 명확해 보였다. 그래서 쉐퍼는 잔혹함과 잔혹하지 않은 것이 동일한 것이라는 힌두교의 주장이 사실과 부합하지 않는다면 기독교가 진리임을 인정할 것인지 물었다. 이 시점에서 그 힌두교도는 대화가 나누어지고 있던 방의 주인인 학생이 옆에 서서 차를 위해 준비하고 있던 끓는 물의 김이 나오는 주전자를 자신의 머리 위로 들어올리자 무슨 짓을 하는 것이냐고 물었다. 그러자 그 학생은 "잔혹함과 잔혹

---

[31] *God Who Is There*, 100.

하지 않음은 차이가 없다며"라고 말하였고 대답할 말을 잃은 그 젊은 힌두교도는 가버렸다.[32] 이와 유사하게 근대 초기 화학적 결정론자였던 마르퀴즈 드 사드(Marquis de Sade, 1740-1814)는 만일 모든 것이 결정되어 있다면 거기에는 아무런 선도 악도 존재하지 않는다고 주장하였다. 존재하는 것이면 어떤 것이든 옳은 것이다. 우리는 어떤 행동이 비사회적이거나 어떤 일들은 통합보다는 분열을 산출할 것이라고 말할 수 있다. 하지만 "당신은 어떤 것이 옳다거나 잘못이라고 말할 수는 없다. 인간은 죽었다. 도덕성도 죽었다."[33]

이러한 딜레마에 대한 역사적인 기독교의 대답은 비결정적인 하나님께서 비결정적인 인간을 창조하셨으며 인간은 이러한 자유를 사용하여 하나님께 대항하기로 선택하였다는 것이다. 이러한 개념은 인간의 행동은 결정되어 있으며 이것이 인간의 딜레마에 대한 열쇠라고 믿고 있는 훨씬 현대적인 사상에서는 이해하기 어렵다. 이것은 지금 우리가 발견하고 있는 인간이 하나님의 손에서 나온 존재라는 사실과는 달리 비정상적임을 의미한다. 사람들은 서로 분리되어 있을 뿐 아니라 유일한 준거점이신 자신들의 창조주에게서 분리되어 있다. 그래서 잔혹함이 존재하며 다른 사람에게 잔혹한 사람은 원래 의도된 바의 인간 본성에 충실하지 못한 것이다. 실제적이고 시공간적인 타락이 있었어야만 한다. 이러한 주장을 통해 쉐퍼는 그 이전에 아담은 타락하지 않았으며 그 이후 아담은 타락하였다는 의미에서 타락이 실제적인 사건임을 주장하고 있다. 우리가 만일 거기에 있었다면 우리는 그 사건이 발생하는 것을 볼 수 있었을 것이다. 현실적이고 실제적인 사건으로서의 창세기의 처음 3장이 없었다면 우리는

---

32 Ibid., 101.
33 *Church at the End of the Twentieth Century*, 14.

진정한 기독교적 입장을 내어버리고 인간의 딜레마에 대하여 기독교적인 대답을 제시할 수 없을 것이다.[34]

기독교의 대답은 지금 참다운 도덕적인 절대들이 존재한다는 것을 의미한다. 하나님 배후에 어떤 법이 있는 것이 아니다. 하나님은 우리가 닿을 수 있는 만큼 물러서 계신다. 절대라고 하는 것은 하나님의 도덕적인 성품에 의지해 있다. 도덕성은 하나님의 성품을 확증하는 것이며 비도덕성은 그렇지 않은 것이다. 하나님의 형상으로 만들어졌기에 인간은 하나님의 도덕적인 율법에 합치할 것을 요구받고 있으며 그렇게 하지 못할 때 인간은 율법의 수여자이신 하나님 앞에서 죄책을 느낀다. 그러므로 실제적인 도덕적 죄책이 존재하며 하나님께서 이러한 죄책을 제거하실 수 있는 가능성이 존재한다. 성경은 말하기를 하나님께서 아들을 이 세상에 보내어 화목적이고 대리적인 희생으로 죽게 하심으로 이러한 해결책을 제공하셨다고 말하고 있다.[35]

쉐퍼에 따르면 이러한 성경적인 대답으로부터 4가지 중요한 사실이 추론되어 나온다.

① 거기 계신 하나님은 선하신 하나님이시다.
② 인간의 딜레마에 대한 해결을 소망할 수 있다.
③ 선과 악이라고 하는 도덕성에 대한 충분한 기초가 있다.
④ 악에 대항하여 싸울 적절한 이유가 있다.[36]

이 부분의 논점은 추가적인 설명이 필요하다. 만일 우리가 절대가

---

34 *God Who Is There*, 104.
35 Ibid., 105-6.
36 Ibid., 106-7.

없는 세상에서 살아간다면 어떻게 우리는 무엇이 옳고 무엇이 그른 지 결정할 수 있는가? 기독교의 대답은 우리로 하여금 단지 그 순간의 기분 그 이상의 보다 더 큰 기초가 있음을 알게 해준다. 하지만 이 것은 또한 기독교인이 사회에서 악과 싸우기 위해 실제적으로 급진적이어야 함을 의미한다. 그렇지 않으면 우리는 단지 현상유지만을 주장할 뿐이다.[37]

하지만 물어보아야 할 또 다른 주된 질문은 기독교가 진리인지 우리는 어떻게 알 수 있는가 하는 것이다. 쉐퍼는 다음과 같은 예를 들고 있다. 갈기 갈기 찢어져 남아 있는 것이라고는 각각의 페이지마다 1인치 정도의 프린트물 밖에는 없다고 상상해보자. 이것으로부터 전체 이야기가 무엇인지를 확정하기는 불가능하다. 하지만 대부분의 사람들은 거기에 남아 있는 것들이 우연히 함께 모아졌다고 결론짓지는 않는다. 하지만 그렇다면 우리는 다락방에서 이들 페이지의 잃어버린 부분들을 발견해서 이미 우리가 가지고 있던 것들과 함께 조합을 했다고 생각해보자. 그렇다면 그 이야기를 읽고 의미를 이해하는 것이 가능할 것이다. 쉐퍼는 두 가지 사항을 관찰할 수 있다고 말한다. 첫째, 페이지의 그 부분 자체가 우리로 하여금 그 이야기를 이해하도록 만들지는 않는다는 것이다. 둘째, 사람의 이성은 그 사람으로 하여금 발견된 페이지가 남아있는 페이지에 잘 어울리며 전체적인 인격성의 수준에서 개개인이 그 이야기를 읽는 것이 재미있음을 인식하게 해 주는 것이다. 이것은 특별히 회복된 책이 그 페이지를 발견한 사람에게 중요한 어떤 사람에 대한 관계를 열어 준다면 그럴 수도 있을 것이다.[38]

---

37 Ibid., 107.
38 Ibid., 108.

쉐퍼의 논점은 남아 있는 페이지가 우리가 지금 발견하는 비정상적인 세계와 비정상적인 인류를 의미하는 것이라면 새롭게 발견된 페이지가 우리에게 하나님에 대하여 뿐만 아니라 인류와 세계에 대하여 말하고 있는 성경을 의미한다. 인간은 남아 있는 페이지만 가지고는 바르게 전체적인 진리를 파악할 수 없다. 하지만 성경을 살펴보면 우리는 성경이 이전에 분명하였던 것에 대한 설명을 하고 있음을 알게 된다. 즉 인류는 단지 우연적인 여러 요소들의 결과물이 아니라는 것이다. 이것은 단지 신앙의 비약이 아니라 그 두 부분이 함께 어울린다는 합리적인 인식이다. 쉐퍼는 "우리 앞에 계신 인격적인 하나님으로부터 온 명제적인 의사소통으로 단지 우주와 역사의 여러 일들이 어울리게 될뿐만 아니라 더 고차원적이고 더 저차원적인 모든 일들 또한 어울리게 된다. 즉 은혜와 자연, 도덕적인 절대와 도덕, 보편적인 준거점과 특수한 일들, 그리고 인간의 감성적이고 미학적인 실체들까지 조화를 이루게 된다"[39]라고 말하고 있다.

쉐퍼는 종교적인 증명과 철학적 증명, 그리고 과학적인 증명 모두는 똑 같은 규칙을 따르며 동일한 기준을 만족시켜야 한다고 주장한다. 여기에는 두 가지가 있다.

① 이론은 반드시 자기 모순적이어서는 안되며 고려 중인 문제에 대한 답을 줄 수 있어야만 한다.
② 이론과 어울리는 일관성 있는 삶이 가능해야만 한다.[40]

적극적인 논증에 더하여 부정적인 논의도 있다. 그것은 경쟁 관계

---

[39] Ibid., 109.
[40] Ibid.

에 있는 대안들을 고려하는 것이다. 쉐퍼는 인간에 대한 이해와 관련하여 사소한 대답들이 제거되고 나면 신비적인 신앙의 비약을 포함하지 않는 4가지 기본적으로 가능한 대답이 있다고 믿는다.

① 인격적인 인간 존재는 비인격적인 힘에 시간과 우연을 더하여 산출되었다. 하지만 이러한 대답은 모든 경험과는 반대되기에 바른 설명일 수 없다고 쉐퍼는 말하고 있다.
② 인간은 인격적이지 않으며 하나의 기계이며 죽었다. 하지만 이 대답은 두 번째 기준을 만족시킬 수 없다. 어떤 사람도 자신이 실제적으로 기계라고 믿는 기초 위에서 살아갈 수 없기 때문이다.
③ 미래에 우리는 합당한 대답을 발견할 것이다. 하지만 이것은 두 가지 이유 때문에 폐기되어야 한다. 첫째, 실제로 어떤 문제에 대한 정당한 해답이라고 할 수 없는 일종의 회피에 불과하다. 둘째, 그 이유는 다만 유보된 심판과 더불어 살아가는 것은 불가능하기 때문이다. 우리는 도덕적인 판단을 계속해서 내려야만 하며 그러한 도덕적인 판단은 어떤 기초를 가져야만 한다.
④ 상대성 이론과 같은 과학 이론은 미래의 어느 시점에 타당한 설명으로 입증될 수도 있다. 하지만 상대성 이론은 이런 방식으로 인간에게 적용될 수는 없다. 물리학에서는 여전히 절대라고 하는 것-즉 빛의 속도-이 존재한다. 그러므로 과학적인 이론들은 끊임없는 유동의 상태에 있지 않다. 이것은 인간에게도 적용될 수 있는 경우이다. 이러한 대안적인 것들과는 대조적으로 기독교는 모순적이지 않은 견해라고 할 수 있다. 학문적인 탐구에 있어서나 삶에 있어서나 현상을 설명해주고 그와 더불어 살아갈

수 있는 것이 바로 기독교다.⁴¹

4. 비기독교인에 대한 접근

쉐퍼는 단지 논리적인 견해를 제시하는 데에 흥미가 있지 않다. 쉐퍼는 궁극적으로 불신자들을 신앙으로 인도하는 데에 관심을 기울이는 복음전도자이다. 쉐퍼는 비그리스도인과 진정한 생각의 소통 또는 교환이 가능하다고 믿고 있다. 왜냐하면 모든 인간은 하나님의 형상으로 지어졌으며 쉐퍼가 "인간됨"이라고 부르고 있는 그 일부를 가지고 있기 때문이다. 그러면 어떻게 이 일을 할 수 있는지에 대한 정확한 규칙을 정하기는 불가능하다는 것을 인정하는 것이 중요하다. 사람은 크나큰 가치가 있으며 우리가 불신자와 나누는 대화는 사랑 가운데 행해져야만 한다는 것 또한 중요하다. 불신자들이 긴장 가운데 살아가고 있다는 것을 이해하는 것 또한 우리에게 꼭 필요하다. 그 이유는 인간됨이라고 하는 것은 상실될 수 없는 것이기 때문이다. 그리고 기독교적인 설명을 거부하는 견해에 따라 일관성 있게 살아가는 것은 불가능하기 때문이다. 만일 불신자들이 일관성 있게 살아간다면 그들은 비기독교적 전제들이 지닌 논리적인 함축으로부터 벗어나게 될 것이다. 하지만 어떤 사람도 그렇게 할 수 없다. 왜냐하면 각 사람은 세상이라고 하는 실체, 즉 모든 형태의 외부적인 세계뿐 아니라 그 자신의 본질적인 인간됨과 여전히 접촉하고 있기 때문이다. 딜레마는 한 사람의 불신자로서 자신의 전제를 보다 철저하게 살아내면 낼수록 사람들은 실제 세계로부터는 보다 멀리 밀려나게 되

---

41 Ibid., 110-11.

며 실재 세계와 보다 밀접하게 접촉하게 되고 자신의 전제와는 보다 더 불일치하게 된다.[42]

대화를 나누는 입장에서 보면 이러한 불일치는 좋은 일이다. 왜냐하면 이것이 서로 간의 대화나 소통을 가능하게 해 주기 때문이다. 만일 어떤 사람이 자신의 비기독교적인 전제에 대하여 전적으로 일관성이 있다면 정말이지 대화를 위한 그 어떤 공통의 기반도 존재하지 않을 것이다. 하지만 자신들의 전제를 일관성 있게 살아낼 수 없다면 그러한 대화를 위한 모종의 기초를 만들어내게 된다.[43]

하지만 어떻게 우리는 그러한 대화를 진행해 갈 수 있는가? 쉐퍼의 독특한 접근방법이 나타나는 곳이 바로 여기다. 어떤 그리스도인들은 대화를 진행하는 방식이 어떤 사람의 전제가 지니는 논리적인 결론으로부터 벗어나도록 하여 기독교적인 전제들에 다시금 더 가깝게 하는 것이라고 생각할는지도 모른다. 쉐퍼의 전략은 이와는 바로 정반대이다. 어떤 사람을 자신의 전제에 보다 더 일관되게 살아가도록 밀어붙이는 것이다. 이것은 그 사람이 곧 멈추어서지 않는다면 마땅히 그러해야 하는 지점까지 나아가게 하는 것이다. 각 사람은 사실상 그것이 외부적이든 내부적이든 실제적인 세계의 바람으로부터 자신을 막아주는 방패로서 그 자신의 머리 위에 하나의 지붕을 짓고 있다. 그러므로 그리스도인의 사명은 이 방패를 제거하도록 도와서 그 사람이 그러한 바람들의 온전한 힘에 노출되게 하는 것이다. 진리에 대하여 노출되는 순서가 어떤 사람들의 기대하는 바와는 다르다. "처음으로 우리가 인정하게 되는 진리는 성경의 진리에 대한 교리적인 진술이 아니라 외부 세계의 진리와 인간 자신이 무엇인가에 대

---

[42] Ibid., 119-25.
[43] Ibid., 126.

한 진리이다."⁴⁴ 이것은 어떤 의미에서 과거에 우리가 구원에 대하여 듣기 전에 지옥에 대하여 그리고 길을 잃고 있다는 사실에 대하여 설교하는 가운데 이루어졌던 것과 유사하다. 이것은 쉬운 일이 아니다. 왜냐하면 지붕을 제거하고 위험에 어떤 사람을 노출시키는 것에는 저항이 따르기 때문이다. 때때로 그 사람은 긴장에 직면하게 될 것이지만 그 해결책을 받아들이기를 꺼려할 것이다. 그런 일이 일어날 때 우리는 그 사람을 그 이전보다 더 나쁜 상태에 버려두는 것처럼 보일지도 모른다. 하지만 이러한 상황은 지옥에 대한 설교를 들었지만 구원을 받아들이지 않는 사람들의 상황과 다르지 않다. 이것은 마땅히 감수해야만 하는 위기이다. 정말이지 그 사람은 심지어 자살을 할 수도 있는 위험이 존재한다. 하지만 성경적인 의미에서 진정한 신앙이 있기 위해서는 진리에 대한 이러한 노출의 과정을 반드시 통과해야만 한다.⁴⁵

5. 평가

포스트모더니즘에 대하여 복음주의적인 응답을 제공하려고 하였던 쉐퍼의 이러한 개척자적인 노력에는 추천할만한 내용이 많이 있다. 하지만 거기에는 약점이라고 할 수 있는 부분도 많이 있다.

1) 긍정적 평가

① 쉐퍼는 우리에게 일찍이 포스트모던적인 현상을 인식하고 경각

---

44 Ibid., 129.
45 Ibid., 129-31.

심을 일깨워준 커다란 공헌을 하였다. 부분적으로 이것은 쉐퍼가 유럽에서 활동하였기 때문에 가질 수 있었던 장점이었다. 아무래도 미국보다는 유럽에서 포스트모더니즘의 발현이 비교적 빨리 나타났다. 물론 쉐퍼는 나중에 포스트모던적인 운동이 보다 상세하게 토론되면서 명확한 형태로 사용 가능하게 되었던 범주들을 가지고 있지 못한 난점을 지닌 채 연구하였다.

② 쉐퍼는 현재의 이데올로기가 상당히 멀리 거슬러 올라갈 수 있는 뿌리를 가지고 있음을 바르게 지적하였다. 최소한 포스트모더니즘은 19세기에 그 사상적인 기원을 가지며 초기의 몇 가지 특징을 찾아 볼 수 있다.

③ 쉐퍼는 학문 분야라고 하는 것이 상호 연관되어 있음을 인식하였다. 이러한 상호연관성 때문에 문화적인 조류는 단지 하나의 학문분야 안에 고립되어 존재하지 않으며 마치 바깥으로 뻗어나가는 파동과도 같이 다른 학문 분야로 번져간다.

④ 쉐퍼는 포스트모더니즘 아래에서 발생하였고 발생하고 있는 주된 변화를 정확하게 인식하였다.

⑤ 쉐퍼는 기독교 신학과 다른 문화 사이의 상호 관련성을 인식하였다. 다른 분야에서 발생한 일이 불가피하게 신학에도 영향을 미치게 된다.

⑥ 쉐퍼는 기독교 신앙이 지금 이 시대의 포스트모던적인 사람에게 그 사람 자신의 용어로는 합리적이거나 바람직하지 않게 보일 수 있음을 바르게 인식하였다. 어떤 사람이 주장하고 있는 견해의 결과를 끝까지 살아내도록 밀어붙여 그러한 견해를 가지고 살아갈 수 없음을 발견하게 해야 할 필요성이 존재한다.

⑦ 쉐퍼는 한편으로는 기독교 신앙과 그 신학, 그리고 다른 한편으로는 포스트모던적인 이데올로기 사이에 분명한 반립이 존재함

을 인식하였다. 따라서 쉐퍼는 기독교 신앙을 포스트모더니즘에 적응시키려고 시도함으로써 기독교 신앙을 타협하기를 거부하였다.

2) 부정적 평가

① 분석의 과정에 다소 지나친 단순화가 존재한다. 쉐퍼는 예술이나 음악, 또는 문학과 같은 여러 분야의 전문가가 아니기 때문에 자신의 이론에 맞는 몇몇 대표자들을 선별하였다. 하지만 그런 분야의 전문가들의 눈에는 쉐퍼의 분석이 어떤 경우에는 피상적이고 심지어는 잘못된 전체적인 가정에 근거하고 있음을 발견하곤 한다.

② 쉐퍼는 문제의 분석을 충분히 소급하여 진행하지 않았다. 쉐퍼는 문제가 정말로 서로 반대되는 명제들이 종합되는 헤겔의 변증법에서 시작되었다고 믿고 있다. 하지만 쉐퍼는 헤겔이 칸트의 『순수 이성 비판』에 대한 응답을 시도하였음을 분명하게 인식하지 못하였다. 『순수 이성 비판』에 따르면 오성의 범주들을 감각 경험 너머에 있는 대상들에 적용하려고 시도하는 것은 모순 또는 "이율배반"(antinomies)에 이르게 된다. 만일 우리가 헤겔의 해결책을 거부하게 된다면 우리는 여전히 칸트의 문제에 직면하게 된다.

③ 쉐퍼는 기독교가 정말이지 자신이 묘사하고 있는 비합리주의에 대하여 유일하게 타당한 대안이라고 가정하는 것 같다. 그러한 분석에서 어떤 사람의 생각이 지닌 결론으로 밀고나갔을 때 우리는 기독교나 비합리주의를 선택해야만 한다. 하지만 정말 그러한가? 오늘의 다원주의적인 환경에서는 다른 종교적인 대안들

이 어떻게 합리성에 대한 사람들의 필요를 충족시키는데 실패하였는지 보여주는 것이 중요하다.

④ 쉐퍼의 분석에는 비합리적인 요소들이 신념이나 행동에 있어 가지는 역할을 간과하고 있는데 이것은 기본적으로 합리적인 가정이다. 이러한 가정은 만일 어떤 사람이 기독교 유신론의 기초 위에 세워지지 않은 세상의 비합리성을 알게 된다면 기독교인이 될 것이라는 것이다. 하지만 사람들이 예수 그리스도를 따르는 사람이 되는 길에는 다른 요소도 많이 있다. 그리스도께서는 아무리 못해도 죄 가운데 있는 자연상태의 인간들이 마음에 들어하지 않는 어떤 요구를 하시며 어떤 기대를 가지고 계신다. 보다 큰 맥락에서의 어떤 사람의 삶에 대한 재조정이 필요하다. 몇몇 정신분석학자들이 매우 분명하게 보았던 인간의 이러한 측면은 쉐퍼의 분석에는 들어가 있지 않은 것 같다.

3부

포스트모더니즘에 대한 긍정적 응답

postmodernizing

5장

어떤 복음주의자도 가보지 않은 곳까지 담대히 가보자:

스탠리 그렌츠

복음주의자들이 포스트모더니즘이라는 현상의 빛 안에서 변증학과 신학을 형성할 것을 요구하는 매우 분명한 목소리를 발하고 있는 복음주의자가 있다. 그 사람은 바로 캐나다 브리티쉬 콜롬비아 뱅쿠버에 있는 리젠트 칼리지에서 신학을 가르쳤던 스탠리 그렌츠(Stanley J. Grenz, 1950-2005)이다.

그렌츠는 복음주의자들이 포스트모더니즘의 도전을 진지하게 고려하여 그들의 신학을 그 빛 안에서 철저하게 "개정"하는 일에 참여할 것을 주장하고 있다. 이 장의 목적은 그렌츠의 제안이 과연 포스트모더니즘에 대한 가능한 반응인지 살펴보고, 그 주장에 대하여 평가해 보고자 하는 것이다.

1. 현재 상황에 대한 묘사

포스트모더니즘에 대한 그렌츠의 견해는 그의 제안을 이해하고 평가하는 데 있어 매우 중요하다. 그렌츠는 포스트모더니즘을 단지 연대기적 현상이 아니라 광범위한 문화적인 현상이라고 지적하고 있다. 포스트모더니즘이라는 용어는 1930년대에 예술 영역의 어떤 경향을 지시하기 위해 처음으로 사용되었다.

그 후에 포스트모더니즘은 새로운 유형의 건축양식에 대한 명칭으로 사용되었다. 1970년대에 이르러서는 대학에서 영문학과 철학 영역에서 어떤 이론을 표현하기 위해 이 용어가 사용되었으며 결과적으로 보다 광범위하고 보다 산만한 문화적인 현상을 지시하기 위해 이 용어가 사용되었다. 포스트모더니즘에 대한 그렌츠의 초기 정의는 근대 시대와 관련이 있다.

> 그것이 다른 어떤 것이라 하더라도 그 이름이 제안하고 있는 것처럼 포스트모더니즘은 근대주의를 넘어서려고 하는 요구이다. 특별히 포스트모더니즘은 근대적인 정신상태에 대한 거부이기는 하지만 근대주의의 조건 아래에 있다. 그러므로 포스트모던적인 사고를 이해하기 위해 우리는 포스트모더니즘을 태동하게 하였고 거기에 대하여 반응하게 하였던 근대 세계라는 정황 안에서 포스트모더니즘을 보아야만 한다.[1]

---

[1] Stanley J. Grenz, "Star Trek and the Next Generation: Postmodernity and the Future of Evangelical Theology," in *The Challenge of Postmodernism: An Evangelical Engagement*, ed. David S. Dockery (Wheaton, Ill.: Victor, 1995), 90.

2. 근대 정신에 대한 묘사

그렌츠가 이해하고 있는 것과 같이 포스트모더니즘을 이해하기 위해서 우리는 근대주의에 대한 그렌츠의 묘사를 살펴보아야 한다. 역사적으로 근대 시대는 계몽주의의 시작에 기원한다. 계몽주의는 30년 전쟁 (1618-1648) 이후에 등장하였다. 그런데 그렌츠는 실체 세계의 중심적인 자리에 인류를 위치시킨 일이 계몽주의를 위한 무대를 마련했다고 생각한다. 철학자 르네 데카르트(René Descartes, 1596-1650)와 과학자 아이작 뉴턴(Isaac Newton, 1642-1727) 두 명의 사람이 곧이어 세상을 장악하게 될 이러한 새로운 방향정립에 중요한 공헌을 하였다. 이 두 사람은 인간 이성을 질서정연한 세상에 현존하는 체계적인 진리를 발견하는 수단으로 격상시켰다. 데카르트는 어떤 확실하고 절대적인 진리를 추구하였으며 모든 것을 절대적으로 의심하려고 노력하는 것으로 자신의 탐구를 시작하였다. 데카르트는 모든 것을 다 의심할 수 있었는데 한 가지가 예외였다. 데카르트는 자신이 의심하고 있다는 것을 의심할 수는 없었다. 사정이 이러하였기 때문에 데카르트는 그 자신의 존재를 확신하였다. 이러한 출발점으로부터 체계적인 연역이라는 방법을 통해 데카르트는 자신의 전체 철학을 발전시켰다. 데카르트에 의하면 인간 본성은 생각하는 실체이며 인간의 인격은 자율적인 합리적 주체로 정의된다. 뉴턴은 물리적 세계를 인간의 지성이 발견할 수 있는 법칙들과 규칙성을 지닌 기계로 묘사함으로써 과학적인 연구의 틀을 제공하였다. 그렌츠는 주장한다. "그러므로 근대적인 인간은 뉴턴의 기계론적인 세계와 마주하고 있는 데카르트의 자율적이고 합리적인 실체이다"[2]라고 주장한다. 그렇다면 지

---

[2] Ibid., 90-91.

적인 노력은 삶을 합리적으로 조직화하고 기술을 통하여 삶의 질을 향상시키려는 목적으로 우주의 비밀을 밝혀내기 위해 탐구하는 합리적인 개인의 문제가 된다. 진리를 향한 이러한 지적인 탐구는 세 가지 중요한 계몽주의적인 인식론의 전제 위에 세워져 있다.

① 지식은 확실하다. 모든 실체는 철학적이고 과학적이며 종교적이고 도덕적이며 정치적인 교리들의 본질적인 정당함을 드러낼 수 있는 방법을 사용함으로써 이성에 의해 탐구할 수 있다. 추구되는 것은 올바른 진술의 형태로 된 보편적인 진리이다.[3]

② 지식은 객관적이다. 이상적인 지성인은 냉정한 지식인이다. 그는 한계를 가진 관찰자로부터 떨어져 있으며 역사의 흐름 밖에 우월한 지점으로부터 우주에 대한-만일 하나님이 계시다면-일종의 "하나님의 관점"을 획득한다. 과학적인 기획은 분리되고 협소한 분과들로 나누어지는 것처럼 점점 더 적은 것에 대하여 점점 더 많은 것을 아는 중립적인 관찰자인 전문가들이 모범과 영웅들로 등장한다.[4]

③ 지식은 본질적으로 선하다. 알지 못하는 것보다 아는 것이 항상 더 좋다. 무지는 크나큰 악이다. 사정이 이러하다면 과학적인 탐구를 정당화할 아무런 필요성도 존재하지 않는다. 왜냐하면 과학적인 탐구의 결과는 의심할 여지없이 선하기 때문이다. 결과적으로 계몽주의는 낙관론적이었다. 교육과 함께 기술은 결과적으로 우리가 자연을 정복할 수 있게 하며 인류의 모든 문제를 극복할 수 있게 할 것이다. 사회적인 속박 또한 극복될 것이다.[5]

---

[3] Ibid., 91.
[4] Ibid.
[5] Ibid.

이성에 대한 강조와 함께 이러한 낙관론은 일반적으로 개인적인 자유라고 생각되었던 자유에 대하여 주어져 있는 고차원적인 가치로 인도하였다. 자유를 박탈하거나 어떤 영속적인 권위에 기초한 것으로 보여지는 어떠한 혜택도 거절해야만 한다. 계몽주의적 이상은 "자율적인 자아, 즉 전통이나 공동체의 바깥에 존재하는 자아를 결정하는 주체"이다.[6]

3. 포스트모던성에 대한 묘사

이러한 근대적인 종합이 수 세기 동안 주도권을 행사하였다. 1970년대까지 여기에 대한 전체적인 규모의 전방위 공격은 없었다. 하지만 이에 대한 개별적인 반대는 계속 있었다. 그렌츠에 의하면 그러한 공격 중 첫 번째 공격이 지난 19세기 니체(Friedrich Nietzsche, 1844-1900)에 의해 이루어졌다.[7]

근대적 정신을 허물기 위한 즉각적인 충격은 해체주의로 알려진 문학비평 이론으로부터 왔다. 이것은 구조주의에 대한 응답으로 나타났다. 구조주의자들은 삶의 무의미성으로부터 의미를 발견하려고 시도하면서 문화가 문학적인 본문들을 발전시켰다고 주장하였다. 문학은 실체에 대한 우리의 경험을 조직화하고 그러한 경험을 이해하기 위한 범주들을 제공한다. 어떤 구조주의자들은 또 모든 사회와 문화가 하나의 공통적인 불변하는 구조를 가지고 있다고 덧붙였다. 그렇다면 이러한 구조를 사람들은 자신들이 구성하는 이야기에 반영

---

[6] Ibid., 92.
[7] Ibid.

한다.⁸

해체주의는 이러한 구조주의의 이론을 거부한다. 그래서 "탈구조주의자들"이라는 칭호를 얻었다. 의미는 본문에 내재한다기 보다는 그 본문을 만들어낸 사회에 의해 거기에 위치해 있으며 의미는 단지 해석하는 사람이 그 본문과 대화에 들어갈 때에 나타난다. 결과적으로 독자 수만큼이나 많은 본문의 의미가 있다. 이 문제에 관하여 동일한 독자가 동일한 본문에 대한 다양한 읽기를 할 때 하나의 의미보다 더 많은 의미가 있을 수 있는 것처럼 읽는 방식만큼이나 많은 의미가 있다.⁹

해체주의 철학자들은 이러한 방법을 문학비평에 도입하였으며 모든 것을 포괄하는 지식이론과 전체로서의 세계의 실체에 대한 기초로 삼았다. 본문에 독자가 발견하고 찾아내려고 시도하는 본래적인 의미가 없는 것과 같이 전체로서의 실재 또한 하나의 객관적인 의미를 포함하고 있지 않다. 실재는 다양한 관찰자에 의해 다양하게 읽혀질 수 있다. 실재의 의미는 인식자에게 의존하며 각각의 인식자는 자신의 인식 경험에 가져오는 다소 다른 전망을 가지고 있다. 세계에 대한 하나의 의미는 존재하지 않는다. 세계는 단지 어떤 사람의 해석과 또 다른 사람의 해석이 경쟁하는 하나의 경기장일 뿐이다. 이와 같은 생각의 기초 위에서 자크 데리다(Jacques Derrida, 1930-2004)는 "존재론적 신학"(실재에 대한 존재론적 묘사를 부여하려는 시도)이나 "현존의 형이상학"(초월적인 어떤 것이 실재에 현존한다는 신념) 모두의 해체를 요구하고 있다.¹⁰

---

8 Ibid.
9 Ibid., 93.
10 *A Primer on Postmodernism* (Grand Rapids: Eerdmans, 1996), 138-50. 『포스트모더니즘의 이해』(서울: WPA, 2010)라는 제목으로 역간.

다른 해체주의 철학자들은 이러한 이론을 정교화하고 확장시켰다. 예컨대 미셸 푸꼬(Michel Foucault, 1926-84)는 모든 해석이 권력을 가진 사람들에 의해 이루어지며 그렇기 때문에 그것은 권력의 행사라고 주장하였다. 어떤 것을 이름지어주는 것은 이름지어지는 것에 대하여 폭력을 행사하는 것이다. 이와 유사하게 사회적인 단체들은 경험의 흐름에 대하여 그들 자신의 해석을 부과함으로써 폭력을 행사하는 것이다. 프란시스 베이컨(Francis Bacon, 1561-1626)이 자연을 지배하는 힘을 얻기 위해 지식을 추구하였다면 푸꼬는 모든 진리 주장이 권력의 행위라고 주장하고 있다.[11]

그렌츠가 그 견해를 살펴보고 있는 마지막 철학자는 리차드 로티(Richard Rorty, 1931-2007)이다. 로티는 지성이나 언어가 언급되는 대상에 대응하는 것이라는 오래된 진리관을 내어버린다. 이러한 오래된 진리관은 단어를 대상에 비교하거나 진술들이 서로 잘 어울리는지 찾아보는 것으로 판단한다. 실재에 대한 대응이라는 의미에서 진리를 발견하려고 시도하는 대신 우리는 해석에 만족해야만 한다. 비록 그렌츠가 특별히 그것을 언급하고 있지는 않지만 로티의 입장은 단어들이 언어 바깥의 어떤 대상을 지시하고 있지 않고 다만 다른 단어들을 지시할 뿐이라는 것이다.[12] 실재에 대한 단일한 통일적인 형태를 미리 전제하는 "체계적인 철학" 대신에 로티는 진리를 발견하기보다는 계속해서 대화하기를 원하는 "교훈적인 철학"을 제안하고 있다.[13]

다양한 우주의 요소들을 함께 묶어주는 통일적인 세계관을 찾았던 이전 세대들과는 달리 포스트모더니즘은 어떠한 통일성도 존재하지 않는다고 믿는다. 모든 것이 다양하고 차별화되어 있다. 세계라고 하

---

[11] "Star Trek," 93; *Primer on Postmodernism*, 124-38.
[12] *Primer on Postmodernism*, 152-53.
[13] "Star Trek," 93.

는 개념은 "바깥 거기에서" 발견될 수 있는 객관적인 통일성이나 정합적인 전체에 대한 가설을 포함하는데 포스트모더니즘은 심지어 이러한 개념도 거부한다.

포스트모더니즘은 지식의 본성에 대한 근대적인 가정 모두를 거부한다. 예컨대 지식의 본래적인 선함이 거부된다. 진보가 이루어지고 있으며 진보는 필연적이라는 확신을 의미하는 낙관론이 사라진다. 이것은 여러 분야에서 관찰할 수 있다. 하나는 경제이다. X세대는 자신들의 부모들이 경험했던 것보다 더 나은 경제적인 환경을 경험할 것을 기대하지 않는다. 게다가 그들은 과학기술이 전 세계의 문제를 해결할 것이라고 기대하지 않는다. 삶의 깨어지기 쉬운 조건과 전쟁의 확대로 인한 위험에 대한 생태학적인 관심이 높아지고 있다. 그래서 다른 사람들이나 우리의 행성의 다른 존재들에 대하여 존중하는 마음으로 함께 협력하는 것이 정복의 이상을 대치하여야만 한다.[14]

포스트모더니즘은 또한 지식이 전적으로 합리적이며 확실하다는 생각을 거부한다. 이성은 지식을 얻고 판단하는 유일한 수단이 아니다. 진리는 비합리적인 것이기 때문에 감정이나 직관을 사용하여 진리를 발견하는 다른 방법들이 있다.[15]

마지막으로 포스트모더니즘은 지식이 객관적이라는 생각을 거부한다. 이러한 지식에 대한 객관적인 견해는 인식자에 의해 발견되기를 기다리고 있는 객관적이고 합리적인 질서가 존재한다는 믿음에 기초한 것이었다. 이것은 이원론적인 인식론을 가지고 있는 기계론적 모형이었다. 오히려 실재는 이제 상대적이고 비결정론적이며 차별화된 것이다. 지식은 인격적이고 관계적이며 역사적으로 문화적

---

14 Ibid., 94.
15 Ibid., 그렌츠는 "감정이나 기구"를 말하고 있는데 이것은 "감정이나 직관"을 잘못 표기한 것으로 보인다.

으로 조건지어져 있으며 그러므로 항상 불완전하다.[16]

　냉정하고 자율적인 인식자에 대한 모형은 그러므로 버려져야만 한다. 진리는 영원하지도 통합적이지도 않기 때문에, 그리고 우리들은 우리의 사회적이고 역사적인 배경에 의해 조건지어지기 때문에, 모든 지식은 또한 유사하게 제한적이며 상대적이다. 진리는 개인적이기 보다는 사회적이거나 그 인식자가 한 부분을 이루고 있는 공동체의 산물이다. 우리가 주장하고 있는 진리라고 하는 바로 그 개념뿐만 아니라 우리가 받아들이고 있는 특수한 진리는 우리가 속해있는 집단에 의해 조건지어져 있다. 이것은 진리가 그 공동체에 따라 상대적임을 의미한다. 단일하고 보편적이며 무시간적이고 문화를 초월하는 진리, 모든 시대 모든 장소에서 참된 것을 추구하는 계몽주의의 이상은 버려졌다. 대신에 진리는 특수한 공동체를 위한 진리이다. 진리는 어떤 공동체 내부에 어울리는 것이다. 진리는 그 공동체의 웰빙을 촉진하는 기본적인 규칙들에 존재한다.[17]

　그렌츠는 이러한 진리에 대한 대조적인 접근이 "스타 트렉" 텔레비전 프로그램의 두 가지 시리즈에 잘 나타나있다고 믿고 있다. 스타 트렉 시리즈 원작은 근대 정신을 대표한다.[18] 반면에 "스타 트렉: 다음 세대"는 사물에 대한 포스트모던적인 견해를 표현하고 있다.[19]

　이것이 그렌츠가 보고 있는 포스트모더니즘이다. 우주 안에 들어 있으면서 발견되기를 기다리고 있는 통일된 진리라는 생각은 역사적이고 관계적이며 인격적인 우주로 대치되었다. 보편적이고 무조건적인 진리를 발견하는 냉정한 개별적인 지성인이라고 하는 모형은

---

[16] Ibid., 94.
[17] Ibid., 94-95.
[18] Ibid., 92.
[19] Ibid., 95.

진리가 역사적으로 그리고 문화적으로 조건지어져 있으며 그렇기 때문에 어떤 사람이 한 부분 속해 있는 단체에 상대적이라는 생각으로 대치되었다. 진리는 개인적이라기보다는 사회적이다. 진리에 도달하는 방법은 단지 이성적인 탐구를 통해서가 아니라 감정이나 직관과 같은 효과적인 요인들을 포함한다. 기술을 사용함으로써 모든 사회적인 문제를 극복하려고 하는 낙관론적인 희망은 우리가 속한 나라와 우리가 속한 지구의 경제적이고 생태적인 미래에 대한 관심으로 대치되었다.

4. 복음주의에 대한 묘사

그렇다면 복음주의에 대한 그렌츠의 그림은 무엇인가? 비록 복음주의가 흔히 근대성을 거부하는 것이라고 주장하고 있지만 실제로는 복음주의도 계몽주의에 기초하고 있다고 그렌츠는 주장한다. 복음주의 운동은 근대 초기에 태동되었으며 북미에서는 근대 시대의 파고가 높은 시점에 최고점에 도달했다. 하지만 그렌츠는 여기에서 더나아가 복음주의자들이 계몽주의 사상가들임을 말하고 있다. 이러한 사실은 복음주의자들이 근대성에 대응한 방식에 잘 나타나 있다. 복음주의자들은 항상 많은 부분 과학적인 방법으로부터 빌어온 근대성의 도구를 사용하였다.[20] 복음주의자들이 후기 근대성의 세속주의에 대한 반응을 시도하였을 때, 이러한 경향이 특히 뚜렷하게 되었다. 그들은 이성과 과학을 높이는 문화에 대하여 기독교 신앙의

---

20 Ibid., 96; *Revisioning Evangelical Theology: A Fresh Agenda for the 21st Century* (Downers Grove, Ill.: InterVarsity Press, 1993), 65-66.

신뢰성을 드러내려고 하는 변증학에 많은 노력을 기울였다.[21]

복음주의는 또한 일반적으로 신앙에 대한 명제적인 내용들에 대하여 관심이 있다. 그러므로 복음주의 조직신학은 일반적으로 진리에 대한 논리적인 제시, 즉 "성경에서 가르치는 주제들의 요약 또는 개요"를 제공하려고 한다.[22] 이것은 전통적인 복음주의가 신앙하고 있는 일련의 신조들이라는 관점에서 그 스스로를 정의하였기 때문이다.[23]

그렌츠에 따르면 이 모든 것은 복음주의자들이 오래된 "스타 트렉 사회"를 위해 기독교 신앙의 비전을 잘 발전시켰다는 것을 의미한다. 하지만 이러한 사정이 더 이상 그렇지 않다. 왜냐하면 우리의 사회는 그 시대와 그러한 방향설정을 넘어서서 움직여가고 있기 때문이다. 이러한 새롭고 다양한 상황에 적합한 복음주의에 대한 새로운 패러다임이 계발되어야만 한다. 서구 문화는 팝 문화에서부터 학문세계에 이르기까지 모든 방식에 있어 포스트모던성을 향해 움직여가고 있다. 정보 시대와 음악방송, 그리고 채널 서핑을 당연시하는 젊은 세대들은 실재에 대한 포스트모던적인 비전에 훨씬 더 헌신되어 있다. 이러한 세대는 그들의 선조들이 직선적인 사고나 합리적인 추론, 또는 궁극적인 답변과 같은 것에 감동했던 것처럼 끌리지 않는다. 이것은 일어나고 있는 일이 무엇인지 이해하고 가장 적절한 방식으로 반응하라고 복음주의자들에게 요청하는 분명한 외침이다.[24]

---

21 *Primer on Postmodernism*, 161-62.
22 *Revisioning Evangelical Theology*, 62.
23 Ibid., 26.
24 *Primer on Postmodernism*, 163.

5. 포스트모더니즘에 대한 평가

그렌츠는 포스트모던성에 대하여 조심스러운 평가를 하고 있다. 포스트모던성은 우리가 받아들일 수 있고 유용하다고 발견할 수 있는 어떤 것인가? 아니면 우리는 그 바람직함이나 유용성에 대하여 조심스러워하며 회의적이어야 하는가? 그렌츠는 이러한 큰 문제에 상당한 주의를 기울이고 있다.

우선 그렌츠는 복음주의자로서 우리는 포스트모더니즘의 모든 주장과 모든 길을 동행할 수는 없다는 점을 지적하고 있다. 특별히 우리는 포스트모더니즘의 회의론을 받아들일 수 없다. 대부분의 경우 포스트모더니즘은 객관적인 진리를 확실히 배제한다. 진리는 단지 인간의 진술 문제라고 생각한다. 특별히 그렌츠는 대부분의 전통적인 사상가들이 진리를 "바깥 거기에" 있는 실재에 대한 명제들의 대응이라고 정의한다고 믿고 있다. 포스트모던적인 이해는 훨씬 더 진전된 함축을 가지고 있다. "이러한 대응설에 대한 거부는 단지 객관적인 진리 일반에 대한 생각을 잘라내는 회의론으로 인도할뿐 만 아니라 우리의 교리적인 진술이 객관적인 진리를 나타낸다는 기독교의 주장을 허물어버리기도 한다."[25] 하지만 그렌츠가 보기에 포스트모더니즘이 기독교와 충돌하게 되는 것은 단지 진리에 대한 대응설을 잃어버린 것보다 더 심오한 이유가 있다. "보다 극단적으로…모든 것을 포괄하는 진리를 발견하려는 탐구에 대한 포스트모던적인 절망이 있다."[26] 이것은 실재가 초월적인 중심을 가지고 있는 통일된 전체가 아니라는 포스트모던적인 생각에서 생겨난다. 그렌츠는 자신이 그

---

[25] Ibid.
[26] Ibid.

러한 입장에 반대하는 입장임을 분명하게 강조하고 있다.[27]

실재의 통일성에 대한 이러한 상실에 대하여 그렌츠는 "이야기"에 대한 포스트모던적인 강조를 통하여 대응하고 있다. 그리스도인은 모든 사람들과 모든 시간을 포함하는 통일된 이야기, 단일한 역사가 있다고 믿는다. 이러한 이야기는 타락한 인류를 구원하기 위해 행동하시는 하나님, 그리고 무엇보다도 그리스도의 성육신에 대한 성경적인 내러티브이다. 모든 인간의 해석이 어떤 의미에서 그리고 어느 정도 부족하다는 포스트모더니즘의 주장에 동의하면서도 그렌츠는 해석이라고 하는 것이 모두 **동일하게 타당하지 않은 것은 아니라고** 주장하고 있다. 서로 상충하는 해석들은 단일한 기준에 따라 평가될 수 있다. 예수 그리스도 안에서 말씀이 육신이 되었다고 우리는 믿기 때문에 예수 그리스도 안에서의 하나님의 행동의 이야기는 실재에 대한 모든 해석에 대한 평가 기준이 된다.[28]

이러한 성경적 내러티브는 모든 인류를 단일한 역사로 불러모은다. 결과적으로 이러한 이야기는 모든 인류의, 그리고 모든 인류를 위한 바로 그 진리를 체현한다. 복음은 단지 우리를 위한 것만이 아니다. 그것은 만민을 위한 좋은 소식이다. 이것은 모든 사람들의 열망과 갈망을 성취한다. 그러므로 우리가 그것을 인정하든 하지 않든 그것은 우리 인간의 내러티브이다. 그러므로 우리는 리요타르(Jean-Francois Lyotard, 1924-98)가 표현하고 있는 것처럼 "거대담론"의 상실을 돈 주고 살 수는 없다.[29]

하지만 그렌츠는 이러한 거부를 말하면서 근본적인 계몽주의의 가설들을 거부하는 면에 있어서는 포스트모더니즘과 자신이 공통적인

---

[27] Ibid., 163-64.
[28] Ibid., 164-65.
[29] Ibid.

기반을 가지고 있다고 지적하고 있다. 그러한 가설들 중 한 가지가 "지식은 객관적이며 그러므로 냉담한 것이다"라는 계몽주의적인 가설이다. 포스트모더니즘과 함께 그렌츠는 과학적인 방법을 통틀어 작동하고 있는 이성이 진리의 유일한 척도라는 사실을 거부한다. 오히려 경건주의자들과 함께 그렌츠는 진리의 어떤 측면들은 이성 바깥에 놓여 있다고 확언하고 있다.[30]

그렌츠는 이성에 대한 자신의 비판을 한 걸음 더 밀고 나간다. 우리는 항상 인간 이성에 대하여 조심스럽고 심지어는 불신하는 자세를 취하여야만 한다. 기독교 신학이 우리에게 상기시켜주는 것과 같이 인류는 타락하였으며 이것은 죄가 때로 인간 지성을 눈 멀게 한다는 것을 의미한다. 그렌츠는 우리의 모든 지적인 노력이 우리 자신의 참여에 의해 조건지어진다는 포스트모더니즘의 주장과 인간의 곤경에 대한 기독교적인 이해 사이에 유사한 평행관계가 존재하고 있음을 본다. 비록 포스트모던성은 영성보다는 인식론을 다루고 있지만 우리는 또한 영성에 대한 강조를 그 가운데서 볼 수 있다. 역사적 과정 바깥에 서서 보편적이고 무조건적인 진리를 획득하는 것은 불가능하다. 이러한 개인적인 확신과 헌신이 지식에 대한 우리의 탐구를 물들이는 것과 같이 그렌츠는 어거스틴(Augustine, 354-430)과 함께 이들 확신과 헌신이 이해에 대한 탐구를 촉진한다고 생각하고 있다.[31]

최근의 역사는 지식의 본래적인 선함에 대한 포스트모던적인 비판을 우리가 받아들이는 데 공헌하고 있다. 비록 지식이 많은 혜택을 가져다주지만 지식 폭발은 인간적으로 건설된 유토피아를 산출해낼 수 없다. 기술적인 진보는 선이나 악 모두에 적용될 수 있다. 예컨대

---

[30] Ibid., 166.
[31] Ibid., 166-67.

원자의 쪼개짐(핵분열을 통한 원자폭탄과 같은 핵무기를 염두에 둔 표현임-역주)과 관련한 우리의 경험에 근거하여 그렌츠는 과학적 방법의 적용으로부터 기인하는 세상을 바꾸는 우리의 능력이 과연 우리의 도덕적인 결심을 능가할 수 있는지 의심스러워 한다.[32]

인간의 상황에 대한 기독교적 이해는 인간 이성과 지식에 대한 계몽주의적 견해에 대한 비판의 기초를 제공해준다. 기독교에 따르면 문제는 단지 무지가 아니라 오도된 의지이다. 그러므로 무지의 제거는 심령의 새롭게 함과 방향재정립과 무관하게 이루어져서는 충분하지 않다.[33]

계몽주의에 대한 포스트모던적인 반응이라고 하는 이러한 차원은 포스트모더니즘이 우리가 그렌츠의 처음 평가를 통해 생각했던 것보다 많은 것을 기독교에 제공할 수 있다는 점을 암시해준다.[34]

6. 포스트모던 신학의 윤곽

그렌츠가 평가하기에 교회는 자신을 그 안에서 발견하는 문화를 이해하고 그러한 문화 안에서 복음을 살아내기 위해서 학문세계와 문화 안에서 여러 소리를 들어야 할 명령을 가지고 있다. 그렌츠가 우리에게 준 포스트모더니즘에 대한 묘사는 그러한 명령의 첫 부분을 직면하게 도움을 주려고 의도된 것이다. 하지만 이제 그렌츠는 우리가 그것을 넘어가야 하며 진정으로 포스트모던적인 신학을 형성해

---

32 Ibid., 166.
33 Ibid., 166-67.
34 Ibid.

야만 한다고 주장한다.³⁵

하지만 이러한 의제를 가지고 그렌츠는 단지 포스트모더니즘의 질문들에 대답하거나 아니면 아마도 포스트모더니즘의 주장을 반박하려고 시도하는 하나의 신학을 의미하지는 않는다. 만일 그것이 전자를 의미한다면 이것은 단지 폴 틸리히(Paul Tillich, 1886-1965)의 "대답하는 신학"의 복음주의판에 버금가는 어떤 것에 불과할 것이다. 아니면 그렌츠의 "상관의 방법"이 될 것이다. 도리어 그렌츠는 우선적으로 신학적인 체계로부터 일종의 영성으로 복음주의에 대한 정의의 기초를 옮기는 것을 시작으로 새로운 출생의 경험(회심과 같은 것임-역주)에 근거한 복음주의 신학의 철저한 개정을 요구하고 있다.³⁶

다음으로 신학의 중심이 개정되었다. 신학은 성경의 교리적인 가르침의 요약이라기보다는 공동체의 믿음에 대한 반성이다.³⁷ 또한 신학의 자료들에 대한 개정이 있어야 한다.³⁸ 왜냐하면 그렌츠의 신학적 방법론은 세 가지 자료를 채택할 것을 요구하고 있다. 성경과 교회의 전통, 그리고 문화가 그것이다. 문화는 메시지의 표현을 위한 사고형식을 제공할 것이다. 그렌츠는 "하나님의 백성들이 참여하는 사회적 공동체는 그 자신의 인식 도구를 가지고 있다. 이러한 도구들은 자기정체성을 형성해주고 실재에 대한 경험을 촉진해주는 언어와 상징, 신화, 그리고 세상을 향한 전망들이다"라고 말하고 있다.³⁹

마지막으로 성경의 권위의 본질이 개정되어야 한다. 전통적으로 복음주의는 계시라는 생각으로부터 성경이 그러한 계시의 영감된 기

---

35 "Star Trek," 79-98.
36 *Revisioning Evangelical Theology*, 35.
37 Ibid., 62, 64, 81, 85.
38 Ibid., 88.
39 *Theology for the Community of God* (Nashville: Broadman & Holman, 1994), 25-26.

록을 보존하고 있으며 그렇기 때문에 권위가 있다는 교리로 나아갔다. 그러나 그렌츠는 "성경의 영감에 대한 주장은 거기로부터 성서학이 등장하는 신학적인 전제로 기능할 수 없다. 또한 성경의 영감 교리는 성령과 성경 사이의 관계에 대한 우리의 이해에 있어서 핵심적인 요점도 아니다"라고 말한다.[40] 성경의 권위에 대한 최근의 두 가지 접근방법인 정경적인 것과 기능적인 것을 살펴본 후, 그렌츠는 전체 역사를 통해 교회는 "모든 시대에 신자들은 그들이 자신들만의 독특하고 항상 변화하는 상황 가운데서 직면하는 문제들에 대하여 투쟁하면서 성경의 문서 안에서 성령의 음성을 들었기 때문에" 성경의 문서들의 영감에 대한 신앙을 고백하였다라는 점에서 이들 방법론에 동의한다.[41] 결과적으로 그렌츠의 조직신학에서는 성경에 관한 교리가 전통적으로 서론에서 소개되는 것과는 달리, 책의 후반부인 성령에 대한 교리 중의 하나로 다루어진다.[42]

지금까지 복음주의자들은 포스트모던적인 신학을 구성하는 사명을 다양한 도식을 가지고 작업했던 주류 신학자들에게 맡겨두었다. 그렌츠는 진정으로 포스트모던적인 복음주의 신학에서 대안이 될만한 신학의 최소한의 윤곽이라도 제시하기를 원한다.[43]

7. 탈개인주의

포스트모던적인 복음주의 신학은 탈개인주의적이어야 한다. 이것

---

[40] *Revisioning Evangelical Theology*, 118.
[41] Ibid., 120.
[42] *Theology for the Community of God*, 494-527.
[43] *Primer on Postmodernism*, 167.

은 포스트모더니즘이 근대주의적인 학문성의 모델이었던 자율적인 개인적 지성을 거부하는 것과 보조를 같이 한다. 물론 우리는 개인에 대한 성경적인 타당한 강조를 간과해서는 안 된다. 하나님은 각 사람에게 관심을 기울이신다. 각 사람은 하나님 앞에 책임을 져야 한다. 그리고 교회는 복음의 기쁜 소식을 각 사람에게 나누어야 할 책임이 있다. 경험적으로 우리는 또한 수많은 전체주의를 보아왔기 때문에 어떤 형태이든지 개인에 대한 전체의 억압에 대하여 조심하여야 한다. 하지만 이렇게 말하면서 그렌츠는 또한 과격한 개인주의가 교회에 미치고 있는 폐단에 대해서도 관심을 기울인다. 복음의 제시가 마치 하나님께서 우리를 고립되게 구원하신 것과 같은 방식으로 이루어져서는 안 된다.[44]

하지만 그렌츠는 우리가 하나님을 아는 지식을 포함하여 어떤 종류의 지식이 객관적이라는 생각을 피하기를 원한다. 인식하는 자아, 자신의 주된 연구분야에서 주어진 객관적인 것에 대한 보편적이고 완벽한 무시간적인 일단의 명제들을 발견하기를 추구하는 개인적인 상아탑의 전문가에 대한 모형은 중립적이지 않다. 어떤 전통이나 공동체 바깥에 존재하는 이러한 자아를 결정하는 개인을 대신하여 포스트모던적인 복음주의는 공동체-안에있는-개인을 설정할 것이다.[45]

하지만 이러한 공동체에 대한 강조가 그토록 중요한가? 그렌츠는 두 가지 이유를 제시한다. 첫째는 "준거 공동체"가 인식 과정에 통합된다. 그렌츠는 "개인은 그 자신이 참여하고 있는 공동체에 의하여 중재된 인지적인 틀이라는 방식으로만 지식에 이른다"라고 말하고 있다.[46] 시공간의 순수한 형태와 이해의 범주들이 칸트의 순수 이성

---

[44] Ibid., 167-68.
[45] Ibid., 168.
[46] Ibid.

에 대한 분석에서 그러한 것과 거의 마찬가지로 공동체가 지식에 필수적인 인지적인 틀을 제공하는 데 있어 하나의 역할을 하고 있는 것과도 같다.

두 번째 이유는 준거 공동체가 정체성 형성에 결정적이기 때문이다. 정체성에 대한 우리의 개인적인 의식은 우리의 개인적인 내러티브를 통하여 나타난다. 그리고 이러한 개인적인 내러티브는 항상 우리가 참여하고 있는 공동체의 이야기에 연루되어 있다. 그렌츠가 말하고 있는 것처럼, "공동체는 그 구성원들에게 덕성과 공통선, 그리고 궁극적인 의미의 전승을 포함하고 있는 초월적인 이야기를 중재한다."[47]

이러한 공동체적인 접근방법이 포스트모던 신학에 반영되어야만 하는 분명한 신학적 이유가 있다. 성경은 공동체의 중요성을 보여준다. 신자들의 삶 속에서 하나님의 공동체는 너무나 중요하다. 신자들을 향한 하나님의 목표는 가장 최상의 의미에서 공동체를 설립하는 것이다. 우리는 개인으로서 구원받았지만 함께 구원받았고 함께 하기 위해 구원받았다. 이것은 반대로 일층 심화된 교리적인 근거 위에 기초해 있다. 하나님께서는 사회적 삼위일체이시며 자신의 형상으로 우리를 창조하셨다. 하나님의 목표는 우리가 하나님의 형상이 되는 것이다. 이것은 단지 개인적인 실존만이 아니라 삼위일체를 반영하는 관계성-속에 있는-인간을 포함하는 것이다.[48]

---

[47] Ibid.
[48] Ibid., 168-69.

8. 탈합리주의

근대성은 이성에 대한 강조를 통해 상당한 성과를 이룩했다. 왜냐하면 근대 이전 시대의 사람들을 괴롭혔던 수많은 미신들로부터 자유케 하였기 때문이다. 포스트모던 신학은 감히 반지성적이 되어서 이러한 계몽주의의 성과를 포기하려고 하지 않는다. 하지만 근대성에 대한 포스트모던적인 비판은 우리에게 우리가 단지 합리적인 것 이상이라고 상기시켜 준다. 그리고 합리적인 과학의 방법으로 취급할 수 없는 실재의 다양한 차원들이 있다. 신학은 "신비"라고 하는 개념을 위한 여지를 가지고 있어야 한다. 신비는 합리적인 것과 함께 비합리적인 요소를 취해야 한다는 것이 아니라 하나님과 세상의 만물이 인간의 합리성을 넘어간다는 사실을 생각나게 하는 것이다.[49]

그렌츠는 이러한 신비적인 요소에 대하여 최소한 세 가지 설명을 제공한다.

첫째, 하나님의 본성이다. 과학적인 방법에 열중함으로써 합리주의는 하나님을 인간의 탐구 대상으로 만들었다. 신학은 무시간적인 명제들의 형태로 하나님의 속성을 나열하는 하나님에 대한 냉랭하고 빈틈없는 해부학이 되고 말았다.[50]

둘째, 진리의 본성이다. 근대주의에 기초한 전통적인 신학은 진리를 명제들이 묘사하고 있는 것에 대응하는 바른 명제들의 문제로 만들었다. 그렌츠는 우리가 합리적인 논의를 내어버리기를 원치는 않지만 기독교 진리는 단지 교리적인 형식화라고 믿는 명제주의적 접근방식에 집착할 수도 없다고 주장한다.[51]

---

[49] Ibid. 17.
[50] Ibid.
[51] Ibid.

셋째, 이러한 전환이 요청되는 이유는 믿음의 본성 때문이다. 한 사람의 포스트모던주의자로서 그렌츠는 지식이나 신앙 모두가 다 사회적으로 언어적으로 구성된다고 주장한다. 어떤 경험도 진공상태에서 발생하지 않는다. 오히려 경험과 해석학적인 개념은 상호 관계에 놓여 있다. 한편, 우리의 개념은 우리가 가지는 경험을 촉진한다. 다른 한편으로 우리의 경험은 우리의 삶에 대해 우리가 말하기 위해 사용하는 해석학적인 개념들을 반영하고 심지어 수정한다.[52]

이러한 이해를 신학에 적용할 때 중요한 함축이 등장한다. 그리스도인이 되는 바로 그 핵심적인 내용은 그리스도와의 인격적인 만남이다. 이러한 만남이 우리를 형성하고 빚어낸다. 이러한 만남에 근거하여 우리는 우리의 개인적인 삶의 다양한 흐름들을 "죄"라든가 "은혜," 그리고 "길을 잃었다"든가 "구원받았다"와 같은 어떤 범주들을 사용하여 전체적인 그림을 그리려고 시도한다. 이것이 삶의 변화를 가져오는 종교적 경험의 이야기를 상론함으로써 삶을 의미있게 하는 교리적 명제들의 역할이다.

하지만 명제들과 경험의 상호보충적인 본성은 명제들이 경험을 표현하기 위해 사용될 뿐만 아니라 명제들이 이러한 경험을 촉진한다는 것을 의미한다. 이들 명제들은 이제는 신자가 전체 삶을 바라봄에 있어 기준이 되는 것을 형성한다. 하지만 이러한 명제들은 그 본성에 있어 이차적이다. "이들은 회심의 경험을 일으키는 데 봉사하며 동시에 신자로서의 우리의 새로운 신분으로부터 생겨난다."[53]

---

52 Ibid.
53 Ibid., 171.

9. 탈이원론

근대 사상은 근본적으로 정신과 물질이라고 하는 실재와 영혼과 육체로서의 인간 본성에 대한 이원론적인 이해 위에 세워졌다. 영혼과 육체의 구별은 특별히 데카르트의 사고에서 두드러졌다. 이러한 이원론은 기독교 사상으로 연결된다. 기독교는 사람의 물질적인 차원이 그 어떤 영원한 중요성을 지닌다고 믿지 않기 때문에 "구원받은 영혼"을 강하게 강조하며 육체에 대해서는 별로 관심을 기울이지 않는 이원론적인 성향을 띠게 되었다.[54]

하지만 포스트모던 사상은 점차적으로 인간을 통합된 전체로 보고 있다. 이 점에 있어 그렌츠는 이러한 생각이 많은 근대적인 기독교인들의 생각보다 더 고대의 성경적인 인간론에 근접해 있다고 믿는다. 그러므로 포스트모던적인 신학은 탈이원론적이어야만 한다. 이러한 주장을 통해 그렌츠는 계몽주의가 분리시켜 놓았던 영혼과 육체를 단지 함께 연결하는 것 그 이상을 주장하고 있다. 오히려 우리의 삶에서 감정과 직관의 자리를 위한 새로운 관심을 포함하여 인간의 인격이 지니고 있는 많은 차원을 단일한 전체로 통합하는 것이 있어야 한다. 그렌츠는 단지 이러한 삶의 감정적인 차원에 더 커다란 자리를 부여할 것을 주장하는 것이 아니라 "한 인간의 인격 안에서 육체적인 감각뿐 아니라 감정적이고 열정적인 것을 지적이고 합리적인 것과 통합"하고자 한다. "스타 트렉: 다음 세대"로부터 빌어온 다른 말로 하면, 우리는 "우리 각자 안에 있는 스팍 (또는 데이타)뿐 아니라 카운셀러 트로이 (스타 트렉의 여러 등장인물들임-역주)의 의존성을 기꺼이 인정해야만 한다."[55]

---

[54] Ibid.
[55] Ibid.

10. 탈지식 중심

그렌츠는 지식이 하나의 선이라는 것을 인정한다. 결과적으로 신학적인 반성을 대치할 수 있는 것은 없다. 하지만 그것은 그것 자체로 하나의 목적으로서 선한 것은 아니다. 그것은 단지 선한 결과에 기여할 때에만 선하다. 신학의 경우에 이러한 생각은 영성을 강조하여 사람을 세워주는 것으로 나타난다. 그러므로 포스트모던 신학은 결코 명제들의 목록에 만족하지 않을 것이다. 경건주의자들과 같이 그렌츠는 "바른 심정"이 있어야만 한다고 믿고 있다. 그렇지 않다면 "바른 머리"는 죽은 것이다. 신념은 행동을 규정하는 것이기 때문에 중요하다. 신학은 우리의 기초적인 신념 구조를 명료화하려고 애쓴다.[56]

11. 평가

지금까지 그렌츠가 포스트모더니즘에 대해 주장하고 있는 것을 상세하게 살펴보았기 때문에 이제 몇 가지 점에 대해 평가해야 할 시간이다. 그렌츠의 주장에는 추천할만한 특징과 이슈가 있다.

1) 긍정적 평가

① 그렌츠는 현재 매우 중요하게 여겨지는 하나의 운동을 다루었다. 그렌츠는 그 정점을 이미 지나버린 철학이 아니라 모든 점에서 그 강도와 영향력에 있어서 계속 자라나는 하나의 철학과 대

---

[56] Ibid., 173.

화 하기를 기꺼이 선택함으로써 실질적인 적응성을 드러내었다.
② 그렌츠는 동일한 유사한 양식으로 복음주의 신학을 단지 선언하는 것보다는 혁신적이 되고자 하는 용기를 보여주었다. 그렌츠는 진정으로 현대적이기를 추구한다.
③ 그렌츠는 계몽주의적 이상이 때때로 복음주의 신학자들의 사고에서 여전히 발견된다는 사실을 올바르게 지적하고 있다. 한 가지 예로서 어떤 복음주의자들의 해석학적인 작품은 해석에 있어서 성령의 역할을 전혀 인정하지 않는 허쉬(E. D. Hirsch)의 방법과 전제를 전심을 다해 채택하고 있다. 그렌츠가 해석학적 과정에 있어서 성령의 긍정적인 역할에 호소하고 있는 것은 이 문제에 있어서 종교개혁의 유산과 보다 더 잘 조화를 이룬다.
④ 그렌츠는 모든 지식이 특수한 역사적이고 문화적인 배경 안에 서있는 인식자에 의해 획득된다는 것을 올바르게 인정하였다. 모든 지식은 결과적으로 각각의 결론이 지니고 있는 도식 안에서 상대적인 등급이 존재한다. 어떤 복음주의 신학자들은 이러한 관심이 지니는 힘을 전혀 감지하지 못한다.
⑤ 그렌츠는 전적 부패의 한 부분인 이성의 타락을 심각하게 취급하고 있다. 그러므로 그렌츠는 인식자의 능력에 대하여 어떤 제한이 있음을 인정한다. 특별히 세속적인 사상가가 영적인 진리를 알고 이해하는 것은 매우 제한되어 있다.
⑥ 그렌츠는 복음주의 안에 있는 과도한 개인주의의 위험성을 바르게 지적한다. 우리가 서구의 개인주의를 자유로운 교회 전통에 서 있는 많은 사람들의 독립적인 자연스러운 성향과 결합할 때 만인(전신자)제사장직은 다소 다른 문제인 개별 신자의 제사장직으로 변질된다. 개별 신자의 제사장직은 종종 "각 사람은 그 자신의 의견에 권한이 있다"는 것과 같은 것으로 판명되곤 한다.

이것은 종교개혁자들이 만인제사장직이라는 교리를 통해 마음에 가지고 있었던 것과는 매우 다른 것이다.

2) 부정적 평가

그렌츠의 주장에는 다양하고도 많은 유형의 문제가 있다. 그렌츠의 사상이 진정으로 복음주의적인가 하는 관점에서 그의 생각을 평가하는 것이 우리의 주된 목적은 아니다. 이러한 유형의 비판이 등장하였고 지금도 등장하고 있다.[57] 그렌츠의 생각에 대한 비판은 여러 가지로 분류할 수 있다.

① 첫 번째 비판은 포스트모더니즘에 대한 그렌츠의 묘사와 관련된 문제이다. 포스트모더니즘에 대한 그렌츠의 묘사에 다소 과도한 단순도식이 존재한다. 새로운 역사주의나 경험적 신학, 그리고 신실용주의와 같은 현재의 포스트모더니즘에 기여한 수많은 영향력들은 포스트모더니즘이 그렌츠가 생각했던 것보다 더 복잡한 운동이 되게 하였다. 포스트모더니즘과 근대주의 안에서의 어떤 성향을 연계하는 것은 토마스 오덴과 같은 어떤 사람들이 포스트모더니즘을 "극단적 근대주의"라 부르게 하였다. 슐라이어마허나 키에르케고르와 같은 사람들은 오래 전에 계몽주의

---

[57] Cf. R. Albert Mohler Jr., "The Integrity of the Evangelical Tradition and the Challenge of the Postmodern Paradigm," in *The Challenge of Postmodernism: An Evangelical Engagement*, ed. David S. Dockery (Wheaton, Ill.: Victor, 1995), 78-81; Norman Gulley, *Systematic Theology*, vol 1, *Prolegomena* (발간예정), 원고 269-73; Glenn Moroe Galloway, "The Efficacy of Propositionalism: The Challenge of Philosophical Linguistics and Literary Theory to Evangelical Theology" (Ph.D. 논문, Southern Baptist Theological Seminary, 1966), 207-11; D. A. Carson, *The Gagging of God* (Grand Rapids: Zondervan, 1996), 481.

적 합리주의의 극단에 항거하였다. 이들을 고려하여야만 한다. 그렌츠는 해체주의적인 포스트모더니즘 안에서 발생하고 있는 쇠퇴와 불화와 심지어 변절의 시작을 지적하고 있지 않다.

② 두 번째 문제는 복음주의에 대한 그렌츠의 묘사가 정확한가 하는 문제와 관련있다. 그렌츠는 본질적으로 20세기, 특별히 2차 세계 대전 어간에 소생한 복음주의가 계몽주의적 접근방식에 기초하여 근대적인 사고방식을 채택하였다고 주장하는 것처럼 보인다. 하지만 그렌츠가 묘사하고 있는 것은 20세기의 복음주의라기보다는 17, 18세기의 개신교 스콜라주의와 더 유사해보인다. 아마도 그렌츠가 토론하고 있는 신학의 유형을 가장 온전하게 표현하고 있는 사람은 칼 헨리(Carl F.H. Henry, 1913-2003) 일 것이다. 하지만 헨리가 수많은 경우에 그리고 상당한 정도로 포스트모던 복음주의자로서 그렌츠가 거부하였던 동일한 계몽주의 철학을 비판하였다는 것은 주목할만한다.[58] 그리고 에드워드 카넬(Edward J. Carnell, 1919-67)이 지식의 "제3의 방법"에 호소하고 있는 것과 같은 다른 실례들이 제시될 수 있을 것이다.[59] 20세기 복음주의를 계몽주의적인 사고방식과 동일시함으로써 그렌츠는 근대정신과 그 계몽주의적인 전제들을 비판함으로써 자신이 전통적인 복음주의를 성공적으로 비판하였다고 믿고 있다. 하지만 이러한 믿음은 논리적이기보다는 수사적인 것일런지도 모른다. 그렌츠가 복음주의에 대해 그리고 있는 그림이 만화 같아 보인다고 말할 수 있다. 아마도 이것은 도표를 사용하여 보다 더 분

---

[58] 예를 들면 *Remaking the Modern Mind, The Drift of Western Thought, God of the Ages or Gods of This Age*, 그리고 그의 대작인 *God and Revelation*이 그러하다.

[59] Edward John Carnell, *Christian Commitment: An Apologetics* (New York: Macmillan, 1957, 21-23, 32-116.

명히 보여줄 수 있을 것이다.

A	B	C	D
해체주의적 포스트모더니즘	스탠리 그렌츠 개정된 복음주의	칼 헨리 전통적인 복음주의	계몽주의 근대정신

그렌츠가 했던 일은 A의 논증과 문화를 끌어들여 D를 비판한 것처럼 보인다. C(마찬가지로 D의 어떤 특징들을 거부한다)를 D와 동일시함으로써, 그렌츠는 자신이 C를 성공적으로 비판하였다고 생각하고 있다. A의 논증을 끌어들이기는 하지만 그렌츠는 A와 동행하기를 거부한다.

③ 우리의 비판의 세 번째 부분은 그렌츠 자신이 포스트모더니즘을 채택하고 있는 것과 관계있다. 그렌츠는 복음주의 신학이 만일 이러한 포스트모던 시대에 효과적으로 목회하기를 원한다면 포스트모더니즘의 몇 가지 특징을 취하여야 한다는 점에 있어 매우 분명하다. 그렌츠가 제안하고 있는 유형의 신학이 이러한 생각을 반영하고 있다. 본질적으로 그렌츠는 그 본성상 복음주의는 하나의 포스트모던 운동에 매우 적합하지만, 자유주의와 근본주의적 투쟁에 뿌리박고 있는 복음주의의 20세기 형태는 본질적으로 계몽주의적 지성의 특징을 취하고 있다고 생각하는 것 같다.

하지만 그렌츠는 수많은 점에서 복음주의 신학은 포스트모더니즘에 대항하여 "그 근거를 세워야"만 한다고 주장한다. 복음주의는 비합리적이거나 반합리적이 되기 위해 진리의 객관성을 포기해서는 안 된다. 복음주의는 개인적인 회심과 예수 그리스도에 대한 개인적인 관계에 대한 강조점을 잃어버려서도 안된다. 복음주의는 만유를 포괄하는 어떤 진리의 상실에 저항해야만 한다. 모든 견해가 역사적으로 조건지어져 있다는 것을 인정하지만 모든 것이 똑같이 타당하다고는 믿지 않는다. 예수 그리스도와 그리스도 안에서의 하나님의 행동에 근거한 내러티브에 대한 헌신에 기초하여 복음주의는 단순하게 숱한 포스트모더니즘의 와중에서 회의론을 거절해야만 한다.

하지만 어떤 근거에서 우리가 그 일을 할 수 있는가 하는 것이 문제이다. 만일 우리가 포스트모더니즘의 기본적인 주장과 전제를 받아들이면 우리는 단지 "그리스도인에게 이것은 단지 지지할 수 없는 것이다"라고 말함으로써 그 결론에 도달하지 않을 수 있는가? 아니면 유사한 어떤 것인가?[60] 우리는 A의 입장에서 그러한 논증을 사용하기는 하지만 거부라고 하는 단순한 행동으로 그 입장에 이르지 않을 수 있는가? 우리는 그것이 우리 기독교 공동체와 충돌한다고 주장하기보다 그 입장에 대한 어떤 종류의 비판에 보다 광범위하게 관여해서는 안되는가? 표면적으로 이것은 모종의 자원주의(voluntarism: 인간의 의지를 위주로 생각하는 사조로 주의주의라고 번역할 수도 있다-역주)를 구성하는 것같다. 자원주의로 우리는 어떤 견해의 특수한 교의를 받아들이지 않기로 선택한다. 그렇지 않다면 우리는 그 견해에 헌신되어 있었을 것이다.

동일한 이유로 만일 그렌츠의 주장이 단지 그 자신만을 위한 신념이 아니라 객관적으로 다른 복음주의자들이 신학을 하는 방식으로 이해한다면, "이것은 우리가 받아들일 수 없다"가 아니라 모든 길은 아니지만 일부의 길을 포스트모더니즘과 동행

---

60 "Evangelical Theology II," 4.

해야 하는 보다 타당한 이유가 있어야 한다. 왜 이것은 받아들일 수 없는가? 어떤 근거에서 우리는 그것을 거부해야 하는가?

비판은 또 다른 형태를 취하고 있다. 그렌츠는 지식이 우리가 한 부분을 구성하고 있는 단체나 공동체에 상대적이라고 주장한다. 이것은 의심할 것도 없이 포스트모더니즘의 보다 극단적인 결론을 거부하기 위한 기초가 된다. 하지만 질문은 왜 다른 비기독교적 공동체가 아니라 이 공동체여야 하는가라는 것이다. 그리고 대체적으로 기독교적인 영역에서는 셀 수 없이 수많은 하부공동체의 어느 것이 우리의 신념이 그 안에서 그 타당성을 발견할 수 있는 것인가? 도리어 다양한 교리적 표현들이 자유주의적인 성공회 신자와 남침례교 근본주의자들에 의해 만들어지고 있는 실제적인 예가 있다. 왜 다른 공동체가 아니라 어떤 공동체인가? 그러한 질문에 대한 어떠한 대답이 없다면 포스트모던적인 복음주의는 마치 그리스도인이 성경 안에서 그렇게 하는 것처럼 어떻게 무슬림이 코란 안에서 "자신의 주님의 음성"을 듣는가 하는 질문에 대한 에밀 브루너(Emil Brunner, 1889-1966: 칼 바르트와 함께 대표적인 신정통주의 신학자로 분류되는 신학자-역주)의 대답처럼 들린다. "우리는 무슬림이 아니다."[61]

몇 가지 점에서 볼 때, 그렌츠의 접근방법이 어떻게 진정으로 포스트모던적인가 질문해볼 수 있다. 새로운 분위기의 중요한 강조점 하나는 지구촌화와 복수문화주의이다. 하지만 그렌츠의 주된 신학 작업은 고전적인 신학자들과 20세기 서구 신학자들에 대한 풍부한 인용을 포함하고 있기에 놀라울 정도로 유럽 중심적이다. 그렌츠는 여성신학자들이나 제3세계 신학자들로부

---

[61] H. Emil Brunner, *Our Faith* (New York: Scribner's, n.d.), 11.

터는 거의 인용하고 있지 않다.[62]

④ 우리의 최종적인 관심은 그렌츠의 접근방법이 진정으로 복음주의적인 것으로 간주될 수 있는가 하는 것이다. 이것은 분명 지금까지 일상적으로 생각되었던 복음주의와는 다소 다른 개념이다. 사실 내러티브와 공동체에 대한 강조와 같은 몇 가지 방식에 있어서 그렌츠의 접근방법은 과도하게 조지 린드벡(George Lindbeck, 1923- : 예일대학을 중심으로 한 서사비평 또는 이야기 신학의 중요한 주창자로 『교리의 본성』〈The Nature of Doctrine, 1984〉이 대표작임-역주)과 같은 사람의 후기 자유주의에 의존하고 있는 것 같다.[63] 그렌츠의 생각에는 명백한 긴장이 존재한다. 특수한 영역에서 통상적인 복음주의적 교리를 거부하고 난 후에 실제로 그렌츠는 "하지만 물론 나 또한 …과 같은 (토론 중에 있는 교리)를 지지한다"라고 말하고 있다. 그러므로 흔히 그렌츠가 주어진 교리적인 주제에 대하여 어떤 견해를 가지고 있는지 명확하게 확정하기가 어렵다. 아마도 그렌츠의 신학이 지니고 있는 모호성이나 주저함이 미래에는 보다 분명하게 해결될 것이다. 하지만 그 동안에는 몇몇 복음주의적 평론가들이 그렌츠의 신학을 복음주의적이라고 말할 수 있는 정당성에 대하여 의문을 표할 것이다. 그 누구보다도 도날드 카슨(D. A. Carson, 1946-)이 이러한 질문을 강하게 제기하고 있다. 카슨은 "세상에서 가장 훌륭한 의지를 가지고도 나는 어떻게 그렌츠의 성경에 대한 접근방법이 어떤 유용한 의미에서 '복음주의적'이라고 불릴 수 있는지 이해할 수 없다"라고 말하고 있다 (성경관을 서론

---

[62] *Theology for the Community of God*의 색인을 보라.
[63] 로저 올슨은 그렌츠가 교리에 대한 린드벡의 정의에 명시적으로 동의하고 있다고 주장한다 ("Whales and Elephants: Both God's Creation But Can They Meet?" *Pro Ecclesia* 4.2 [Spring 1995]: 180).

이 아니라 성령론에서 다루는 것과 이야기 신학을 수용하는 것을 염두에 두고 하는 비판임-역주).⁶⁴ 이렇듯 자신의 신학을 포스트모더니즘과 조화롭게 하려는 열망이 지나쳐서 그렌츠는 물려받은 복음주의적 유산을 과도하게 수정하였는데 그런 면에서 그렌츠의 주장은 우리에게 정당한 선택지가 될 수 없다고 보아야 할 것이다.

---

64 Carson, *The Gagging of God*, 481.

postmodernizing

6장

신학은 이전의 신학과는 다르다:
리차드 미들턴과 브라이언 왈시

몇 년 전 리차드 미들턴과 브라이언 월시는 한 책을 공저했다. 그 책에서 그들은 기독교를 네 가지 질문과 관련하여 하나의 세계관이라고 묘사하고 평가하였다.

우리의 장소 또는 세계 (우리는 어디에 있는가?)
우리의 자아 또는 정체성 (우리는 누구인가?)
선과 악에 대한 우리의 이해 (무엇이 잘못인가?)
문제에 대한 해결 (치료책은 무엇인가?)[1]

변화하는 세상을 바라보며 미들턴과 월시는 그 책의 개정을 제안하였다. 하지만 출판사에서는 현명하게도 완전히 새로운 한 권의 책

---

[1] J. Richard Middleton and Brian J. Walsh, *The Transforming Vision: Shaping a Christian World View* (Downers Grove, Ill.: InterVarsity, 1984). (『그리스도인의 비전』이라는 제목으로 IVP에서 1987년에 역간).

을 쓸 것을 제안하였다.² 이러한 기획을 실행한 것이 우리가 여기에서 생각하고 있는 바로 그 책이다. 이 책은 근대적인 정신이 쇠퇴하고 몰락하면서 포스트모더니즘이 흥기하고 있는 세계에서 발생하고 있는 변화를 묘사하고 평가하려고 시도하고 있다. 이 책의 후반에서는 어떻게 성경적인 세계관이 포스트모던적인 조건에 관여할 수 있는지를 보여주면서 위의 네 가지 동일한 질문을 채택하려고 한다. 미들턴과 왈시가 『그리스도인의 비전』에서 기독교 세계관을 묘사하였다면 이제 그들은 새로운 상황을 고려하여 기독교 세계관의 미묘한 차이를 제시하고자 한다.

이들의 책의 제목인 『진리가 이전과 다르다』는 이중적인 함축이 있다. 한편으로는 진리에 대한 이해가 완벽한 객관성과 사실에 대한 대응이라고 하는 근대적인 이상으로부터 진리의 상대성과 조건화된 본성으로 옮겨졌음을 말하고 있다. 하지만 또 다른 한편으로는 진리에 대한 기독교적 이해의 다른 접근방법을 말하는 것이기도 하다.

포스트모던성에 의해 제기된 관심의 빛 안에서 성경을 다시 읽을 때 개정된 개념에 도달하게 된다. 성경을 근대적인 틀 안에서 바라보는 전통적인 방식은 무시간적이고 명제적인 진리를 찾는 것인 반면에, 포스트모던 시대의 상황은 그 성격을 주로 내러티브로 간주하게 하였다. 그러므로 포스트모던 시대의 상황은 비록 "위기와 비극"의 시대이기는 하지만 실제로는 이전에는 지나쳤던 성경의 흥미로운 차원들을 바라보게 해주었다.³

---

2 J. Richard Middleton and Brian J. Walsh, *Truth Is Stranger Than It Used to Be: Biblical Faith in a Postmodern Age* (Downers Grove, Ill.: InterVarsity, 1995), 4. (『포스트모던 시대의 기독교 세계관』이라는 제목으로 살림출판사에서 2007년에 역간).
3 Ibid., 4-5.

1. 포스트모던적 상황에 대한 묘사

만일 포스트모던이 근대성에 대한 반응이요 심지어는 근대성에 대한 거부라면 포스트모던적 상황에 대한 이해는 근대적 상황에 대한 이해를 요구한다. 미들턴과 왈시는 근대성에 대한 최상의 특징적인 언급을 존 듀이(John Dewey, 1859-1952)로부터 취할 수 있다고 믿는다. 존 듀이는 근대성의 네 가지 주된 특징을 다음과 같이 말하였다.

① 내세적이라기보다는 자연적이고 현세적인 편향성. 그러므로 근대성은 철저히 세속적인 견해이다.
② 교회의 권위에 대한 어떠한 복종 요구도 거절함. 대신에 삶을 위해 필요한 진리를 얻기 위해 개인적인 지성의 능력을 강조한다.
③ 진보에 대한 믿음. 황금시대는 우리 뒤가 아니라 우리 앞에 있다. 우리는 인간 능력의 적용을 통해 황금시대를 얻게 될 것이다.
④ 자연을 사회의 유익을 위해 통제하고 억제하는 발명을 이루어 내고 있는 과학적인 도구는 진보를 이루는 주된 수단이다.[4]

하지만 근대주의는 그 이상을 성취하지 못했다. 근대주의는 점진적으로 더 나은 사회를 세울 수 있다고 믿었지만 20세기에 근대주의는 비틀거리다가 넘어졌다. 실제로 그 건물의 전체 기초가 잘못 되었으며 지탱될 수가 없다는 것이 지금은 분명해졌다. 커다란 경제적인 침체에 더하여 두 번에 걸친 세계대전의 잔혹함은 이러한 견해가 부적절하다는 점을 드러내었다. 실존주의자들의 비판을 이어 1950년대에는 새로운 확신이 높이 일어났다. 하지만 이전의 문제가 극복되

---

[4] Ibid., 14.

지 않았다는 것은 분명하다. 미들턴과 왈시는 말한다.

> 20세기 말로 접어들면서 근대성은 갑작스럽게 몰락하고 있다. 근대성을 정당화해주는 신화들이 더 이상 어떤 확신을 가지고 믿어지지 않는다. 이전에 근대성을 신뢰하는 사람들에게 피난처를 제공했던 근대적인 진보에 대한 오래된 "신성한 덮개"는 4층이 날아갔으며 이제 무질서의 찌르는 듯한 냉기가 "공공연한 공공의 광장"에 나타났다. 그 결과 우리는 극단적인 위험과 인류학자인 클리포드 기르츠(Clifford Geertz, 1926-2006)가 "가장 커다란 불안"이라 부르는 것에 노출되어 있다.[5]

포스트모던성이 두드러지게 된 것은 바로 이러한 이유 때문이다. 따라서 미들턴과 왈시는 자신들이 이전에 제시하였던 4가지 중요한 질문과 관련하여 이 운동을 묘사하고 분석하고 있다.

2. 실재에 대한 생각

근대성은 실재의 객관성과 지식 가능성에 집착하였다. 조심스럽게 우리가 사용하는 방법론의 객관성을 지켜나가면 우리는 진리에 도달할 수 있었다. 진리란 대응설, 즉 우리의 생각이 어떤 인식자와는 독립적으로 존재하는 실재를 바르게 묘사해준다는 견해를 통해 이해되었다. 하지만 "우리가 어디에 있는가?"라는 질문에 대한 포스트모던적인 대답은 "우리는 우리가 구성한 실재 안에 있다"는 것이다.[6] 포스트모더니즘에 따르면 실재는 사회적인 구성물이다. 볼과 스트라이

---

[5] Ibid., 25.
[6] Ibid., 30-31.

크에 대한 세 명의 심판에 대한 오래된 농담을 사용하고 있는데 이는 월터 투루엣 앤더슨이 고안한 것으로 알려져 있다. 이들 세 명의 심판은 실재에 대한 세 가지 견해를 대조하여 보여준다. 첫 번째 심판은 "볼과 스트라이크가 있고 나는 그것을 그러한 방식으로 부르고 있다"라고 말한다. 이 심판은 볼과 스트라이크라는 자신의 판단이 묘사하고 있다고 주장하는 실재를 바르게 반영해준다고 가정하는 순진한 실재론자이다. 두 번째 심판은 "볼과 스트라이크가 있고 나는 그들을 내가 본대로 부르고 있다"라고 말한다. 이 사람은 관점적 실재론자(또는 아마도 비판적 실재론자)이다. 세 번째 심판은 "볼과 스트라이크가 있고 내가 그들을 부를 때까지 그들은 아무 것도 아니다"라고 말한다. 이 사람은 극단적인 관점주의자이다. 미들턴과 왈시에 따르면 많은 포스트모던 사상가들은 이러한 세 번째 심판에 의해 대표된다. 그들은 우리의 판단 너머에 어떤 "실제적인" 것이 있는지 의심한다. 두 번째와 세 번째 입장 사이에 중요한 차이가 있다고 지적하면서 미들턴과 왈시는 (학문세계나 길거리 모두에서) 현재 이들 입장이 우세한 것은 근대성의 순진한 실재론이 무너졌음을 의미한다"라고 주장한다.[7]

학문적인 것이든지 아니면 대중적인 것이든지 근대주의는 객관적으로 "주어진" 실재와 인식자의 사상이나 주장 사이에 대응관계가 성립할 때 진리에 도달할 수 있다고 가정하였다. 하지만 포스트모더니즘은 그러한 대응관계는 불가능하다고 생각한다. 왜냐하면 우리는 단순히 우리가 실재를 표상하는 개념이나 언어로부터 분리되어 있는 "실재"에 도달할 필요가 없기 때문이다. 우리는 결코 어떤 직접적인 양식으로 실재를 알기 위해 우리의 지식 바깥에 서 있을 수 없다. 실재를 아는 것은 항상 우리에게 우리의 언어적이고 개념적인 구성에

---

[7] Ibid., 31.

의하여 중재된다.[8]

　이것을 표현하는 또 다른 방식은 우리가 항상 우리의 세계관을 통해 중재된 실재를 안다는 것이다. 미들턴과 왈시는 그들의 이전 저서에서 모든 사람은 세계관을 가지고 있다고 주장하였다. 그러므로 우리 주변에 있는 세계에 대한 우리의 지식은 우리가 세계를 경험하는 세계관에 의하여 구성되어진다.[9]

　하지만 어떤 포스트모더니즘 주창자들은 이것을 넘어간다. 우리의 지식과 독립적인 세계가 존재한다는 것을 필연적으로 부정하지 않는 반면, 이 사람들은 세계가 어떤 객관적인 특징을 가지고 있다는 사실을 부정한다. 세계가 가지는 이러한 객관적인 특징은 우리가 거기에 호소할 수 있는 진리와 선함을 위한 규범이나 기준이 될 수 있는 것들이다. 그런 규범은 항상 사회적인 구성물이다. 이것은 우리가 우리 자신의 개별적인 실재에 사로잡혀 있다는 것을 의미하지는 않는다. 왜냐하면 우리는 서로 의사소통을 하기 때문이다. 여기에서 거부되고 있는 것은 어떤 **보편적인 기준**이라는 생각이다. 이러한 구성물은 철저하게 개인적인 사실일 필요는 없다. 그것은 사회적 구성물이다. 그것은 어떤 단체의 산물이다. 그렇다면 질문은 그러한 기준이 "누구의 실재인가?"라고 하는 것이다. 그리고 대답은 서구적인 구성물, 즉 진보라고 하는 신화가 가장 효과적으로 세상을 지배하고 있으며 따라서 무엇이 선하고 옳은지를 결정한다는 것이다. 하지만 포스트모던적인 근거 위에서는 우리가 본 것처럼 이것이 보다 정확한 실재에 대한 묘사이기 때문은 아니다. 그렇다면 왜 이러한 생각이 받아들여지는가? 왜 하나의 견해가 다른 사람들을 결과적으로 정복하고 억압

---

8 Ibid., 32.
9 Ibid.

하면서 지배하는가? 이러한 질문은 특별히 해체를 주장하는 사람들의 주된 관심사이다.

3. 해체

가장 흔하게 해체의 주창자로 간주되고 있는 프랑스 문학비평가인 쟈크 데리다는 지배적인 서구의 지적 전통을 "현존의 형이상학"이라고 이름지었다. 우리는 우리의 지적인 체계에 현존하는 주어진 실재가 있다고 믿는다. 그리고 이것은 그에 대한 언어와 사고 이전에 그리고 독립적으로 존재한다. 서구의 근대주의는 너무나 정확하게 이러한 주어진 것을 파악하고 묘사하기 때문에 실제적으로 그것을 반성하는 것이 가능하다고 말한다. 이것은 진리에 대한 **모사적인** 견해이다. 데리다와 다른 해체주의자들은 이러한 견해를 공격한다. 그들이 볼 때에는 언어 이전의 그리고 개념 이전의 "실재"에 도달하는 것은 불가능하다. 현존한다고 주장되고 있는 것이 실제로는 존재하지 않는다. "주어진 것"은 실제로 인간의 대화에 의하여 형성된 하나의 구성물이다.[10]

진리에 대한 근대주의의 주장이 지니는 이러한 특징을 드러냄으로써 해체주의자들은 파괴하려는 것이 아니라 치료를 시행하려 한다. 환자들이 자신들의 미망을 인식하여 그 미망을 벗어날 수 있도록 돕는 심리치료사들처럼, 해체주의자들은 이전의 근대주의가 순진한 실재론이나 진리에 대한 대응설과 같은 그 자신의 미망을 인식하도록 도우려고 시도하고 있다. 해체에 의하여 폭로되고 있는 것은 억압

---

10 Ibid., 33.

과 궁극적으로는 폭력에 대한 충동이다. 실제적인 현존의 형이상학은 개별적인 것을 억압하는 전체론적인 경향을 지닌다. 이것은 모든 것을 설명하는 포괄적인 구도를 세우려고 한다. 이렇게 하기 위해서는 어울리지 않는 요소들을 배제하여야 한다. 이것은 반대되는 논점을 제기하는 사람들을 억누르고 그들의 기억을 지움으로써 이루어진다.[11]

이러한 일에 패러다임이 될만한 것이 인종차별주의이다. 인종차별주의에는 어떤 사람의 유사성과 차별성에 근거한 세계에 대한 전체론적인 비전이 존재한다. 인종차별주의자들은 자신과 동일함을 규범적인 것으로 채택한다. 보다 미묘하고 보다 광범위하게 받아들여지고 있는 것은 이민자들을 취급하는 방식이다. 미국 시민이 아닌 사람은 이방인으로 간주되며 시민이 되는 과정은 자연화라고 불린다. 이 말은 미국 시민이 자연적(또는 정상적)인 상태라는 사실을 함축하고 있다. 그렇다면 이 새로운 시민들은 미국적인 삶의 동질성으로 자신들의 길을 발견해야만 한다. 자신들의 문화적인 독특성은 "멜팅 팟"(melting pot)이라 불리는 것 안에서 용해되어버린다. 이러한 전체론적인 비전은 본래적으로 폭력적이다. 어떤 집단이 자신의 세계관이 참되다거나 옳다고 확신할 때, 다른 사람들과 마주하게 되는 유일한 선택지는 케네스 거겐(Kenneth Gergen, 1935-)에 따르면 전체론적 통제이거나 멸절이다.[12]

만일 근대성이 우리를 동질적이고 "자연화된" 사람으로 만들려고 시도하였다면, 해체주의의 목적은 "비자연화"라고 하는 치유의 과정이다. 해체주의는 사람들이 그들에게 자연스러운 것이 실제로 기원

---

11 Ibid., 34-35.
12 Ibid., 35.

에 있어 문화적임을 보도록 도우려고 시도한다. 해체주의는 소수의 권리를 박탈하는 데 이용되었던 전체론적인 비전을 해체하고 정의를 향한 문을 열려고 시도한다.[13]

해체의 결과는 방향감각을 잃어버리는 것일 수 있다. 우선 사회적 구성물들은 우리를 "무의미의 심연"으로부터 지켜주기 위해 생겨난 것들이기 때문에 이것은 사실이다. 그러한 방패를 가지는 것은 안전하다. 부분적으로 그러한 안전은 이러한 실재가 객관적이며 사물들이 실제로 그러한 방식이라는 믿음으로부터 생겨난다. 이것이 단지 구성물이요 일종의 픽션이라는 것은 짐짓 우리를 당황하게 한다. "자의적으로 선택된 세계관은 더 이상 하나의 세계관으로 기능하지 않는다. 우리는 혼돈에 대항할만한 완충기 없이 남겨져 있다."[14]

하지만 이것을 넘어 방향상실은 우리가 그 구성물을 창조함에 있어 우리의 역할을 인식하게 하기 때문에 해체로부터 기인한다. 우리는 많은 경우 알지 못하고 부주의하게 폭력에 연루되었다는 죄책을 가지고 있다. 우리가 순진하게 진보라고 하는 근대적인 꿈을 공유하였다는 것을 발견하게 되면 해체라고 하는 포스트모던적인 치유는 고통스럽기는 하지만 놀라운 발견이 될 수 있다.[15]

하지만 모든 사람이 해체를 경험하는 것은 아니다. 그 이유 가운데 하나는 극단적 실재성(hyperreality)과 이미지 문화 때문이다. 이것은 의사소통 기술에 과도하게 의존하고 있는 어떤 시대에 단지 구성되었을 뿐만 아니라 "실제적인 일보다 더 좋은" 것과 같은 과대광고를 통해 영광스럽게 된다. 이것이 디즈니 월드의 문화이며, 쿨 휩 (Cool Whip: 초현실적으로 휘저은 생크림 과자의 일종인데 가상 현실이나 모조품 시대를 지적

---

[13] Ibid., 36.
[14] Ibid., 37.
[15] Ibid.

하는 의미로 사용됨-역주) 사회이다. 이렇게 만들어진 세계는 실재로는 사람을 멍하게 한다. 이것은 정당의 수석 대변인이 실체를 제공하는 것 없이 사람들의 판단을 교묘하게 조작하는 정치에서 많이 볼 수 있다.[16]

하지만 포스트모더니즘은 그 어떤 현존의 형이상학만 해체한 것이 아니였다. 포스트모더니즘은 또한 중심에서 벗어난 자아를 산출하였다. 근대주의의 구도에서 "나는 누구인가?"라는 질문에 대한 대답은 인간의 자율성을 요청하는 것에서 발견된다. 근대주의적 기획의 바로 핵심적이고 기본적인 것은 자기 중심의 자아, 즉 독립적이고 합리적인 자아였다. 이러한 자아의 발견이 없었다면 근대 과학의 결과와 성취에 대한 확신의 기초도 없었을 것이다. 이러한 개념은 자유 민주주의를 산출하였다. 하지만 이를 넘어서 이러한 개념은 탐욕어린 정복자와 개척자들이라고 하는 제국주의적 자아로 나타났다. 이것이 서구의 식민주의적 패권주의의 배후에 놓여있었다. 자유롭고 자율적인 주체가 이 자유를 비인간적이고 인간 이하의 대상의 세계를 다스리기 위해 사용하였다. 이러한 자아에 정체성을 부여한 것이 바로 이러한 정복과 지배의 과정이다.[17]

우리는 인식론적 낙관주의의 포스트모던적 해체를 보았다. 인간학적인 자기 확신에 대한 포스트모던적인 취급도 마찬가지다. 이러한 자아 이해가 사라지게 된 두 가지 이유가 있다.

첫째, 아무런 제약이 없을 때 자율적인 자아는 항상 자신을 폭력으로 표현한다. 우리가 환경 위기에서 보고 있는 것처럼 그것은 자연적인 환경을 파괴한다. 하지만 그것은 또한 다른 사람들을 착취하고 위

---

[16] Ibid., 38-39.
[17] Ibid., 48-49.

협한다. 주로 여성들과 소수민들, 원주민과 같은 사람들을 말이다.[18] 하지만 이를 넘어서서 이러한 자아 이해를 믿고 그에 근거하여 행동할 때 그것은 또한 그 자체에 대한 반동을 야기한다. 바라던 진보를 창출하기 위해 고안된 대규모 관료주의와 경제적인 구조는 답답한 것으로 입증되었다. 근대적 자아는 그 스스로 관리자라기보다는 관리되고 있는 것으로 발견된다. 근대성이 지닌 사회경제적인 체계에 의해 정복된 것이다.[19]

둘째, 인간학적 자기 확신이 흔들리고 있는 이유는 포스트모던적인 사상이 이러한 자아이해 또한 하나의 구성물이요 허구이며 근대적 발명품임을 인식하게 한 것이다. 그리고 이것은 또한 인간이 언어를 취하여 그 자신의 목적을 위해 그것을 사용하는 자율적인 자아라기보다는 언어가 자아를 형성하는 것으로 간주되고 있음을 의미한다. 이러한 발전의 반대 국면은 우리가 자율적인 자아가 하나의 허구라는 것을 알게 될 때 우리는 인간다움에 대한 이전의 모든 신념과 그러한 신념이 유지하였던 모든 행동 과정에 대하여 의심하게 한다는 것이다.[20]

4. 거대담론에 대한 불신

이전에 그러했던 것과 다른 것은 단지 실재만이 아니다. 역사도 마찬가지다. 근대주의는 역사 전체에 대한 웅장하고 장엄한 설명인 거대담론을 제시하였다. 이것은 역사가 전개되는 하나의 패턴이 존재

---

[18] Ibid., 49.
[19] Ibid., 50.
[20] Ibid., 50-51.

한다는 신념이다. 역사에 대한 커다란 규모에서의 설명은 그 적용에 있어서 보편적이었다. 이것은 진보에 대한 근대적인 신념일 수도 있고, 예수 그리스도 안에 있는 구속사에 대한 기독교의 가르침이나 공산주의의 역사철학이었던 변증법적 유물론일 수도 있다. 이러한 거대 담론은 모든 역사적인 사실들을 하나의 단정한 꾸러미로 결합시켰다. 철학자 알리스데어 매킨타이어(포스트모던주의자는 아니다)는 윤리학을 발견되고 이해되고 적용되는 보편적인 원칙들의 체계라기보다는 역사적이고 문화적으로 조건화된 이야기의 기초 위에서 재해석하였다.[21] 거대담론은 보편적이라고 주장하면서 이것을 넘어간다. 하지만 이러한 확신에 찬 기획은 현존의 형이상학이나 자율적인 자아라고 하는 생각과 같이 실패하였다. 첫째로 이것은 이러한 거대한 구도를 만들어낼 수 있기 위해서 인식론적으로 모든 역사를 충분히 상세하게 아는 것이 불가능하기 때문에 실패하였다.[22] 게다가 거대담론은 그 전체주의적인 성격 때문에 또한 억압의 수단이 되었다. 포스트모더니즘은 마치 현존의 형이상학이나 중심적인 자아와 마찬가지로 이러한 거대담론을 구성물로 본다.[23]

미들턴과 왈시는 포스트모더니즘에 대하여 전적으로 무비판적이지는 않다. 이들은 이러한 운동에 대하여 많은 반론을 제기한다.

① 전체주의와 폭력은 분명히 바람직하지 않은 것이지만 거대담론이 필연적으로 전체주의와 폭력으로 연결된다는 것은 그렇게 분명한 것 같지는 않다. 이것은 또한 때때로 보다 국지적인 내러티브도 마찬가지다. 이들은 발칸 반도의 여러 나라들에서 있었던

---

21 Ibid., 66-68.
22 Ibid., 70.
23 Ibid., 71.

"인종 청소"의 상황을 하나의 실례로 제시한다. 그 일을 통해 막시즘이라고 하는 근대적인 거대담론이 실제로 점검 중인 그런 경향을 가지고 있었다. 사람들은 본래적으로 거대담론을 필요로 하는 것 같다. 그래서 국지적인 내러티브들은 마치 그것들이 거대담론인 것처럼 다루어질 수 있다.[24]

② 포스트모더니즘은 그 모든 거대담론에 대한 비판, 특별히 근대적인 거대담론에 대한 비판에도 불구하고 실제로는 그 자체로 하나의 거대담론이다. 그러므로 포스트모더니즘은 그 자체의 거대담론에 몰래 호소함으로 거대담론의 필요성에 대항하여 논증하고 있기 때문에, 미들턴과 왈시가 "실행적인 모순"이라고 부르는 것에 사로잡혀 있다.[25]

미들턴과 왈시는 포스트모던성과 근대성 사이의 관계에 대하여 완전하게 확신하고 있지는 않다. 그들은 과도한 실재에 대한 토론에 있어 "포스트모던적"이라는 용어와 "후기 근대적"이라는 용어의 사용 사이에서 오락가락한다. 이것은 우리가 문화적 전환기에 있기 때문이다. 진정으로 새로운 특징이 구시대와 철학의 지속적이고 중심적인 특징과 나란히 공존하고 있다. 이것은 특별히 인간의 자율성에 대한 강조에 있어 그러하다.[26]

이와 비슷하게 중심에서 밀려난 자아에 대한 토론에서 미들턴과 왈시는 포스트모더니즘이 여기에서 과도하게 근대적이라고 불릴 수 있는지에 대하여 의문을 제기하고 있다. 이러한 주장에는 토마스 오덴의 주장이 반영되어 있다. 미들턴과 왈시는 그러한 구성에서 구성

---

24 Ibid., 75-76.
25 Ibid., 76-77.
26 Ibid., 41.

된 자아는 최고의 근대적인 기술을 활용하고 있다고 주장한다. 반대로 그러한 기술의 사용은 자아의 유연성이라는 가정을 요구한다. 그들은 "사회경제적 분석의 수준에서 이것은 포스트모던성이 자본주의 문화의 논리적인 확장에 불과하다는 것을 지적하는 것 같다"라고 결론짓고 있다.[27]

5. 성경적 대답

미들턴과 왈시의 책 후반부의 전략은 포스트모던성의 도전에 대한 기독교적 대답을 살펴보는 것이다. 진짜 질문은 "기독교 신앙이 포스트모더니즘의 도전에 직면하여 그에 대항하고 심지어 포스트모더니즘으로부터 배울 수 있는 자원을 가지고 있는가?"라고 그들은 말한다.[28] 비록 미들턴과 왈시는 어떤 점에서는 포스트모더니즘에 대해 비판적이지만 거대담론의 억압적인 사용에 대한 경고는 정당하다고 인정하고 있다. 그러므로 보다 특별하게 그들은 "거대담론에 대한 포스트모던적인 의심은 성경의 이야기에 합법적으로 적용할 수 있는가? 정의와 동정심의 이름으로 우리는 성경적 거대담론을 포기하고 단지 국지적인 이야기를 택할 것을 요구받고 있는가?"라고 묻고 있다.[29]

미들턴과 왈시는 거대담론에 대한 포스트모던의 의심에는 체계적인 통찰과 역사적 관찰로부터 기인하는 근거가 있음을 인정한다. 체계적인 통찰은 거대담론과 세계관을 발전시키고 전개시키는 사람들

---

[27] Ibid., 54-55.
[28] Ibid., 81.
[29] Ibid., 83.

이 유한한 인간이라는 사실로부터 유래한다. 그러므로 사람들은 전체적인 견해를 만들어내기 위해 필요한 모든 자료들을 모을 수는 없다. 게다가 죄인된 인간은 불가피하게 그러한 이념들을 자기 자신의 목적을 위해 이용하여 다른 사람들을 억압하려는 경향을 드러낸다. 역사적 관찰은 단지 사실상 성경의 이야기가 이교도와 이단으로 간주되는 사람들을 억압하고 배제하기 위해 사용되었다는 것이다. 이것은 어떤 한 단체의 활동을 합리화하거나 정당화하기 위해 사용되었는데 이것은 편견과 폭력을 포괄하기도 하였다.[30]

성경적인 거대담론에 대한 토론으로 넘어가는 미들턴과 왈시의 결론은 거대담론이 억압과 폭력을 위해서 사용될 수도 있고 정의와 치유를 위해서 사용될 수도 있다는 것이다. "그렇다면 중요한 질문은 기독교 신앙이 거대담론에 뿌리박고 있는가 아닌가 하는 문제가 아니라, 성경이 과연 어떤 **종류**의 거대담론을 포함하고 있는가 하는 것이다."[31]

성경의 이야기를 살펴보기 위해 채택된 전략은 소극적으로 성경이 때때로 그와 관련하여 억압을 인정하거나 지지하지 않았다는 것을 보여주는 것이다. 그리고 적극적으로 성경은 억압받고 있는 사람들에 대한 관심을 정당화하고 있다는 것을 보여주는 것이다. 미들턴과 왈시는 이집트로부터의 출애굽과 그 결과 시내산에서 하나의 백성으로 이스라엘이 결성되는 이야기에 대하여 살펴보는 것으로부터 자신들의 논의를 시작하고 있다. 미들턴과 왈시는 유대인들이 이 사건을 그들 자신의 내러티브의 중심적이고 기본적인 것으로 간주하며 기독교인들 또한 그것을 구약 성경의 중심적인 사건으로 간주하고 있기

---

[30] Ibid., 83-84.
[31] Ibid., 84.

때문에 그렇게 한다. 또한 신명기 26:1-11; 여호수아 24장, 그리고 시편 105편과 106편 등에서 성경 전체를 통해 출애굽 사건에 대하여 재진술하고 있는 것은 매우 인상적이다.[32]

출애굽 사건은 이스라엘을 위한 심오한 윤리적 의미를 가지고 있으며 이것은 우리를 위해서도 마찬가지다. 후대의 이스라엘에게는 "나는 무엇을 해야 하는가?"라는 질문에 대한 대답이 "나는 어떤 이야기의 일부분인가?"라는 이전의 질문에 답하는 것에 뒤따라 나왔다. 그리고 윤리적 행동의 본질은 무엇이었는가? 이 이야기는 그들에게 자신들이 경험했던 억압적인 고통을 상기시켜주었기 때문에 이스라엘 백성들 안에 고난에 대한 민감성을 만들어냈다. 우리는 미들턴과 왈시를 따라 심지어 이러한 동기를 출애굽의 중심적인 요점으로 간주할 수도 있다.

> 최근의 성경신학의 연구, 특별히 노만 고트왈트(Norman Gottwald)가 토대를 놓는 사회학적인 연구 이후로 분명해진 것은 출애굽과 시내산 사건의 전체 목적이 제국적인 이집트의 통치에 대안이 될만한 삶의 윤리적인 패턴을 지닌 하나의 공동체를 야훼를 위하여 세우는 것이었다는 것이다. 이 이야기가 말하고 기억하고 참여하고 있는 독특하게 전개되고 있는 이야기 때문에 이것은 억압을 야기하는 것을 거부하고 그 대신 주변적인 사람들을 향한 정의와 공감을 촉진시키는데 헌신된 공동체였다.[33]

그들이 출애굽의 이야기를 반복해서 말한 것 같이 가장 충분하게 이러한 정의의 주제를 명료화시킨 사람들은 선지자들이었다. 선지

---

[32] Ibid., 88-91.
[33] Ibid., 94.

자들은 이스라엘의 이어지는 역사, 특별히 타락한 왕정에 대한 자신들의 비판과 종말론적 미래의 희망을 제시하는 가운데 이러한 일을 하였다. 난점은 이스라엘 백성들이 출애굽의 이야기를 따르기보다는 순환적인 풍요와 안전을 보장해주는 가나안의 바알 이야기에 관여하였다는 것이다. 야훼는 그것이 이집트이건 이스라엘이건 모든 불의에 대항하시기 때문에 이스라엘 백성들이 다시 바벨론의 포로로 잡혀갈 것이라고 위협하셨다. 이 일은 정말로 발생하였으며 다시금 사람들이 하나님을 향하여 부르짖게 하였다. 그렇다면 선지자들은 하나님의 목적이 단지 이스라엘이 정의를 행하는 하나의 나라로서 세워지는 것이 아니라 "이스라엘의 독특한 정의의 실행이 고대 근동에서 하나의 횃불처럼 빛나는 것이다. 그래서 다른 민족들을 그러한 일을 행하시는 독특한 하나님께로 이끄는 것이었음"[34]을 말하고 있는 것이다. 이스라엘 백성들은 야훼가 단지 자신들만의 하나님이 아니라 모든 사람들을 향한 구속적인 목적을 가지고 계신 온 하늘과 땅의 창조주시라는 것을 발견하였다. 하지만 이러한 목적은 단지 그 당시 살아있었던 모든 사람들을 위한 것만이 아니라 심지어는 우리에게까지 확대된다. "성경의 하나님은 우리가 발견하는 많은 억압적인 체제와 이야기에 대한 대안을 제시하는 무엇보다 중요한 이야기 목적을 가지고 계신다."[35]

심지어 정경의 형성도 이러한 관심을 반영한다. 미들턴과 왈시는 정경에 대한 제임스 샌더스(James Sanders, 1927-)의 이해를 따르고 있다. 제임스 샌더스는 기본적인 이야기인 토라는 여호수아가 아니라

---

[34] Middleton and Walsh, "Facing the Postmodern Scalpel: Can the Christian Faith Withstand Deconstruction?" in *Apologetics in the Postmodern World*, ed. Timothy R. Phillips and Dennis L. Okholm (Downers Grove, Ill.: InterVarsity, 1995), 147.

[35] *Truth is Stranger*, 102.

신명기로 끝나고 있다는 사실에 주의를 기울이고 있다. 토라는 약속의 땅 바깥에 있는 백성들로 끝난다. 이것은 약속의 땅에 정착하는 것을 배제하고 있는 토라는 단지 유랑생활 가운데 있는 백성들에게 의미를 지닐 수 있을 것이다. 토라는 땅 없는 유랑민들에게 의미 있는 형태로 이야기를 재진술하고 있는 것이다. 게다가 그 이야기는 창조에 대한 이야기로 시작한다. 이것은 하나님의 목적은 모든 백성들에게 확대된다는 그 이상의 증거가 된다.[36]

예수님의 사역 또한 반(反) 전체주의적이었다. 예수님은 거룩에 대한 어떤 토론도 피하셨다. 아마도 거룩에 대한 토론은 우월감과 억압의 수단이 되었기 때문일 것이다. 게다가 예수님은 반복적으로 힘없고 주변적인 사람들을 편드셨다. 성전을 청결하게하신 예수님의 행동은 하나의 극적인 실례가 된다. 그리고 십자가에서 예수님은 이스라엘과 선지자들과 포로기 이스라엘의 고난 이야기를 재현하신다. 예수님은 주변성과 고통을 가슴으로 안으시고 그럼으로써 세상의 죄를 짊어지셨다.[37]

이러한 전체 토론의 결론은 분명하고 명확하다.

> 그러므로 성경의 내러티브는 우리의 포스트모던적인 상황을 공감하며 힘있게 소개하고 있다. 하지만 이러한 거대담론은 전체화와 폭력이라고 하는 포스트모더니즘의 고발을 피해갈 수 있는가? 우리의 분석으로는 성경의 거대담론은 그것 훨씬 이상의 것을 한다. 폭력을 촉진시키기는커녕 성경이 말하고 있는 이야기는 전체적인 독법을 산산이 부수며 독자들을 회심시키고 샬롬과 공감과 정의라고 하는 하나님의 목적에 제휴하게 하는

---

[36] Ibid., 99-100.
[37] Ibid., 102-5.

자원들을 담고 있다.³⁸

하지만 이것은 변증적인 관심 그 이상이다. 이것은 단지 기독교와 기독교의 거대담론에 대한 비난에 답변을 제시하는 문제만이 아니다. 우리는 우리 자신을 성경의 본문에 굴복시켜 성경이 우리를 판단하고 회심하도록 해야 한다. 기독교에 대한 전체주의적 비난은 개별적인 그리스도인의 구체적이고 전체주의적이지 않은 삶을 통해 가장 잘 답할 수 있다. 성경의 이야기를 말하는 것은 포스트모던적인 세상에서 교회의 사명을 감당하도록 교회를 무장하는 데 공헌할 수 있다.³⁹

6. 자아

하지만 성경의 거대담론이 지니는 정당성과 타당성은 그것이 억압적인 전체주의에 이르게 하지 않는다는 것을 보여주는 것에 국한되지 않는다. 이것은 또한 중심에서 밀려난 자아의 문제에 대해 말하고 있다. 실제로 자아에 대한 포스트모던적 이해에는 긴장이 있다. 포스트모던적 자아는 포스트모던적인 동시에 과도하게 근대적이다. 포스트모던적 자아는 새로운 형태의 자율성과 희생의 경험 사이에서 동요하고 있다. 미들턴과 왈시는 이것을 "독재와 희생의 변증법"이라고 부르고 있다.⁴⁰ 하지만 성경의 내러티브는 인간은 하나님의 형상으로 지음받았다고 가르침으로써 두 가지 긴장 모두에 대하여 대안

---

38 Ibid., 107.
39 Ibid.
40 Ibid., 109.

을 제시해 준다.

이러한 하나님의 형상은 창세기 1장과 시편 8편에서 모두 기능적으로 이해되고 있다. 즉, 하나님의 형상은 인간 안에 있는 어떤 실체적이거나 구조적인 어떤 것에 초점을 모으고 있는 것이 아니라 하나님을 위하여 하나님의 통치를 실행하는 것으로 해석되고 있다. 심지어는 포로 생활 가운데서도 인간은 땅 위에서 능력과 행위와 책임을 실행하고 있는 하나님의 대표자들이다.[41] 이러한 특별한 지적이 하나님께서 6일 동안 창조하신 다음에 일곱째 날에 안식하셨다는 사실에서 발견된다. 우리는 그 일곱째 날에 있다. 하나님께서 안식하실 수 있는 이유는 우리가 지금 피조세계를 다스리는 하나님의 임무를 수행하고 있기 때문이다.[42] 우리는 단지 포로로 잡혀가 있는 희생자들이거나 포스트모던적인 파편화의 희생자들이 아니다.

하나님의 형상의 이러한 측면은 희생 문제에 대하여 말한다. 하지만 다른 자율성의 문제에 대해서는 어떠한가? 이러한 다스리는 기능은 억압의 문제가 되지 않을 수 있는가? 사실 린 화이트(Lynn White, 1907-87: 현대의 생태계 위기에 대한 책임이 기독교에 있다고 주장한 것으로 유명함-역주)와 어떤 사람들은 이러한 기독교의 가르침에 대하여 생태학적 문제를 제기하였다.[43] 성경의 이야기를 보다 상세하게 살펴보면 이것이 그렇지 않다는 것을 알 수 있다. "인간의 형상에 대해 토론하는 진정한 목적은 하나님께서 세상을 창조하시면서 그렇게 하셨던 것과 마찬가지로 다른 사람을 통제하고 힘을 빼앗는 것이 아니라 하나님의 축복을 중재하고 모든 피조물의 생명과 복지를 향상시키는 것이

---

[41] Ibid., 121.
[42] Ibid., 123.
[43] 1966년 12월 26일 워싱턴 D.C.에서 이루어진 화이트의 강의는 프란시스 쉐퍼의 *Pollution and Death of Man: The Christian View of Ecology* (Wheaton, Ill.: Tyndale, 1970), 70-85에 부록으로 실려있다.

다…이러한 하나님의 형상과 모양으로서의 인간은 다른 사람들의 혜택을 위하여 자신들의 능력과 통치를 사용해야만 한다."⁴⁴

인간이 억압적인 통제보다 사랑어린 훈육으로 땅을 다스린다면 이러한 사정은 인간과 다른 인간의 관계에도 마찬가지로 적용되어야 한다. 미들턴과 왈시는 인간(남자와 여자 모두)이 땅을 다스리라는 명령을 받고 있는 창조에 대한 설명에서 다른 사람을 다스리라는 언급이 없음을 지적하고 있다.⁴⁵ 가인이 아벨을 죽인 것과 같은 타락 이후에 나타난 잔혹함은 단지 원래적인 창조 질서의 파괴를 통해서 생겨난 것이다.⁴⁶ 게다가 예수님은 영광과 권력을 부여잡기 위해서가 아니라 자신을 죽음의 무익성에 내어줌으로써 인류의 문제 상황을 뒤집어 엎으셨다.⁴⁷

미들턴과 왈시는 이제 "우리는 어디에 있는가?"라는 첫번째 질문에 대답하려고 착수한다. 포스트모던은 이 세상에서 세 가지 이유 때문에 깊은 고향상실감을 가진다. 첫째는 이 세상이 우리 자신의 사회적인 구성물이라는 인식이다. 두 번째는 우리가 다른 사람을 억압하기 위해 우리의 구성물을 사용했다는 죄의식과 당혹감이 있다. 세 번째는 우리가 세상을 오염시켰기 때문에 세상은 단지 비우호적일 뿐 아니라 인간이 그 안에 있는 집에 머물기를 노골적으로 위협하게 되었다.⁴⁸

미들턴과 왈시는 여러 방식으로 이 문제에 대한 자신들의 대응을 발전시키고 있다. 첫째로 그들은 창조가 "창조주의 엄청나고 감동적

---

44 *Truth is Stranger*, 124.
45 Ibid.
46 Ibid., 126.
47 Ibid., 137.
48 Ibid., 146.

인 은사"임을 보여주고 있다. 이것은 자연의 주인이 되어 자연을 침묵하게 하는 실재론이 판을 치는 근대적인 이해와는 대조되는 것이다. 그리고 다른 사람의 목소리를 들으려 하는 포스트모던의 관심이 비인간적인 타자들에게까지는 확대되지 않았다. 하지만 성경적인 견해로 보면 하나님께서는 피조세계가 존재하게 "부르셨다." 그리고 피조세계는 이러한 부름에 대한 응답으로 존재하게 된 것이다. 하나님과 피조세계의 관계는 언약의 관계이다. 단지 피조세계가 창조주에 묶여있는 것이 아니라 창조주 자신이 피조세계에 묶여있다. 이것은 창세기 9장 9-17절에 있는 홍수 이후의 본문에서 하나님께서 7번 가량이나 단지 인간만이 아니라 전체 피조세계와 하나님 사이에서 언약이 이루어졌다고 말하고 있다는 사실에서 확인할 수 있다.[49]

게다가 창조에 대한 성경적인 그림은 피조세계가 선하다고 하는 것을 보여준다. 피조세계는 강제적으로 정복되어야만 하는 인류에 대한 위협이라기보다는 근본적으로 선한 것이다. 피조세계는 인간에게 집이 되기 위해 창조되었다. 모든 폭력은 외부에서 하나님의 선한 창조 안으로 침입한 것으로 보인다.[50]

성경의 이야기는 아노미라고 하는 고향상실에 대한 포스트모던적인 의미를 말하고 있다. 이것을 극복할 수 있는 유일한 질서는 구속의 질서이다. 단지 언약적인 문맥에서만 사람들은 모종의 저항을 할 수 있었으며 하나님에게 세상의 무질서를 고치기 위해 개입하시도록 청할 수 있었다.[51]

인식론의 문제가 반드시 소개되어야만 한다. 세 명의 야구 심판에 대한 이야기를 통해서 보면 미들턴과 왈시는 그들이 "인식론적 청지

---

[49] Ibid., 147-48.
[50] Ibid., 153-54.
[51] Ibid., 164-65.

기직"이라 부르고 있는 두 번째류에 가장 근접해 있다. 피조세계라고 하는 것이 우리가 그것을 알기 이전에 주어진 것이라고 하는 생각과 하나님으로부터의 선물이라고 하는 생각은 진리에 있어서 실재론적 견해를 확증해준다. 하지만 이것은 우리의 지식이 하나의 구성물이며 그래서 지식이 관점에 따른 것이라고 하는 사실의 빛 안에서 이해되어야만 한다. 어떤 사람들은 "비판적 실재론"이라고 부르는 것을 통해 중간 입장을 견지해보려 하는 반면에 미들턴과 왈시는 그 용어가 여전히 "직접적으로 다가가려는" 열망을 보여주기 때문에 그 용어의 사용을 거부하고 있다. 인식론적인 청지기직을 통해 이들은 단지 하나님과 우리 사이, 그리고 하나님과 다른 피조세계 사이뿐 아니라 우리와 다른 피조세계 사이에도 언약이 있다는 생각을 언급하고 있다. 사랑의 인식론은 주인으로서 세계에 관여하는 것이 아니라 하나님의 형상을 지닌 통치자로서 실재에 관여하는 것을 요청한다.[52]

그렇다면 제기된 문제에 대한 기독교와 성경의 해답은 무엇인가? 미들턴과 왈시는 단지 이론적인 해답이나 일어나야 할 일에 대한 설명이 아니라 실천적인 해답, 즉 세상을 바꾸는 프로그램을 제시하고 있다.

미들턴과 왈시는 방향감각 상실이라고 하는 잘못에 대한 대안으로 필요한 것이 방향재설정, 즉 우리의 성경적인 뿌리로의 귀환이라고 제안하고 있다. 하지만 이 일이 어떻게 일어나는가? 우리가 문화적인 요소들에 의해 형성되고 있기 때문에 우리는 어떻게 독특하게 성경적인 삶의 방식을 형성할 수 있는가? 수 세기 동안 사용된 하나의 접근방법은 "변증학" 또는 "상황화"라는 방법이다. 이것은 성경의 핵심적인 메시지를 취하고 있는 것으로 그려지고 있으며 이러한 성경

---

52 Ibid., 167-69.

의 메시지를 현재적인 상황과 연계하여 적용하는 것이다. 이 모든 접근방법은 공통적인 가정을 가지고 있다. 어떤 사람이 기독교 신앙과 현재적인 상황 그 둘을 연계하기 위해서 그 두 가지 바깥에 서 있을 수 있다. 하지만 이것은 서 있을 수 있는 중립적인 장소가 없다는 사실을 이해하지 못하는 근대적인 개념이다. 도리어 "우리가 인식하게 된 해석은 본질적으로 전통에 의존적이다."[53]

기독교 신앙이 진정으로 우리의 현대적인 문화 가운데 어떤 삶을 포함해야 하는지에 대한 보다 정직하고 포스트모던적인 이해가 요구된다. 미들턴과 왈시는 이것이 이야기 가운데 "내재하거나 내주하는" 것에 의해 가장 잘 이루어진다고 제안하고 있다. 사실상 이것은 기독교 신앙이 진정으로 의미하는 것이다. "성경적인 신앙은 단지 추상적이고 문맥이 없는 무시간적인 것이 아니라 하나님께서 역사 가운데 행하신 일에 대한 인격적이고 공동체적인 반응이다."[54]

하지만 이야기에 내주하는 일에 포함되어 있는 것은 정경적이고 규범적인 것으로 그 가운데 내주하는 것이다. 월터 브루그만(Walter Brueggemann, 1933-)이 옳다. 우리는 성경을 해석하거나 적용하라고 부름받고 있는 것이 아니라 우리 자신을 내어놓으라고 부름 받고 있는 것이다. 하지만 우리가 이 일을 할 때 우리는 성경의 본문이 이상하게 모난 부분을 가지고 있음을 발견하게 된다. 이러한 부분을 다루는 한 가지 방식은 성경을 일련의 일반화된 신학적 개념들로 환원하는 것이다. 하지만 이것은 따라야 할 접근방법은 아니다. 왜냐하면 "성경의 변혁시키는 힘은 성경이 하나님과 세상과 우리 자신에 대하여 실제적으로 주장하고 이야기하고 있는 이상한 일들을 통해 우리에게

---

[53] Ibid., 174.
[54] Ibid.

도전하는 능력 바로 그것이다."⁵⁵

이러한 모남(angularity)은 필리스 트라이블이 "공포의 본문"이라고 부르고 있는 것에서 분명하게 보여진다. 이러한 본문들은 특별히 여성들이 폭력과 잔혹함의 희생자들이 되고 있는 본문들이다. 이들은 구조상 본문의 주된 등장인물도 아니고 성경의 저자나 편집자 또한 어떠한 반대의견을 제기하지 않고 있으며 명시적이거나 암시적으로 인정하고 있지도 않다. 이들 중에는 하갈의 추방과 다말이 욕보임 당한 일, 이름없는 처첩들의 단체 욕보임, 그리고 맹세를 이루기 위하여 입다가 자신의 딸을 희생제물로 드린 일 등이 있다.⁵⁶

이들 본문은 성경이 전체주의적인 것을 반대하고 이념적인 것에 대하여 반대한다는 주장과 상반되는 듯 보인다. 이것은 단지 외부에서 오는 반대가 아니다. 그리스도인으로서 우리를 향한 반대이다. 이러한 접근방법에 대한 여러 가능한 반응이 있다. 하나는 단지 우리의 반대를 집어삼키고 성경의 권위에 굴복하는 것이다. 또 다른 하나는 문제를 설명해내기 위한 해석학적인 방법을 채택하는 것이다. 이러한 문제들이 성경에 존재하지 않으며 단지 우리가 그것을 이해하는 면에서 그렇다는 것이다. 하지만 또 다른 선택지는 신앙을 완전히 내어버리든지 아니면 성경 이외의 다른 근거 위에서 신앙을 견지하면서 단지 성경이 윤리 이하이며 억압적이라고 거부하는 것이다. 하지만 미들턴과 왈시는 이들 중 어떤 접근방법도 만족스럽지 못하다고 주장한다. 왜냐하면 이들 방법은 왜 이들 공포의 본문이 성경의 정경에 포함되어 있는가 하는 문제를 실제로 설명해주지 못하기 때문이다.⁵⁷

---

55 Ibid., 175.
56 Ibid., 176-77.
57 Ibid., 178-79.

다시 한 번 미들턴과 왈시는 브루그만의 설명을 따르고 있다. 이들 본문은 하나님의 행동에 대한 전반적인 설명과 일치하지 않는 경험으로 소개되고 보존되고 있다. "다른 말로 하면, 이들 본문은 거대담론에 대한 그 어떤 전체론적이거나 승리주의적인 독법에 대한 성경 내부의 비판으로 기능하고 있다"라고 미들턴과 왈시는 말하고 있다.[58] 이들 본문은 억압적인 방식으로 성경의 거대담론을 채택하는 것을 막기 위해 하나의 교정방안으로 보존되고 포함되어 있다.[59]

트라이블이 공포의 본문을 설명하고 있는 것은 이 점에서 우리에게 다소간의 지침을 제공해 준다. 그녀는 이 본문 각각이 해결을 소리쳐 요구하고 있다는 점을 분명히 한다. 하지만 이것은 성경 본문 바깥에서 일어나야만 하는 해결책이다. 성경은 개방적인 책이다. 성경은 우리에게 그 이야기 내부에서 살라고 요구하며 그것을 지속하기를 원한다. "종결된 어떤 이야기에 대한 폐쇄적인 책이 되기보다 성경은 정확하게 그 이야기를 역사의 페이지 너머 지속하기 위하여 저자이신 하나님의 의도를 우리의 신앙적 연출을 정당하다고 인정한다."[60] 미들턴과 왈시는 종결되지 않는 셰익스피어의 무대 연극이라는 생각을 소개하고 있다. 불완전한 형식으로 그것을 수행하거나 거기에 결론을 더하는 것은 만족스럽지 못하다. 마땅히 이루어져 하는 것은 고도로 훈련되고 감성적이고 경험이 풍부한 셰익스피어 배우들의 집단을 모아 그들이 그들 스스로를 위한 제 5막을 즉석에서 만들어내게 하는 것이다. 하지만 이러한 즉흥적인 연기는 우리가 소유하고 있는 원고와 일치하는 것이어야만 한다.[61]

---

58 Ibid., 179.
59 Ibid., 180.
60 Ibid., 182.
61 Ibid., 182-83.

이것은 우리가 포스트모던적인 기독교인들로서 요구받고 있는 일이기도 하다. 우리는 철저히 그 안에 침잠되어서 그와 합치하는 방식으로 그 드라마를 살아내야 한다. 그러므로 우리는 단지 마치 그것이 규칙에 관한 것을 담고 있는 책인 듯한 자세가 아니라 즉흥 연주를 하듯 하여야 한다. 하지만 우리는 어떤 지침 없이 버려져 있지는 않다. 왜냐하면 우리들은 우리 가운데 거주하시며 우리를 인도하실 자신의 성령을 우리에게 주신 그 이야기의 저자이신 하나님에게 나아갈 수 있기 때문이다. 이것은 이야기의 과거 부분이 필연적으로 우리가 살고 있는 특수한 세계를 소개해주지 않는다는 난점을 피하게 해준다. 그리고 공포의 본문에서 묘사되고 있는 것과 동일한 종류의 억압이나 폭력을 영구화할 위험을 피하게 해준다.[62]

미들턴과 왈시는 고통에 대한 민감성과 성경 이야기를 특징지워주는 저자의 창조적인 의도라고 하는 두 가지 성경적인 동기 이외에도 명심해야 할 또 하나의 차원이 있다고 주장한다. 그것은 성경 본문의 개방성이다. 우리는 이 이야기를 지속하도록 부름받고 있다. 우리는 "진정으로 쓰여져 있지 않은 미래에 있을 구조적인 해결에 기여하도록" 부름받고 있다.[63] 미들턴과 왈시는 현재의 문화적인 고통과 혼란을 하나님의 하시는 일로 보고 있다. 바벨의 저주와 너무나 흡사한 근대성에 대한 하나님의 심판이라는 것이다. 사람들은 오늘날 서로 "알아듣지" 못하고 있고 파편화되어 흩어져 있다. 두 가지 저주가 오순절에 다시금 소개되고 있다. 이것은 마치 우리가 4막이 예수님의 생애이고 5막이 교회의 이야기인 드라마를 보고 있고 그 드라마의 한 부분인 것과도 같다. 하지만 이 막은 완결되지 않은 셰익스피어의

---

62 Ibid., 184.
63 Ibid., 187.

연극과도 같이 끝나지 않는다. 우리의 사명과 우리의 기회는 그 드라마에 들어가 그것을 살아냄으로써 그것을 지속시키는 것이다. 그러므로 단지 바벨에 대한 오순절의 역전이라고 하는 온전한 결과만이 효과적일 수 있다.[64]

7. 분석적인 요약

우리는 몇 가지 분석적이고 해석적인 관찰을 함으로써 이러한 제안의 여러 요소들을 함께 묶을 수 있다.

① 미들턴과 왈시는 포스트모던의 도전을 진지하게 취급하고 있다. 이들은 근대 시대가 끝이 났거나 아니면 최소한 끝이 나가고 있으며 포스트모던성이 그 자리를 대신하고 있으며 그렇기 때문에 포스트모던성이 반드시 다루어져야 한다고 믿고 있다. 포스트모던성에 대하여 전혀 비판적이지 않은 것은 아니지만 이들은 기본적으로 순진한 실재론, 진리에 대한 대응설, 그리고 전체론적인 거대담론에 대한 포스트모더니즘의 비판은 받아들이고 있다. 이들은 억압이 존재하며 기독교 신앙이 때로 이런 방식으로 사용되고 있음을 인정하고 있다.

② 미들턴과 왈시는 기독교가 바르게 이해될 때 포스트모더니즘이 비난하고 있는 억압을 정당화하지 않을 뿐만 아니라 우리 사회가 그 가운데 빠져 있는 문화적 혼란에 대한 해결책을 제시해줄 것이라고 믿고 있다.

---

[64] Ibid., 189-95.

③ 미들턴과 왈시의 성경에 대한 접근방법은 성경을 내러티브로 다루는 것이다. 성경의 진리성은 성경이 담고 있는 무시간적인 명제 안에 있는 것이 아니라 성경이 말하고 있는 이야기 속에 있다. 그 이야기는 심지어 본문의 정경적인 형태에도 영향을 미친다.

④ 성경에 나타나 있는 모든 것을 규범적으로 취해서는 안 된다. 특별히 힘 없는 자들의 억압을 묘사하고 있는 "공포의 본문"은 거대담론의 전체론적 사용을 정당화하는 것이 아니라 그러한 관행에 반대하는 항거로서 이해되어야 한다.

⑤ 우리는 고난과 하나님의 창조적 의도에 대한 감수성을 지닌 참여자로서 살아가며 성경의 드라마로 들어갈 것을 요구받고 있다. 하지만 성경의 이야기는 끝나지 않은 드라마이며 우리는 우리의 삶을 살아냄을 통해 계속적으로 그 이야기를 써가는 기고자들이 되어야 한다.

⑥ 미들턴과 왈시의 책이 묘사하고 있는 하나님은 "자유의지 유신론자들"이나 "하나님의 개방성"을 주장하는 신학자들에 의해 제안된 것과 매우 유사하다. 하나님은 인간과 파트너가 되시며 인간에게 자유 의지를 허용하시며 인간을 당혹하게 하지 않으시며 그들의 행동에 대해 반응하신다.

8. 평가

이것은 생각과 반응을 촉구하는 입장이다. 이것은 매우 유익한 몇 가지 특징을 가지고 있지만 또한 몇 가지 중요한 단점을 가지고 있다.

1) 긍정적 평가

① 미들턴과 왈시는 포스트모더니즘의 요점 가운데 많은 부분을 바르게 이해하고 있다. 그들은 중요한 문화적 변화가 일어났으며 이러한 변화는 무시되거나 이전의 사고 방식에 어울리는 오래된 논증을 사용하여 취급되어서는 안 된다는 사실을 인식하고 있다.

② 미들턴과 왈시는 우리 시대의 문화적인 위기에 대하여 기독교의 적절성을 보여주기 위해 기독교적이고 성경적이기 위한 진지한 노력을 하고 있다. 이들은 우리를 판단해야 할 성경적인 동기와 열망을 진지하게 다루고 있다.

③ 미들턴과 왈시의 기독교에 대한 이해는 사고의 체계 이상의 것이다. 기독교는 성경적 개념과 조화를 이루는 삶의 총체적인 문제이다. 성경은 정말이지 하나님과 그분의 계획이 펼쳐지는 이야기이다.

④ 미들턴과 왈시는 기독교가 때로는 채택된 방법에 대한 정당한 고려 없이 모든 다른 견해는 틀렸으며 극복되어야 하는 것이라고 간주하는 제국주의적 방식으로 종종 기능하고 있음을 바르게 알고 또 인정하고 있다.

⑤ 미들턴과 왈시는 고결과 정의, 그리고 그와 같은 것에 대한 성경적인 교훈에 대하여 올바르게 주의를 기울이고 있다. 이것은 그리스도인들이 때때로 인정하는 것보다 성경의 메시지에서 더 뚜렷한 역할을 행사한다.

⑥ 미들턴과 왈시는 그들 자신이 심판대에 앉아서 성경을 판단하고 자신들의 선입견에 성경을 순응시키기보다 성경으로 하여금 기꺼이 해석자와 모든 도식의 이념을 판단하게 한다.

2) 부정적 평가

① 미들턴과 왈시의 포스트모더니즘에 대한 이해나 포스트모더니즘과 근대주의 사이의 관계에 대한 이해에는 지나친 단순화의 요소가 있다. 이들은 근대주의를 완전히 시대에 뒤떨어진 것으로 보는 경향이 있다. 하지만 과학 분야나 심지어 어떤 목회적인 양식(이것은 "교회 공학"에 관련되어 있다)에서 조차 근대주의는 많은 부분 살아 있다. 이와 유사하게 이들은 어느 정도까지 포스트모던성이 근대성에 모순되는지 그리고 포스트모더니즘이 실제로 어느 정도까지 근대성의 확장(그리고 아마도 과장)인지에 대해서도 모호한 것 같다. 비록 미들턴과 왈시는 포스트모던성이 실제로는 후기 근대성 또는 과대 근대성이라는 가능성을 언급하기는 하지만 이러한 기미나 단서를 따르고 있지는 않다.

② 미들턴과 왈시는 어떤 점에 있어서는 포스트모던성에 대해 비판적이지만 포스트모더니즘이 그 자체의 거대담론이 되려는 경향과 관련한 모순은 파악하지 못한다. 억압은 근대주의의 독점적인 전유물이 아니다. 마치 정치적 공정 운동의 신랄함을 경험한 어떤 사람이 증언할 수 있는 것처럼 오늘날 직면하게 되는 가장 큰 비관용론의 몇 가지 실례들은 포스트모던적인 배경에서 이루어지고 있다. 이것은 포스트모더니즘에 내재되어 있는지도 모른다. 만약 실재론이나 토대주의, 그리고 진리에 대한 대응설이 버려져야 한다면 우리는 그 결과가 다양한 이질적인 이념들에 대한 당연한 관용을 지닌 다원주의일 것이라 기대할는지 모른다. 하지만 그 대신 다양성은 어떠한 보편적인 기분이나 자료에 호소함으로써 중개될 수 없다. 우리 자신의 견해가 유지되고 있을 때 발생하는 일은 다른 목소리는 억압받아야만 한다는 것

이다. 앨런 브룸(Allan Bloom, 1930-92: 미국의 철학자로 1987년 『미국인의 지성의 폐쇄성』이라는 책을 썼다-역주)은 미국인의 마음의 **폐쇄성**(closing)에 대하여 어떤 측면을 묘사하고 있다는 점에서는 옳았다.[65]

이와 유사하게 미들턴과 왈시의 책에는 포스트모던성의 가정에 대한 비판적인 평가가 없다. 관점이 서로 다를 수 있다는 것을 인정함으로 등장하게 되는 한 가지 일은 이것이 우리 자신의 견해에도 적용된다는 것이다. 하지만 많은 경우 이것은 존재하지 않는 것 같다. 그렇다면 만일 포스트모던성이 옳다면 물론 그것은 상대적으로만 옳을 것이다.

미들턴과 왈시의 토론에 있어서 포스트모던성의 신분이 불분명하다. 그것은 단지 미래의 어떤 지점에 대치될 문화 발전의 또 하나의 단계인가? 아니면 그것은 어쨌거나 마지막 단계인가? 전자가 사실이라면 상당한 잠정성을 가지고 포스트모던성을 다루어야 할 것이다. 문화적으로 지적으로 변화가 가속화되고 있는 가운데 포스트모더니즘의 수명은 근대주의보다 상당히 짧을 것이라고 기대할 수 있다. 참으로 우리 중 몇몇 사람은 우리가 이미 다음 세대인 포스트포스트모던성(postpostmodernity)의 여명이 처음으로 반짝거리기 시작한 것을 보고 있다고 생각하고 있다.

부분적으로 보다 최근의 것이 오래된 것보다 더 우월하다고 가정하는 "연대기적 속물 근성"의 어떤 것이 미들턴과 왈시에게 있는 것 같다. 만일 사정이 이러하다면 이것은 근대적인 견해의 한 부분과 꾸러미인 진보 개념을 포함하는 것 같다. 다른 말로

---

[65] Allan Bloom, *The Closing of the American Mind: How Higher Education Has Failed Democracy and Impoverished the Souls of Today's Students* (New York: Simon & Schuster, 1987).

하면, 우리는 이것이 이전의 근대적인 견해보다 우월한 후대의 진보이기 때문에 포스트모던적이 되어야 한다. 그러나 만일 사정이 이러하다면 진보적인 요소를 포함하는 근대적 견해는 틀린 것이다. 여기에는 본래적으로 모순된 태도가 있는 것 같다.
③ 신학에서 지배적인 요소가 된 포스트모던적인 입장에 대한 강력한 헌신이 있다. 그러므로 성경의 이야기에서 진짜를 가짜로부터 가려내기 위해 사용된 기준은 포스트모던성, 특별히 억압에 대한 비판이다. 이것은 마치 포스트모던성이 하나의 거대담론으로 기능하고 있는 것처럼 들린다. 사실이 그러하다면 이것은 거대담론에 대한 그 자체의 비판에 굴복하는 것이다. 다른 포스트모던적인 철학이나 신학과 마찬가지로 미들턴과 왈시의 포스트모더니즘은 해체되어야 할 심각한 필요가 있는 것 같다. 만일 해체가 옳다면 (그리고 만일 그것이 일종의 거대담론이라면) 그것은 해체를 포함한 모든 이념에 적용되어야 한다.

모든 사람은 어떤 관점이나 전제를 가지고 작업하고 있다. 그러므로 미들턴과 왈시는 분명하게 현존하고 있는 자신들의 전제에 대하여 보다 정직해야만 한다. 실존주의의 영향은 자유에 대한 견해와 폐쇄된 체계에 대한 반대 등을 포함하여 많은 점에서 확인할 수 있다.
④ 미들턴과 왈시는 포스트모던성 대 근대성에 대한 자신들의 토론이 그 자체 포스트모던적인가 아니면 근대적인가 하는 문제를 제기하지는 않는다. 이것은 물어야 할 보다 큰 질문의 한 부분이다. 우리가 패러다임의 변환을 토론하고 있을 때 우리는 어떤 패러다임 안에서 기능하고 있는가? 이러한 주제는 소개되지 않았다. 미들턴과 왈시는 단지 마치 자신들이 어떤 중립적인 근거 위에 있는 것처럼 진행한다. 하지만 진정으로 포스트모던적인 문

맥에서 이것은 불가능하다.

⑤ 미들턴과 왈시는 자신들이 진리에 대하여 어떤 견해를 채택하고 있는지 분명히 하지 않는다. 만일 대응설이 옳지 않다면 이것은 어떤 형태의 진리인가? 그들은 모종의 실용주의적 진리관을 가지고 작업을 하고 있는 것 같다. 하지만 이것은 보다 분명한 설명이 필요하다. 때때로 그들은 실제적인 대응설로 되돌아가곤 하는 것 같다. 특별히 그들이 성경의 전통을 토론하고 있을 때 그러하다.

⑥ 미들턴과 왈시가 성경의 전통을 채택하고 있는 데에는 많은 문제가 있다. 한 가지 문제는 이들이 성경의 이야기가 해석자를 판단해야지 그 반대가 되어서는 안된다고 자신들의 바람을 고백하고 있음에도 불구하고, 거대담론과 억압에 대한 포스트모던적인 반대가 성경을 채택하는 기준으로 사용되고 있다. 그들은 정경 안에 정경을 인정한다는 비난을 받을 수 있음을 알고 있지만 실제로 거기에 대해 응답하지는 않는다.

성경 권위의 본성이 분명하지 않다. 성경 이야기의 개방성과 우리가 마지막 장을 쓰고 살아야 한다는 제안은 정경성의 독특성을 의문시한다.

비록 미들턴과 왈시가 아마도 자신들을 복음주의자들과 동일시하고 있기는 하지만 그들이 성경 이야기에 대한 자신들의 해석을 위해 의존하고 있는 자료들(브루그만, 고트왈트, 트라이블 등등)은 분명히 우리가 흔히 성경에 대한 복음주의적 이해라고 생각하는 것을 지니고 있지 않다. 그러므로 성경의 이야기에 대한 복음주의적 이해에 대한 곡해나 복음주의와 성경에 대하여 가져온 전제 사이에 존재하는 모순이 미들턴과 왈시에게 있다는 비판은 상당한 근거가 있다.

⑦ 이러한 후자의 문제와 병행하여 성경 내러티브의 목표에 대한 미들턴과 왈시의 이해와 관련하여 문제가 제기될 수 있다. 이것은 주로 사회적 정의나 그와 같은 어떤 것의 성취를 향하여 그 방향이 맞추어져 있다. 어떻게 개인이 변화되는가 하는 문제와 마찬가지로 이것 또한 분명하지 않다. 어떤 형태이든지 복음주의는 일반적으로 중생을 강조한다. 이 주제에 대하여 미들턴과 왈시는 이상하게 침묵한다.

⑧ 기독교나 성경적 이야기의 신분이 분명하지 않다. 이것은 바로 그 진리인가 아니면 하나의 진리인가, 그렇지 않으면 우리의 (즉 공동체의) 진리인가? 최소한 표면적으로 성경적 기독교와 모순되어 보이는 다른 종교의 신분은 무엇인가?

postmodernizing

7장

해체주의적 복음주의:

케이스 퍼트

　10여 년 전 휘튼 대학의 영문학 교수인 로저 룬딘은 언젠가 복음주의자들이 자신들의 신학작업을 함에 있어서 해체를 채택하여 활용할 날이 올 것을 예언하였다.[1] 룬딘 교수는 어느 여름을 해체를 연구하는 세미나에서 공부하며 보내고 난 다음 그렇게 주장하였다. 룬딘은 이러한 발전을 자신이 "복음주의적 꾸물거림"이라고 부르는 것에서 생겨나는 것이라고 보았다. 이러한 꾸물거림이라고 하는 것은 어떤 것을 거절하다가 나중에는 그것을 받아들이는 경향이다. 그러한 일이 그 당시로서는 좀체 일어날 것처럼 보이지 않았지만 룬딘의 예언은 이미 성취된 것처럼 보인다. 비록 여러 복음주의자들이 자신의 신학작업에서 해체를 활용하고 있기는 하지만 아마도 이러한 가장 분명한 예는 1990년부터 남서부 침례교 신학교에서 종교철학을 가르

---

[1] Roger Lundin, "Deconstructive Therapy," *Reformed Journal* 36.1 (1986년 1월): 15-16.

치고 있는 빌리 케이스 퍼트(Billy Keith Putt)의 사상에서 발견할 수 있다.

퍼트는 자신이 가르치고 있는 학교 바깥에서는 거의 알려져 있지 않다. 왜냐하면 퍼트는 책을 출간하는 학자가 아니기 때문이다. 교수직에 있던 10여 년 동안 퍼트가 발간한 자료들은 한 권의 단행본, 학회지에 실린 논문 한편, 그리고 짤막한 서평 몇 개가 전부이다. 퍼트의 사상은 주로 그의 박사학위 논문과 발표된 두 개의 논문에서 발견할 수 있다.

퍼트의 글을 읽어 보면 사람들은 즉시 퍼트의 글과 사상에서 해체주의적인 느낌이나 분위기를 느끼고는 화들짝 놀란다. 그 내용이 실제로 해체주의의 것이든지 그렇지 않든지 그 문체는 분명히 해체주의적이다. 빗금이나 X 표시, 괄호와 다른 장치들을 사용하는 것은 마크 테일러(Mark C. Taylor, 1945-)의 저술을 떠올리게 한다.[2] 20세기 철학에서 그토록 오랫동안 관례적으로 사용하였던 냉랭하고 합리적인 분석보다는 직관적이고 즉각적인 형상에 대한 제시가 있다. 1960년대의 하나님의 죽음 운동에 (단지 문체상으로이기는 하지만) 병행한다는 면에서 퍼트의 사상과 저술은 언어 분석학자였던 폴 반 뷰렌(Paul van Buren, 1924-98)보다는 알티저(Thomas J. J. Altizer, 1927-)의 사상에 훨씬 더 가깝다고 할 수 있다.

1. 지식에 대한 현대적 접근

퍼트는 인간의 곤경을 묘사하고 이러한 곤경을 다루는 이전의 수

---

[2] 예컨대 퍼트는 존재신학에서의 철학적인 하나님과 자신의 하나님에 대한 이해를 구별하기 위해 "G☒d"을 사용하고 있다.

단과 지금의 수단이 무엇인지를 보여주기 위해 항해라는 비유를 사용하고 있다. 퍼트는 인간 존재를 "무한한 존재의 바다" 위에서 표류하고 있는 것으로 그리고 있다. 이러한 친숙하지 않고 믿을 수 없는 바다 위에서 인간은 자신의 위치를 확실하게 알고 별들을 바라보며 항해하려고 노력하고 있다.³

전통적으로 이성은 그러한 기획이나 항해를 위하여 사용되는 수단이다. 데카르트에게 있어서 이성은 그 길을 따라 논점을 분명하게 할 수 있었다. 그러한 데카르트의 지도 작성법은 다음과 같은 것을 제공해 준다. "정확한 위치의 안정성: 자아와 하나님, 그리고 세상이 분명하게 표시되어 있었으며, 그리고 만일 우리가 논리적인 과정에 머물러 있다면 목적없이 방황하거나 난파할 염려 없이 하나의 지점에서 또 다른 지점으로 움직일 수 있다."⁴ 그러므로 개인은 자신의 실존을 안내하여 항구에서 출항하여 목적지에 도달할 수 있다.

퍼트는 확실성에 대한 근대의 탐구 가운데 두 가지 익숙한 형태를 인식하고 있다. 명확하고 분명한 이념에 대한 확신을 가지고 있는 데카르트의 합리론적인 경로와 감각적인 자료에 대한 경험론적인 신뢰가 그것이다.⁵ 퍼트는 근대의 사상을 계몽주의 사상의 이들 두 가지 순수한 형태로 특징짓고 있는데 그것은 데카르트의 합리론과 로크와 흄의 경험론을 말한다. 퍼트는 근대 사상 가운데 덜 철저한 형태들에

---

3 B. Keith Putt, "육체의 불가피한 향취: 존 카푸토의 의무에 대한 반 윤리적인 윤리학"(1991:1). 이 논문은 1991년 3월 2일 달라스의 종교 연구 남서부 위원회 정례 모임에서 발표되었다. "성스러운 그리스도 통치(무정부상태)로서의 하나님의 나라: 포스트모던적인 성경적 윤리를 제안함"(1995:1). 이 논문은 1995년 2월 21일 텍사스 주 포트 워스에 있는 남서부 침례 신학교에서 있었던 박사과정 학생들의 콜로키움을 위해 쓰여진 논문이다.

4 Ibid.

5 "Deconstructing the (Non)being of G⊗D: A Trinitarian Critique of Postmodern A/theology," (라이스 대학에서의 박사논문, 1995년 5월), 6.

대해서는 별다른 관심을 기울이지 않는다.

확실성에 대한 이러한 탐구는 또한 해석학적인 이론 가운데 그 자신을 드러낸다. 해석학에서 첫 번째 질문은 무엇이 처음에 오는가라는 물음 또는 출발점에 대한 질문이다. 어떤 비해석학적인 출발점에 대한 탐구는 확실성에 대한 근대의 열망을 지시해 준다.

그러한 어떠한 점이 발견되지 않는다면 의미라고 하는 것은 "불확정성이라고 하는 바닥없는 심연"에서 파괴되고 말 것이라는 두려움이 있다. 왜냐하면 다양한 해석 가운데서 시시비비를 가려낼 중립적인 준거점이 없기 때문이다. 가장 중요한 질문은 "진리 질문은 시작점에 대한 질문이 모든 지식을 위한 비해석학적이고 객관적이며 검증가능하게 확실한 기초로 인도하기를 요구하는가?"라고 하는 것이다.[6]

인식론적인 확실성에 대한 탐구는 최소한 플라톤 시대만큼이나 인류 역사의 아주 이른 시기부터 수행되어오고 있다. 플라톤의 회상-지식은 우리가 이미 우리 안에 생득적으로 가지고 있는 것을 발견하거나 기억하는 것이라는 생각-배후에 있는 원리는 지식이 지식을 위하여 필수적으로 필요한 선이해라는 것이다.

우리는 선천적인 것들로부터 선적인 형식을 따라 후천적인 지식으로 움직여 간다. 하지만 이러한 인식의 과정은 두 가지 방향 모두에서 추구될 수 있다. 추가적인 지식을 향하여 앞으로 나아가는 것뿐만 아니라 지식의 토대를 향해 반대 방향으로 나아가기도 한다. 그렇다면 이것은 토대주의이다. "우리는 인식론적인 고고학적 작업을 수행할 수 있다. 우리는 배움이라고 하는 건축물이 의존하고 있는 제일

---

6 Putt, "Preunderstanding and the Hermeneutical Spiral," in *Biblical Hermeneutics: A Comprehensive Introduction to Interpreting Scripture*, ed. Bruce Corley, Steve Lemke, and Grant Lovejoy (Nashville: Broadman & Holman, 1966), 203-4.

원리(*archai*)의 근저를 발견할 수 있을 때까지 퇴적층을 통과하여 '팔' 수 있다. 단지 그러한 시작점이라고 하는 것을 발견할 수 있는 한에서 객관적이고 확실한 진리에 대한 어떠한 소망이 있을 수 있다."[7]

만일 플라톤의 접근방법이 전근대적이었다면 데카르트의 방법은 확실성에 대한 탐구에 있어서 고전적인 근대의 형식이었다. 비록 다른 형식이기는 하지만 이것은 또한 고전적인 토대주의이다. "지식에 대한 어떤 비역사적이고 불변하는 객관적인 검증 가능한 하부구조가 합리성과 진리에 대한 유일한 보증이라 생각한다."[8] 데카르트는 진리를 확실성과 동일시하기 때문에, 의심할 수 없는 자기 자신의 실존으로부터 시작한다. "만일 참으로 지식을 성립시켜주는 제일 원리(*archai*)가 없다면, 딘지 인식론적인 무-정부상태(an-*archy*)가 될 것이다."[9]

이러한 확실성에 대한 관심과 확실성의 부재에 대한 이어지는 불안은 단지 인식론의 문제가 아니라 종교와 윤리학의 문제이기도 하다. 이것을 리챠드 번스타인은 "데카르트의 불안"이라고 부르고 있다. 이것은 지식이 객관적으로 확실한 근거 위에 서 있거나 그렇지 않으면 지식은 항상 회의론에 빠질 수 밖에 없다고 하는 양자택일로 표현된다. 그러한 접근방법은 순수하게 객관적이고 가치중립적이며 이해가 배제된 한 점에서 시작하는 일종의 선적인 과정에 인간 존재와 추론을 놓으려고 하였다.[10] 이것은 신학이나 성경 해석이 전통적으로 근대의 접근방법으로 시작하였던 곳이기도 하다.

---

7 Ibid., 204.
8 Ibid.
9 Ibid., 205.
10 Ibid.

2. 포스트모던적 비판

하지만 이러한 근대적 접근방법은 퍼트가 보기에 명백하게 하나의 대안에 길을 내주고 말았다. 우리가 이 토론을 시작할 때 사용하였던 유비에서 퍼트는 최근의 철학에서 "그러한 구상에 대항하는 구상, 즉 바다는 부드럽지 않으며 지도는 믿을만하지 않으며 별은 항상 볼 수 있는 것이 아니라는 인식"을 발전시켰다고 말하고 있다.[11] 문제는 항해의 성공을 보증하기 위해 이성에 근거하고 있는 믿음에 있다. 이성은 위치를 발견하기 위해 단지 별들을 쏠 뿐만 아니라, "별들을 향해 쏜다." 이성은 "별들에 도달하는 것이 가능하다고 주장하며, 그들의 천문학적인 높이로부터 실존을 보고, 항해를 비추어줌에 있어 그것들에 동참할 수 있다고 주장하고 있다." 반면에 포스트모던적인 조종사는 별들에 도달할 수 없다는 것, 즉 절대적인 확실성을 확보하는 것은 불가능하다는 것을 잘 알고 있다. 퍼트는 "포스트모던적인 실존 이론의 핵심에 놓여있는 것이 **도달할 수 없는 것에 대한 향수를 조장하기를 강력하게 거부하는 것**"이라고 말하고 있다.[12] 우리는 바다를 벗어날 수 없기 때문에 항해는 항상 이러한 제약 아래에서 이루어진다. 하지만 별들은 단지 도달 불가능한 것만이 아니다. 때때로 별들은 잘못 인도한다. "숨어버리는 별들은 보이지 않거나 어디에 있는지 알 수가 없어서 우리를 어두움에 내버려두곤 한다."[13]

모종의 진리에 대한 전체적인 조직화에 대한 혐오가 초기 퍼트의 저술 가운데 나타난다. 퍼트는 1985년 폴 리꾀르에 대한 자신의 논문에서 복잡성이라고 하는 것-자신이 만들어낸 용어로 하면 존재

---

[11] "Kingdom of God," 1; "Fragrance of Flesh," 1.
[12] Ibid., 2.
[13] Ibid.

"아이러니"-이 우리로 하여금 폐쇄적인 체계를 형성하지 못하게 한다고 주장하고 있다. "종교적인 '세계들'은 개방된 채로 있어야만 한다. 수평선은 끊임없이 확대되어야만 한다. 중재는 교리적인 종합으로 끝나서는 안 된다."¹⁴

퍼트가 가지고 있는 종합화와 객관성에 대한 강한 혐오감은 퍼트가 펼치고 있는 일정한 유형의 복음주의 변증학이 지니고 있는 특징 가운데 매우 잘 나타나 있다. 퍼트가 채택하고 있는 명사들과 형용사들의 형태들을 주의해서 살펴보라. 퍼트는 노만 가이슬러(Norman Geisler, 1932- : 매우 보수적인 복음주의 신학자-역주)의 작품을 한 예로 사용하고 있다. 그 글에서 퍼트는 "모든 다른 '세계'-관들에 대항하여 산성(山城)과도 같이 행동하고 있는 기독교 세계관은 폐쇄된 우주론적 체계로 왜곡되었다"라고 말하고 있다. "진리에 대한 기준이 준거점으로 합리주의와 스콜라주의, 그리고 함축적인 경험론을 결합"함으로써 그러한 종교 철학자들은 "존재-신학적인 변증학적 체계라고 하는 장엄한 근대적인 버전을 만들어냈다." 이러한 체계는 "모든 다른 '세계'-관 위에 군림하는 타율적인 거대한 체계가 되었으며" 경쟁하는 다른 이데올로기들에 대항하여 변호되어야만 한다. 그러한 변증학은 "현대 문화의 다원주의"와의 대화를 충돌과 논쟁으로 대치하고 있다. 그러한 결과는 퍼트의 마음에 들지 않는다. "이러한 정체된 스콜라주의로 인하여 종교적 본문의 상상력 풍부한 특징뿐만 아니라 모든 해석학을 특징 지워주는 '해석의 충돌'을 겨냥한 폭력이 일어나고 있다."¹⁵

만일 최종적이고 완벽한 기독교적 세계관이 없이 단지 세계관들만 있다면 어떤 기초 위에서 우리는 여러 세계관을 평가하고 그 진

---

14 "The Constructive Possibilities of Imagination as Prolegomena to Philosophy of Religion" (Ph. D. 논문, Southwestern Baptist Theological Seminary, 1985).
15 Ibid., 215-16.

실성을 판단할 수 있는가? 대응설적 진리관을 필연적으로 논박하고 있지는 않지만 퍼트는 그 불충분성을 주장하고 있다. "만일 철학자가 단지 진리에 대한 대응 이론만을 이용하여 자신의 '세계'가 실체를 지시하고 있다는 점을 공인하려고 시도한다면, 그 철학자는 결국 종교적 본문들이 지니고 있는 온전한 진리치를 발견하는 데 실패하고 말 것이다." 리꾀르(Ricoeur, 1913-2005)를 따라 퍼트는 진리 개념을 "인간적인 실체의 가능성을 계시해주는 것"을 포함하는 것으로 확대할 것을 추천하고 있다. 퍼트는 이러한 리꾀르의 공헌을 "종교에 대한 눈부신 재구성"이라고 부르고 있다.[16]

세계에 대한 우리의 경험의 복수성을 인정함으로써 퍼트는 종교 철학이 "유신론적 증명이나 합리적 변증학, 또는 스콜라주의적인 세계관"[17]과 같은 존재신학이 흔히 과거에 시도하였던 것일 수 없다고 주장하고 있다. 도리어 퍼트는 자신이 믿고 있는 것이 리꾀르의 "가장 훌륭한 성취"일 수 있다는 기초 위에서 "어떠한 종교 철학도 있을 수 없으며-단지 종교의 철학화만이 있을 수 있다"[18]라고 주장하고 있다.

3. 신학에 대한 포스트모던적인 매개체 탐구

퍼트는 칸트를 따라서 "존재신학"이라고 불리어지는 것에 대한 이러한 포스트모던적인 도전을 주로 받아들이고 있는 것이 분명하다. 하지만 만일 신학이 더이상 보다 오래된 방식으로 수행될 수 없다면 과연 어떻게 해야 하는가? 필요한 것은 퍼트의 유비를 사용하자면

---

16 Ibid., 213-14.
17 Ibid., 218.
18 Ibid., 227.

진정으로 포스트모던적인 방식의 항해이다. 퍼트가 "대륙의 철학적 전통에 대한 가장 많은 저술을 한 통찰력 있는 해석가들 중 한 사람"이라고 부른 존 카푸토(John Caputo, 1940-)는 우리에게 대안적인 접근방법으로 "명확한 차트 없이 우회하는 방법"을 제안하고 있다.[19] 단지 카푸토의 출판된 책들뿐만이 아니라 11개의 미간행 논문들과 개인적인 서신들까지 사용하여 퍼트는 상세하게 카푸토의 견해를 발전시키고 있다.[20] 카푸토는 자신의 영감의 근원을 쟈크 데리다의 해체주의 철학에서 발견한다. 데리다의 철학에 대한 많은 다양한 해석들이 있지만 카푸토는 보다 보수적이다. 어떤 사람들은 데리다가 언어에 대한 객관적인 지시체가 있음을 부정하고 있는 것으로 이해하였다. 카푸토는 데리다가 부정한 것은 이성의 주도권이라고 강조한다. 데리다는 이성이 항상 어떤 사람이나 어떤 일, 또는 어떤 반대되는 목소리를 배제하고 있음을 보여줌으로써 이러한 일을 하고 있다. 이성은 그 자체가 실제로 그러한 것 이상으로 힘이 있다고 주장한다. 이성은 모든 느슨한 목적들을 하나의 완벽한 체계로 묶으려고 시도하고 있다. 이러한 해석 위에서 데리다는 주관성을 확증하고 있는 것이 아니라 인식론적인 겸손을 주장하고 있다. 그러므로 데리다는 "그 흐름을 어떤 형이상학적인 현존의 선언에 의하여 파악하려고 시도하는 모든 로고스 중심적인 노력"을 반대하고 있다. 카푸토에 따르면 데리다가 하고 있는 일은 어떠한 "배타적인 초월적인 근거"[21]를 부정하는 일이다. 많은 방식으로 카푸토는 형이상학과 윤리학, 그리

---

19 "Fragrance," 2. "Kingdom of God," 2. 비록 퍼트가 제시하고 있는 많은 내용들이 카푸토의 사상을 개진하는 형태이기는 하지만, 일반적으로 분명 퍼트는 그러한 생각들을 지지하고 있다. 퍼트의 어떤 논문의 제목은 "하나의 제안된 포스트모던적인 성경적 윤리"이다.

20 "(De)constructing the (Non)being of G☒d," 488-91.

21 "Fragrance of Flesh," 3; "Kingdom of God," 3.

고 종교를 헬라화하는 것이 문제라고 보고 있다. 사실 예수를 말하면서 카푸토는 보다 친숙한 이름인 예수보다 히브리식 이름인 예수아를 사용하고 있다.[22]

퍼트는 심지어 예수를 이러한 해체라고 하는 문제에 있어서 우리에게 하나의 개척자요 모범적인 존재라고 보고 있다. 퍼트는 예수의 비유에 대한 리꾀르의 특징적인 설명을 인용하고 있다. "엉뚱함과 비유적 뒤틀기를 통해 예수는 1세기 이스라엘에 만연해 있던 사고 체계를 새롭게 정립하기 위해 그 구조를 해체하였다. 만일 구조가 경화되도록 허용한다면 그러한 구조들이 우상이 되고 거룩한 대상물과도 같이 신격화되고 변호되는 폐쇄적인 체계가 되고 만다."[23]

형이상학이나 존재신학은 역사와 자연의 흐름에 직면하여 하나의 진로를 제시하려는 시도였다. 형이상학이나 존재신학은 자신의 진로를 취하기 위하여 흐름 바깥의 어떤 지점을 발견하려고 시도함으로써 이러한 일을 하려고 한다. 흐름의 속도를 늦추거나 그 흐름을 멈추지 못하면 스스로가 무의미성에 굴복하고 말 것이라 생각하고 형이상학이나 존재신학은 심지어는 역사와 자연의 흐름을 멈추어 보려고 시도하고 있다. 카푸토는 항해하기를 시도할 것이지만 흐름을 배제함으로써 그렇게 하지는 않는다. 도리어 "카푸토는 그 흐름 바깥이 아니라 그 안에서 질서를 발견함으로써 그 흐름을 계속 작동하게 한다. 카푸토는 어떤 질서라고 하는 것이 흘러 떠내려가며 구성된 것이기에 토대가 되는 것으로 특권이 있는 양 취급되어서는 안 된다는 점을 항상 인식하고 있다"[24]라고 퍼트는 말하고 있다.

카푸토가 존재신학 대신에 항해의 수단으로 제공하고 있는 것이

---

[22] "Fragrance of Flesh," 25, 각주 71.
[23] "Constructive Possibilities of Imagination," 210.
[24] "Fragrance of Flesh," 4; "Kingdom of God," 3-4.

바로 "급진적 해석학"이라고 하는 것이다. 이것은 인간 조건의 질문을 야기시키며 단지 기표(記標, 시니피앙: 언어가 소리와 그 소리로 표시되는 의미로 성립된다고 할 때, 소리를 가리킴-역주)들의 연극만이 있다는 것을 받아들이기를 거부한다. 카푸토는 데리다가 비언어적인 실체의 존재를 부정하지 않았으며 단지 인간이 어떠한 표상하는 체계 바깥에 있는 그러한 실체에 도달할 수 있다고 주장하고 있다고 말한다. "급진적인 해석학"의 "급진적"이라는 부분은 뿌리라는 단어에서 취한 것이다. 이것은 언어와 관련하여 본문성이 지시성을 복잡하게 한다는 것을 의미하는 "매듭이 지어져 있는 뿌리 체계"를 함축하고 있다.[25] 카푸토에 따르면 데리다는 어떠한 비언어적인 실체도 부정하는 본문 이상주의자는 아니다. 오히려 데리다는 지시자들이 원자라는 생각을 거부하고 있다. 이러한 조건을 살펴보건대 해체주의자인 데리다는 여전히 진리 물음을 제기할 수 있다. 퍼트가 카푸토의 견해에 대해 말할 때, 진리는 "하나의 결과로서 인식되어야지 어떠한 초월적인 저편에서 본문성의 연극으로 떨어진 그 무엇이 아니다."[26] 그것이 대응이든 정합이든 아니면 실용이든 그 어떠한 전통적인 진리에 대한 정의나 기준도 적용되지 않고 있다. 카푸토는 이에 대한 대안들이 형이상학에서 제공되는 절대적인 현존이나 허무주의에서 제공되는 절대적 부재에 제한되어서는 안된다고 주장하고 있다. 도리어 카푸토는 인간 존재는 "역사적이고-언어적인-제약-아래에서-우리에게-주어진-다양한-현존"을 경험한다고 말하고 있다. 이러한 현존을 퍼트는 "그러한 흐름에 대한 매혹적이고 복합적인 동의어"라고 부르고 있다.[27] 비합리주의나 혼란보다는 해체가 우리에게 논쟁을 개방적으로 유지

---

25 "Fragrance of Flesh," 5.
26 Ibid., 6.
27 Ibid.

하려는 열망을 준다. 이러한 개방성은 형이상학이 배제하였던 것에 대한 토론을 다시금 인정할 것을 요구한다. 형이상학은 항상 "바깥으로 나가 다름과 대면하기를 두려워하는 광장 공포증이 있기"[28] 때문에 해체는 형이상학에 대하여 위협이 된다.

하지만 카푸토는 형이상학이 불확실성의 냉기에 대항하여 제공한다고 주장하는 위로와 따뜻함을 받아들이지는 않는다. 그러므로 카푸토는 "냉철한 해석학"을 요구한다. 하지만 그의 해석학은 냉철하기는 하지만 그 안에 따뜻한 심정을 가지고 있다. 이것은 두 가지 주된 이유 때문에 그 해석학 안에 내재해 있는 윤리적인 가능성을 열어준다. 공동체는 "함께 허들을 넘도록 해줌으로써 개개인들이 위안이 없고 별이 없는 밤을 이겨내는 데 필요한 강인함을 발견할 수 있게 해주기 때문에" 차가운 흐름을 다루도록 도와준다고 퍼트는 말하고 있다. 공동체 안에는 전체화하고 배제하려는 시도에 대한 불신, 즉 개개인의 지배에 대한 불신이 있다. 이것은 또한 여러 목소리가 대화에 참여하도록 허용하는 씨뿌리는 윤리이다.[29]

하지만 이것을 넘어 카푸토의 급진적인 해석학은 해체될 수 없는 한가지 일, 즉 정의가 있다는 데리다의 최근의 놀랄만한 언급 때문에 윤리학으로 인도한다. 이것은 "윤리적 역동성이 데리다의 철학 전체를 통해 은밀하게 작용하고 있다"는 것을 의미한다. 카푸토는 이러한 역동성 위에서 해체적인 윤리를 만들어내고자 한다. 하지만 이것은 매우 분명하고 다른 방식으로 이루어질 것이다.[30]

그러므로 카푸토가 종교를 복귀시키기 위한 수단으로 윤리학을 제안하고 있다고 말하는 것은 정확하지 않을 것이다. 실제로 카푸

---

28 Ibid., 7.
29 Ibid., 9-10.
30 Ibid., 11.

토는 일반적으로 생각하는 윤리학에 반대하는 보다 강력하고 분명한 입장을 취하고 있다. 그러한 형식에서 윤리학은 형이상학과 연합하고 있다. 윤리학은 일반적이고 보편적인 법과 기준을 제공하려 한다. 윤리학은 그 흐름을 회피하기 위해 보편적인 고려사항을 고양시킴으로 삶의 움직임을 멈추려고 한다. 이러한 접근방법에서는 개인이 도덕 법칙을 수립함에 있어서 사용하는 하나의 인공물이 된다.[31]

카푸토가 제안하고 있는 것은 도움을 요청하고 있는 타자를 향하여 사람들이 느끼는 감수성이라고 할 수 있는 의무이다. 의무라는 단어는 사실 함께 묶는다는 뜻을 지닌 라틴어 동사 오블리가레(*obligare*)에서 왔다. 그래서 의무라고 하는 것은 재앙에 묶여지는 문제이다. 하지만 윤리학에 대한 일반적인 이해와는 달리 이러한 의무는 위로부터 오지 않는다. 즉 어떤 초월적인 힘으로부터 오지 않는다. 도리어 윤리는 아래로부터 온다. 즉 다양성과 불확실성의 영역으로부터 온다. 그러므로 의무는 소명의 불확실성을 인정할 뿐 아니라 불확실성이 비활동성으로 인도되지 않도록 막아준다. 의무는 결코 여하한 종류의 개인들을 향하여 인도될 수 없다.[32]

윤리적인 체계로 간주되는 윤리학은 실존 가운데 있는 "눈물"(tear)을 설명하지 않기 때문에 실패하고 만다. 형이상학과 체계적인 형태의 윤리학이 인격을 다룰 때 헬라의 이상적인 몸을 의미하는 몸으로서 다루지 않는다. 이것은 남성적이고 능동적이며 운동선수로서의 건강한 몸이다. 인격에 대해서 생각하는 또 다른 길이 있는데 몸으로서가 아니라 육체로서이다. 육체는 "부드럽고 상처받기 쉬우며 상처에 개방되어 있다." 육체는 수동적이지 능동적이지 않다. 육체라는

---

31 Ibid., 13.
32 Ibid., 15-16.

단어 자체는 산스크리트어 "찢는다"(tear)는 의미의 케르(ker)에서 기원한 것이다. 육체는 "지향성을 통해 작용하지 않으며 무질서하며 갈기갈기 찢어지며 손상되고 굴복될 수 있다."[33] 몸이 고통을 겪을 때, "몸은 더 이상 몸이 아니라 육체일 뿐이다."[34] 그리고 의무나 정의는 타자의 고통에 연루되어 행동한다. 퍼트는 "육체의 엄청난 향기로움은 고난받거나 억압받는 사람들을 위로하고 씻어주고 고치고 먹이기 위해 자원을 사용하는 사람에게 속해 있다"[35]라고 말하고 있다.

4. 퍼트의 신고난의(theopassional) 신학

이러한 배경과는 반대로 퍼트는 그 자신의 포스트모던적인 신학을 인식론적으로나 존재론적으로 발전시키고 있다.

1) 성경의 권위와 해석

퍼트에게 있어서 성경은 권위의 문제에 있어서 중요한 역할을 하고 있다. 퍼트는 상당 기간 동안 해석학의 문제에 관심을 기울였으며 남서부 침례교 신학교에서 과거와 현재 사상적으로 기여한 수많은 학자들이 공저한 한 책에 선이해(preunderstanding)의 역할에 관한 논문을 기고하였다.

어떤 절대적이고 무제한적인 관점 위에 어떤 본문의 이해를 정초시키려고 시도하는 데카르트의 접근방법과는 대조적으로, 퍼트의 경

---

[33] Ibid., 18.
[34] Ibid., 20.
[35] Ibid., 22.

우에 해석학을 위한 비해석학적 출발점 또는 현대적인 해석학이 해석학적인 순환 안에서 작동하고 있다. 모든 해석은 이전의 세대에 의하여 영향을 받은 문맥 안에서 발생한다. 이들 전통은 특별히 하나의 공동체 안에서 하나의 권위있는 것으로 간주되고 있는 본문들을 통해 전수된 선이해를 제공해 준다. 그러므로 그러한 선이해는 본문에 대한 이해가 발생하여 보다 분명한 이해로 나아가게 하는 순환이 일어나기를 바라는 관점으로 봉사한다. 어떤 비해석학적인 출발점으로 시작하여 그러한 토대로부터 지식으로 나아가는 완전히 "객관적인" 해석은 불가능하다. 우리는 항상 우리가 있는 곳에서 시작한다.[36]

성경 해석이 이러한 순환으로부터 면제되려고 하는 것은 자연스러운 일이다. 왜냐하면 "그러한 역동성은 한 성경 본문에 **바로 그** 절대적인 의미가 존재한다는 어떠한 주장에 대하여 그 권리를 박탈하는 것이 되기"[37] 때문이다. 퍼트는 자신이 하나님께서 자신을 계시하셨으며 성경의 본문은 신적인 영감의 결과라고 믿는다는 것을 매우 분명하게 천명하고 있다. 그럼에도 불구하고 이러한 영감은 "① 성경에는 또한 어떤 맥락 안에서 발전한 역사적인 본문이라는 것과 ② 전통을 통해 전수된 것, 그리고 ③ 각각의 새로운 세대에 의하여 읽혀지고 해석된 것이라는 점 등을 무효화하는 것은 아니다."[38] 성경 본문을 "무역사적이고 현실과는 무관한 정보를 소통하는 차가운 '객관적인' 문서"라고 다루어 객관적으로 취급한 결과 "성경 본문의 충격을 감소시키고 가능하다면 심지어 복음을 왜곡하기까지 한다." 하지만 우리는 낙심하지 말아야 한다. 왜냐하면 선이해의 기여를 본다는 것은 "성경적인 상대주의에 이르는 것이 아니라 그 대신에 신앙의 모험

---

36 "Preunderstanding," 205-6.
37 Ibid., 206.
38 Ibid.

에 이르는 것이기 때문이다. 이러한 모험에서는 지식과 진리라고 하는 것은 언어를 통해 역사 안에서 역사하시며 문화적인 전통으로부터 나오는 하나님의 성령의 능력으로부터 오기 때문이다."[39]

선이해는 심지어는 성경의 자료 자체 안에서조차 작용하고 있음을 볼 수 있다. 예를 들자면 구약 성경과 신약 성경의 관계에 대하여 히브리서의 저자와 누가복음에서의 예수는 독자나 청자가 히브리 역사와 신앙에 대하여 어느 정도의 지식을 가지고 있다고 가정하고 있다.[40]

게다가 선이해는 또한 성경 분문 바깥에서부터 영향을 미친다. 우리 모두는 본문을 읽을 때 우리 자신의 경험을 가져오는데, 정말이지 우리의 삶 전체를 송두리채 가져온다. 퍼트는 이러한 전제들이 "역사," "계시," "기적," "하나님," 그리고 "인간"과 같은 그러한 개념들을 포함한다는 제프리 터너(Geoffrey Turner, 1934-)의 주장에 동의하면서 그의 말을 인용하고 있다. 독자들이 처음 성경에서 이러한 개념들을 접하게 될 때 그들의 우선적인 이해는 개념 이전에 그들 자신의 이해의 틀 안에서 이루어질 수밖에 없다.[41] 하지만 선이해는 특별한 개념들에만 제한되지 않는다. 선이해는 심지어 본문과 어떤 사람이 마주치게 될 때 그 배후에 있는 동기와 같은 그러한 문제로 확대되기도 한다. 어떻게 어떤 독자가 어떤 본문을 해석하는가 하는 것은 그러한 이해가 과연 "역사적인 정보인가 아니면 실존적인 위안, 심미적인 감상이나 설교학적인 창조성이나 윤리적 훈계"[42]인가에 의하여 영향을 받는다.

---

39 Ibid.
40 Ibid., 207.
41 Ibid., 207-8.
42 Ibid., 207-8.

이 모든 것은 본문의 의미에 관한 어떠한 객관적이거나 절대적인 지식은 존재하지 않는다는 것이다. "하나님의 기록된 계시 안에 의미가 드러난 것에 대한 그 어떤 덮음도 있을 수 없으며, 성경 해석학의 기술 안에서는 어떠한 절대적인 지식도 없다."[43] 절대적 의미란 "역사와 언어, 그리고 문화와 본문, 그리고 전제와 공동체로부터 격리된 의미일 것이다. 이 논문은 의미라고 하는 것이 모든 저 위에 있는 문맥 바깥에서 자유로이 떠돌아다니는 것이 아니라는 논지를 제시하려고 시도하는 것이다."[44] 하지만 이것은 진정한 해석은 구성될 수 없다는 것을 의미하지는 않는다. 퍼트가 반대하고 있는 것은 "바로 그 하나의 완벽하게 통합적인 해석적인 구조를 세웠다고 주장하는" 교만함이다. 해석은 유의미하고 참된 것이기는 하지만 전체적이어서는 안 된다. 이것은 의심의 해석학을 요청하며 이러한 해석학 안에서 우리는 모든 주해적인 관점을 의문시해야 한다. 만일 이러한 일이 이루어지지 않으면, 주해라고 하는 것은 쉽사리 자기 자신의 선이해를 본문으로 넣어서 읽는 것(*eisegesis*)이 될 것이다.[45]

성경 해석을 다양한 주관적인 이해로 퇴보시키지 않으려면 어떻게 해야 하는가? 한 가지 일은 성경 본문으로 하여금 해석에 대하여 어떤 제한을 가하게 하는 것이다. 결과적으로 퍼트는 "성경 본문은 하나의 가능한 의미 그 이상을 가지고 있을 것이다. 하지만 성경 본문은 무한한 의미를 가지고 있지는 않다." 성경 본문은 선이해들을 자신들에게로 가져오라고 도전한다.[46]

해석의 주관성을 제한하는 두 번째 요인은 해석이라고 하는 것이

---

[43] Ibid.
[44] Ibid.
[45] Ibid., 209.
[46] Ibid., 211.

공동체 안에서 이루어진다는 사실이다. 성경은 공동체 안에 있는 개인에게서 기원하였으며, 수 세기 동안 공동체 안에 있는 개개인들에 의해 정경화되고, 유지되었으며, 해석되었기 때문에 이러한 주장은 타당하다. 심지어 어떤 특수한 공동체와는 독립적으로 기능하려고 시도하였던 개인조차도 그 자신이 신앙 공동체의 영향을 받은 신학과 설교, 주일학교 자료들, 노래들에 의해 영향을 받았다는 사실을 회피할 수는 없다.[47]

이것은 어떻게 상대주의와 주관주의가 극복될 수 있는가 하는 문제이다. 자신의 해석이 공동체의 다른 구성원들의 해석과 상호작용하도록 내어 맡기는 것이 필요하다. 퍼트는 말하고 있다. "해석학적인 대화가 진행되도록 함으로써, 다양한 소리를 들음으로써, 개개인들은 그러한 순환이 보다 분명한 이해로 나아가도록 할 수 있다. 우리는 공동체 안에서 하나님의 기록된 말씀에 대한 보다 나은 이해와 하나님의 자기 계시와 진정한 만남으로 이끌 수 있는 결정적인 인식을 발견하게 된다."[48] 퍼트는 베드로후서 1:20에 있는 "경의 모든 예언은 사사로이 풀 것이 아니니"라는 베드로의 진술이 이러한 해석에 대한 설명을 지지하고 있다고 보았다.[49]

성령은 퍼트가 영감(inspir⟨al⟩ation: 영감을 뜻하는 "inspiration"이라는 단어 안에 "al"을 넣어 해석학적인 순환의 "spiral"의 어감을 살려보려 하고 있지만 우리나라 말로는 번역할 도리가 없어 그냥 "영감"이라고 번역하거나 "불러일으킨다"로 번역하기도 하였다-역주)이라는 용어를 만들어 넣었는데, 성경을 통한 하나님의 지식으로 우리를 인도하시는 분이다. 첫째로 저자들에게 영감을 주심을 통해서, 계시를 정경화하고 보존하시고, 해석을 인도하심으로써 그렇게

---

[47] Ibid.
[48] Ibid., 212.
[49] Ibid.

하신다. 이 일에 있어서는 어떠한 불확실성이 존재한다. 왜냐하면 예수께서 성령이 어떤 곳에서 어떤 곳으로 부는 바람과 같기 때문에 그것이 어디에서 오는지를 알지 못한다고 말씀하셨기 때문이다. 퍼트는 다음과 같이 결론 짓고 있다. "아마도 (선)이해로부터 해석을 통하여 이해로 움직여가는 해석학적 순환의 불확정성은 그 과정을 통한 성령의 역사하심이라고 하는 창조적인 불확실성의 또 다른 예이다. 이러한 과정은 항상 새로운 의미와 새로운 진리, 그리고 새로운 생명을 불러일으킨다."[50]

이 영역에서의 퍼트의 진술은 해석하기 어렵다. 퍼트의 언어 사용이 정확하지 않기 때문이다. 퍼트는 진리와 의미, 지식, 그리고 이해를 동의어적으로 사용하고 있는 것 같다. 그러므로 "그러한 역동성은 한 성경 본문에 바로 그 절대적인 의미가 존재한다는 어떠한 주장에 대하여 그 권리를 박탈하는 것이 된다"[51]는 것과 같은 진술은 그 의미의 절대적 이해를 결정짓는 인식론적인 문제를 언급하고 있는 것 같다. 하지만 보다 일상적인 용법에서는 이러한 진술이 단지 우리가 그 의미를 결정지을 수 없다는 것을 의미하는 것이 아니라 그 본문이 인식론적이라기보다는 존재론적인 문제인 하나의 절대적인 의미를 가지지 않는다는 것을 의미하여야 한다.

두 번째 부정확한 영역은 선이해 또는 전제라고 하는 개념이다. 보다 광범위한 전제의 다양성이 이러한 단일한 개념 아래 포괄되는 것 같다. 선이해는 단순하게 신앙과 같이 광범위한 어떤 것을 지칭한다. 때때로 이것은 구약 성경에 대한 신약 성경의 관계와 같은 개념을 포함하고 있는 것 같다. 때때로 그것은 제프리 터너에 의해 언급

---

[50] Ibid., 213.
[51] Ibid., 206.

되고 있는 명확한 신학적 개념을 포함하고 있다. 그것은 또한 불트만(Rudolf Bultmann, 1884-1976)을 언급하고 있을 때와 같이 그리고 역사적 방법의 사용을 언급하고 있을 때에는 방법론적인 전제들을 지시하기도 한다. 하지만 또 다른 경우에 필로(Philo, 주전 20-주후 50)의 해석학에 대하여 언급하고 있는 곳에서와 같이 그것은 철학적 개념을 의미하기도 한다. 이러한 것들이 주로 전제의 개별적인 분류들로 다루어지고 있다.

성경을 해석하는 지속적인 과정과 연관해서 성령께서 어떤 관계가 있는지에 대한 토론에서 퍼트의 다양한 묘사는 동일한 사건을 묘사하고 있는 것 같지는 않다. 예를 들자면 퍼트는 어떻게 성령께서 "항상 새로운 의미와 새로운 진리, 그리고 새로운 생명을 불어넣으시는지"를 말하고 있다.[52] 이와 비슷한 말은 "하나님의 기록된 계시에 있어 의미가 드러나는 것에 대한 어떠한 은폐도 있을 수 없다"[53]이다. 표면적으로 살펴보면, 이것은 신정통주의의 성경관과 유사하게 들린다. 즉 계시라고 하는 것은 성경을 통한 하나님과의 대면이라는 것이다. 하지만 아마도 자신의 보다 주관적인 진리관 때문에 퍼트는 성령께서 객관적으로 현존하는 진리에 대한 새로운 이해를 불어넣으신다고 말하고 있다. 하지만 퍼트가 객관적 진리에 대하여 계속적으로 비판하고 있는 것은 이러한 견해와는 모순되는 것 같다. 객관적 진리관에서 진리는 자유로이 떠다니는 어떤 것으로서 어떤 특수한 문화적인 상황으로부터도 분리된 것이다.

동일한 사실이 의미의 자리에 대한 문제에도 적용된다. 때때로 퍼트는 의미를 객관적으로 본문 안에 있는 것으로 말하는 듯하다. 하지

---

[52] Ibid., 213.
[53] Ibid., 208.

만 때로는 독자반응비평에서와 같이 의미라고 하는 것은 본문과 해석자 사이의 상호작용의 산물인 것처럼 말하기도 한다.

아마도 이러한 분명하지 못함은 해체를 활용하는 신학이라면 그러리라 기대하였던 것이었다. 언어의 분석이나 명확성에 대한 강조는 분석철학에서 그 정점에 도달한 근대 정신의 현상이었을 수도 있다. 퍼트가 이러한 연관성을 알고 있었다는 사실은 마크 테일러에 대하여 쓴 서평에 잘 나타나 있다. "마크 테일러의 논문은 그가 해체에 대하여 쓴 것이 아니라 실제로 해체하고 있기 때문에 더더욱 이해하기 어렵다."[54] 비록 데리다 자신은 역설적이게도 자신이 잘못 이해되고 있다고 불평하곤 하였지만,[55] 해체는 저자가 자신이 잘못 이해되고 있다는 주장을 할 수 있는 권리를 타협하고 있다.

2) 신론

퍼트는 하나님에 대한 신고난주의(theopassion)적 견해를 지지하고 있다. 이것은 그 이름이 말해주고 있는 것처럼 하나님의 고통이라는 개념에 대한 강조를 말한다. 여기에서 퍼트는 "자유의지 유신론" 또는 "하나님의 개방성"으로 알려져 있는 운동[56]과 상당 부분 유사한 내용을 보여주고 있다. 이러한 입장이기에 카슨(D. A. Carson)의 『오 주여, 언제까지니이까?』(*How Long, O Lord?*)라는 책에 대한 매우 부정적인

---

[54] "New Dimensions in Philosophical Theology," ed. Carl O. Raschke, in *Southwestern Journal of Theology* 26.1 (Fall 1983)의 서평: 122.
[55] Jacques Derrida, "Limited, Inc., abc," *Glyph* 2 (1977): 162-254. 이 논문은 존 시얼의 열 한 페이지 분량의 비판에 대한 응답으로 쓰여졌다.
[56] 예컨대 Clark Pinnock, Richard Rice, John Sanders, William Hasker, and David Basinger, *The Openness of God: A Biblical Challenge to the Traditional Understanding of God* (Downers Grove, Ill: InterVarsity, 1994)이 있다.

서평이 등장하게 하였다. 퍼트는 카슨의 글이 개혁파의 전제로부터 쓰여졌기 때문에 이러한 개혁파의 전제를 공유하고 있지 않은 사람들에게는 타당성이 없으리라고 주장한다. 카슨의 책은 악과 고난의 문제에 대한 훌륭한 책을 원하는 사람들에게는 타당한 선택이 될 수 없을 것이다. 그러나 만일 "독자들이 독서의 폭을 넓히기 위하여 칼빈주의 관점에서의 상세한 목회적인 재건을 원한다면, 그렇게 나쁜 책은 아니다."[57]

이러한 유사점은 또한 해석학적인 순환을 다루는 장에서도 나타난다. 여기에서 퍼트는 전제가 성경 해석에 영향을 미칠 수 있는 방식의 한 예로 필로의 알레고리 방법을 들고 있다. 퍼트는 필로가 성경의 영감과 권위에 대한 매우 강한 견해를 가지고 있었으며 그래서 성경의 말씀들은 하나님의 말씀이라는 성경관을 가지고 있었다고 말하고 있다. 하지만 성경의 말씀들이 필로의 전제들과 부딪치게 될 때에 성경 말씀은 우화적으로 (알레고리로) 해석되어야 한다. 퍼트가 선택한 특별한 예는 필로가 감정을 하나님에게 돌리고 있는 것처럼 보이는 본문들을 다루는 것이다. 필로는 이러한 본문을 하나님께서 자신을 개개인들의 지적인 연약함에 적응하신 실례들이라고 여기고 있다. 퍼트는 우리가 필로의 전제들을 받아들이거나 아니면 그의 해석에 동의하는가 하는 것은 중요하지 않다고 말하고 있다. 중요한 일은 해석에 대한 전제의 영향에 주의하는 것이다. "필로의 해석학은 성경 본문의 의미는 어떤 방식으로든 주해가 본문에 가져다주는 것에 의해 영향을 받아야 한다는 것을 아주 잘 보여준다. 필로의 경우에 그는 특별히 헬라적인 철학적 신학을 가져왔으며 성경을 그러한 미리 간직하고 있었던 이론에 의하여 제공된 렌즈를 통해서 읽었다. 그렇

---

57 B. Keith Putt, Review of *"How Long, O Lord?"* by D. A. Carson, in *Southwestern Journal of Theology* 34.3 (1992 여름): 52.

게 함으로써 필로는 성경을 해석함에 있어서 전제를 무비판적으로 적용하는 일이 지닌 내재적인 위험성을 잘 보여주었다."⁵⁸

해체 또는 보다 특별하게 카푸토의 급진적인 해석학이 포스트모던 신학의 자원이 되는 것은 바로 고난에 대한 강조라고 하는 논점에서이다. 퍼트는 카푸토의 접근방법이 자기 자신이 제공하려고 하는 내용과 일관성이 있다고 믿고 있다. 카푸토는 형이상학적인 신학을 비헬라화하여, 퍼트가 명명한대로 "구원에 대한 유대/기독교적 경륜을 진지하게 취급한 신학"⁵⁹으로 나아가는 길을 열어주었다. 카푸토는 하나님의 고난이라는 개념을 발전시키거나 삼위일체를 소개하지도 않으며 성육신과 십자가, 그리고 부활이라는 전통적인 개념을 거부하고 있다. 하지만 카푸토가 사랑과 고난과 용서, 그리고 하나님의 왕국을 다루고 있는 것은 성경적인 신고난의 신학을 위하여 흥미로운 가능성을 제공해준다. 퍼트는 "카푸토를 몰트만으로 물들게 함"으로써 아마도 "성경적인 신적 구별화와 신적인 내재성 그리고 신적인 공감 개념들을 반복함으로써 과거의 고전적인 유신론을 넘어서 포스트모던적인 반/신학으로 갈 수 있다"⁶⁰고 믿고 있다.

그렇다면 퍼트의 신학의 중심조각인 신(G☒d)은 분명히 전통 신학의 무시간적이고 고난당하는 것이 불가능한 불변적인 하나님은 아니다. 오히려 이 신은 흐름에 개방되어 있으며 역사의 운동으로 들어오신다. 하나님은 진정으로 고난 받으실 수 있으며 고난이나 재앙으로 영향을 받으실 수 있다. 하나님은 시간적이다. 그렇지 않으면 최소한 시간성을 소유하고 있다. "고난과 사랑은 어떤 영원한 현재에서 완결

---

58 "Preunderstanding," 210.
59 "(De)constructing the (Non)being of G☒d ", 447.
60 Ibid., 448.

될 수 있는 정적인 행동이 아니기 때문이다."[61]

퍼트는 성육신과 그와 관련있는 교리들이 이러한 고난으로서의 하나님에 대한 이해에 중요한 역할을 한다고 믿고 있다. 이 점에서 퍼트는 예수께서 단지 훌륭한 사람이었을뿐 신인은 아니었다고 주장하고 있는 카푸토와 의견을 달리 한다. 카푸토는 그리스도의 신성이나 부활 교리는 헬라적 범주를 예수와 관련된 복음 내러티브와 혼동한 것을 보여주는 것이라고 믿고 있다. 반면에 퍼트는 이러한 반대가 카푸토를 포스트모던적인 패러다임 보다는 근대적인 패러다임으로 미끌어지게 하는 문제라고 느끼고 있다.[62] 비록 카푸토가 "나사렛 예수는 역사적으로 존재적으로 성육신하신 하나님의 아들이었다"는 자신의 견해를 받아들이고 있다고 주장하지는 않지만 퍼트는 성육신이 카푸토의 포스트모더니즘과 어울리지 않는다고는 생각하지 않는다.[63]

퍼트는 비록 성육신이라고 하는 개념이 필연적으로 어떤 헬라의 신화와 양립 불가능한 것은 아니지만 만일 우리가 헬라적인 불변하며 불가고난적인 하나님의 모형을 받아들인다면 성육신은 받아들여질 수 없다고 말하고 있다. 퍼트는 하나님의 아들이 어떻게 인간 존재일 수 있는지 이해하기 위한 전통적인 시도와 관련된 모든 문제들이 그리스도의 신성과 하나님의 불변성과 불가고난성이라고 하는 모순되는 입장을 주장하려고 시도한 것에 기인한다고 믿고 있다.[64] 성육신에서 예수는 인간적인 신이 되신 것이 아니라 신적 인간이 되었다. 그러므로 진정한 변화가 "겉보기의 변화가 아니라 실제적인 변화

---

61 Ibid., 449-50.
62 Ibid., 467.
63 Ibid., 468.
64 Ibid., 470-71.

에"⁶⁵ 존재한다. 퍼트는 자신의 접근방법이 완전히 신존재론과 나누어지지 않는다는 것을 인정한다. 퍼트는 성육신을 케노시스(*kenosis*, 비움)와 플레로시스(*plerosis*, 충만) 양자로 묘사하고 있는 바울의 저술에 있는 이분법에 주의하고 있다.⁶⁶

비존재의 궁극적인 표현인 성육신한 하나님의 죽음이 변화라고 하는 비존재를 수반한다. 여기에 신적인 고난의 가장 완벽한 행동이 있다. 퍼트는 그리스도의 죽으심과 부활이 어떤 방식에 있어 인류를 위한 구원이 된다고 주장하고 있다. 하지만 이것은 어떻게 이러한 기적적인 행동이 구원을 산출하는가 하는 질문을 제기한다. 퍼트는 카푸토가 형벌 모형을 거부하고 있다고 말하고 있다. 이 견해에 의하면 그리스도께서는 죄인들의 죄에 대한 형벌로 고난받으셨다 또는 그들의 빚을 지불하시기 위해 고난받으셨다. 그러한 배열은 실제로는 용서를 포함하지 못한다. 아무 것도 용서되고 있지 않다. 빚은 이미 충분하게 지불되었다. 도리어 용서는 진정한 용서이다. 책임을 취소하신 것은 하나님의 뜻하심이다. 신적 용서는 어떠한 일도 발생하지 않았으며 그러므로 어떠한 것도 빚지지 않았다는 하나님의 선언을 포함하고 있다.

퍼트는 형벌 속죄론에 대한 카푸토의 거부에 동의하고 있다. 퍼트는 "카푸토는 그가 용서란 복수와 되갚음이라고 하는 토대 위에서 성립될 수 없다고 주장하고 있는데 그것은 옳다. 용서는 잃어버리는 것이며 빚을 돌려받지 않는 것이다. 용서는 공격적인 행동에 의해 빼앗기거나 상처입거나 부상을 입은 것이 그 무엇이건 간에 기꺼이 희생에 처해지겠다는 것이다"⁶⁷라고 말하고 있다. 십자가에서 성부와 성

---

65 Ibid., 472.
66 Ibid., 473-75.
67 Ibid., 477. 이러한 죽으심은 대리적일 것이다. 즉 인간들을 위하여 대리적일 수

령은 그들이 서로에 대하여 느낀 동감을 통해서 단지 성자와 함께 고난받으셨을 뿐 아니라 성자에게 가해진 상처가 그가 구원하기 위해 오셨던 자들에 의해 다루어지고 있음을 인식하심에 있어서도 성자와 함께 고난당하셨다. "그렇다면 십자가가 하나님의 사랑에 대하여 계시하는 것은 하나님께서 신적인 사랑(agape)과는 정반대되는 악과 증오의 힘에 대한 신적인 능력을 희생할 정도로 능력있는 분이라는 것이다…그러므로, 예수께서 인류의 죄를 십자가에서 담당하셨다고 말하는 것은 십자가 위에서 신적인 슬픔의 넓이가 드러났다고 말하는 것이다. 예수가 신적인 진노를 당하셨다고 말하는 것은 예수의 육체적인 상처가 삼위일체의 상처입은 사랑의 상징이라고 말하는 것이다."[68]

퍼트는 결코 자신의 신고난주의적 견해의 온전한 기초를 분명하게 제시하지 않는다. 거기에는 상세한 성경적인 문건이나 다른 문건도 없다. 이것은 성경 또는 성경적 견해의 폭넓은 발전의 한 부분으로 간주되어야 한다. 마치 포스트모더니즘 토론에 가져온 하나의 전제이며 그것에 적응할 수 있는 포스트모던적인 견해가 지닌 힘이 포스트모더니즘을 평가하는 하나의 기준이 되는 것과도 같다.

5. 분석적인 요약

지금까지 퍼트가 다른 해체주의자들의 견해와 그 자신의 구성적인

있지만 그러나 속죄적이지는 않다. 또한 B. Keith Putt, "Indignation Toward Evil: Ricoeur and Caputo on a Theodicy of Protest," *Philosophy Today* 41,3/4 (1997년 가을) : 469를 보라.
[68] Ibid., 478, 479.

입장에 대하여 주장한 것을 살펴보았다. 그 견해의 몇몇 현저한 특징을 명확하게 하는 것이 도움이 될 것이다.

① 모든 진리를 하나의 완벽한 체계로 묶어 모든 질문에 대답하려고 하는 존재신학의 일상적인 형태를 명백히 거부하고 있다. 이것은 일상적으로 이해된 조직신학 또한 변호할 수 없는 것으로 간주한다는 것을 의미한다.
② 모든 형태의 토대주의는 그것이 합리론적이건 아니면 경험론적이건 거부된다.
③ 해체는 심지어 데리다의 것마저도 오히려 구성적인 형식으로 해석되고 있다. 언어는 비언어적인 지시체를 가지고 있음을 부정하지 않으며 다만 우리가 그것을 완벽하게 확신을 가지고 알 수 있다는 것을 부정한다.
④ 무시간적이고 불변적이며 불가고난적인 하나님에 대한 고전적인 이해는 거부되고 있다.
⑤ 해체는 하나님에 대한 존재신학적인 이해를 논박하기 위한 수단으로 인정되고 있다.
⑥ 고난받고 인간의 행동과 곤경에 대하여 반응하는 하나님에 대한 퍼트의 이해는 해체와 일관성이 있는 것으로 이해되고 있다.
⑦ 의미에 있어 객관적이고 주관적인 요소들과 계시에 있어 인식론적이고 인격적인 요소의 정확한 관계는 오히려 애매모호하다.

6. 평가

퍼트의 다소 일반적이지 않은 복음주의 신학에는 강점과 동시에 중요한 문제가 있다.

1) 긍정적인 평가

① 퍼트는 현 시대의 분위기에 말을 걸고 관계하고자 하는 진지한 노력을 하고 있다는 칭찬을 받고 있다. 퍼트는 기독교의 메시지를 제시하는 전통적인 방식의 어떤 부분은 받아들일 수 없을 뿐만 아니라 현시대의 사람들이 듣고 이해하지도 못한다는 점을 잘 알고 있다.

② 퍼트는 해체의 본성에 대해 매우 잘 이해하고 있는 것 같다. 퍼트는 해체주의 세계의 내부로부터 말할 수 있을 정도로 충분한 독서를 하였다.

③ 퍼트는 진실로 해체의 분위기와 문체, 그리고 방법론으로 진입하였다. 단지 해체에 대해 말만 할 뿐 아니라 해체를 할 수 있는 능력이 있는가 하는 것이 해체를 이해하고 있는 가장 분명한 표징이 된다.

④ 퍼트는 모든 사람이 최소한 우선적으로 특수한 관점과 특별한 전제의 집합으로부터 나온 이해를 시도하고 있음을 잘 이해하고 있다.

⑤ 퍼트는 이전에는 해체를 채택하지 않았던 신학의 영역이나 형태에 그것을 적용하려고 시도함으로써 독창성을 보여주고 있다.

⑥ 퍼트는 성경적이고자 하는 진지한 노력을 견지하고 있다. 퍼트는 성경의 계시를 존 카푸토의 급진적인 해석학과 결합하려고 한다.

2) 부정적인 평가

우리의 관점에서 볼 때 보다 다양하고 보다 의미심장한 점은 다음과 같다.

① 왜 퍼트가 해체를 채택하고 있는지가 분명하지 않다. 부분적으로 이것은 이 운동이 지닌 현재의 강점과 인기 때문인 것처럼 보인다. 하지만 그 자체로 보면 오덴이나 다른 사람들이 거기에 반대하여 말하였던 "연대기적 속물 근성"에 해당하는 경우인 것처럼 보인다. 그렇다면 오덴이나 웰스 또는 다른 이들이 주장하였던 것처럼 비록 포스트모던적이라고 주장하기는 하지만 실제로 우리는 근대 시대의 주된 특징들에 헌신하고 있는 것이다. 왜냐하면 최근의 것이 이전 것보다 낫다고 생각하기 때문이다. 퍼트의 접근방법에 존재하는 모호성은 예수가 해체를 사용하였다는 주장에 잘 나타나 있다. 이것은 예수가 포스트모던적인 사람이라는 의미인가? 때때로 신고난주의는 타협불가능한 것처럼 보이며 해체는 고전적인 정통신학이 하나님에 대한 견해를 근거짓고 있는 존재론을 부정하기 때문에 사용되고 있는 것처럼 보인다. 분명히 해체주의자가 아닌 몰트만의 사상을 짐짓 해체적인 방법론으로 받아들이고 있는 것은 이러한 해석을 지지하는 것 같다. 과학과 수학에서의 최근의 발전은 참으로 완벽한 체계의 가능성을 반대하는데 사용될 수 있을 것이지만 그러한 논증들은 해체보다는 상당히 체계적인 틀 안에서 발견된다.

② 퍼트가 펼치고 있는 논증의 설득력은 헬라적인 모델을 성경적인 견해와 대조시키는 것으로부터 나온다. 하나님에 대한 전통적인 견해 배후에 놓여 있는 것이 헬라적인 모델이고 히브리적

(또는 유대/기독교적) 사고방식으로 이해되고 있는 것이 성경적인 견해라는 것이다. 이것은 지금부터 50여 년 전에 유행하였던 성경신학 운동의 한 요소를 영구화하고 있는 것처럼 보인다. 확실히 고전적인 헬라 철학과 성경의 종교 사이에는 중요한 차이점이 있다. 하지만 제임스 바(James Barr, 1924-2006)가 매우 강력하게 증명하였듯이,[69] 이것은 성경신학 운동을 주도한 신학자와 또한 퍼트에 의해 지나치게 과장되고 있다. 바의 결론은 널리 받아들여지고 있으며,[70] 바 이후 거의 50년이 지났는데도 우리가 "특이한 성경적 사고방식"이라는 낡은 개념을 주장하고 있다면 응당 이에 대한 반론이 제기되어야만 할 것이다. 그렇지 않다면 우리는 매우 낡아빠진 논의를 제출하고 있을 위험이 있다.

③ 하나님에 대한 고전적인 견해에 대한 묘사는 그러한 견해에 대한 서투른 풍자만화 같거나 그렇지 않으면 세심하게 선별된 변종에 불과하다. 많은 현대의 복음주의 신학자들은 토마스적인 견해의 형식으로 불변성이나 불가고난성에 집착하지 않는다. 몇몇 복음주의 신학자들은 정말이지 하나님에 대한 고전적인 정통의 견해를 토마스주의의 견해와 명확하게 구분하고 있다.[71] 이와 유사하게 극단적인 형태의 토대주의는 어떤 사람의 견해를 위하여 객관적인 근거를 제공하려고 하는 전체 노력을 불신임하기 위해 사용되고 있다. 이것은 퍼트가 카슨(D. A. Carson)을 신고난주의를 희화화하고 있는 것으로 비판하고 있기 때문에 아이러니하다.

---

69 James Barr, *Semantics of Biblical Language* (New York: Oxford University Press, 1961).
70 예컨대, Brevard S. Childs, *Biblical Theology in Crisis* (Philadelphia: Westminster, 1970), 70-72.
71 예컨대, Ronald H. Nash, *The Concept of God: An Exploration of Contemporary Difficulties with the Attributes of God* (Grand Rapids: Zondervan, 1983), 19-36.

④ 퍼트가 해체라는 방법을 온전하게 적용하는 데서 물러난 것에 대한 그 어떤 분명하고도 설득력 있는 정당성도 존재하지 않는다. 데리다가 자신의 방법을 해체될 수 없는 한 가지 일, 즉 정의가 있다고 주장함으로써 타협하였던 것과 똑같이, 우리가 해체를 채택하면서도 보다 강력한 정당성 없이 (성육신과 같은) 어떤 존재신학을 유지할 수 있다는 것이 전적으로 확실하다고 할 수는 없다. 흥미롭게도 카푸토는 성육신에 대한 믿음이 헬레니즘을 보유하고 있음을 나타내준다고 주장하고 있는 반면에 퍼트는 이러한 카푸토의 입장이 근대적인 사고방식의 이월품이라고 생각한다. 해체라고 하는 곤경은 이러한 차이를 판단할 수 있는 어떠한 명백한 방식이 될 수 없는 것처럼 보인다. 그러한 것이 없다면 이러한 비난은 거의 대부분 인신공격처럼 들린다. 물론 위에서 논한 1번에서뿐 아니라 이러한 비판에서 표현되고 있는 합리적인 선택이나 논리적 일관성에 대한 요구가 근대적인 방법이라고 주장할 수도 있을 것이다. 하지만 우리가 그렇게 말하게 될 때 우리는 어떻게 다양한 해체적인 철학이나 신학 가운데서 선택해야 하는지에 대해서는 점점 더 불분명해진다.

⑤ 앞선 논의에서의 차이점은 퍼트가 이러한 유형의 논쟁에 있어 전제가 얼마나 중요한지를 인식하고 있다고 제안한다. 하지만 여기에서 동일하게 작용하고 있지 않은 것은 그 자신의 전제의 역할에 대한 인식이다. 신적인 고난의 가치와 내포적인 견해(또는 거대 담론)에 대한 혐오는 인정되고 정당화되어야만 하는 중요한 전제들이다. 예컨대 강력한 키에르케고르적인 동기가 존재신학이나 거대담론에 대한 퍼트의 적대감 배후에 놓여 있는 것 같다. 만일 헬레니즘적인 전제를 통한 성경의 해석이 성경으로 그것을 읽어넣는 것으로 인도한다면 왜 퍼트는 예컨대 그 자신의 실존

주의가 성경을 읽을 때 읽혀 들어가고 있다는 것을 인식하지 못하는가?

⑥ 이러한 비판과 매우 유사한 것이 대부분의 해체에 대한 여러 해석과 마찬가지로 이러한 해체적인 신학도 심각하게 해체의 필요성이 있다는 사실이다. 퍼트는 자신의 해체적인 신학이 전혀 다른 타자들을 지배하려는 시도와 무관한 중립적이며 호의적인 것처럼 진행하고 있다. 어떤 근거에서 그의 주장은 해체로부터 면제될 수 있다는 것인가?

⑦ 퍼트는 일관되게 자신이 성경적인 하나님에 대한 견해를 유지하기 위해 노력하고 있다고 주장한다. 하지만 불행하게도 퍼트는 성경의 어떤 특정한 부분에 대해서는 거의 다루고 있지 않다. 마치 퍼트가 하고 있는 일은 성경으로부터 큼지막한 주제들을 끌어오는 것과도 같다. 하지만 이러한 일은 도리어 매우 논란의 여지가 많은 일이다.

⑧ 퍼트는 자신의 신고난주의와 같은 견해가 지닌 문제점을 다루고 있지 않은 듯하다. 예컨대 피조물과 함께 동정적으로 고난받으며 종말에 있어서 마저도 필연적으로 모든 악을 제거하지 않는 하나님은[72] 리차드 크릴이 지적한 것과 같이 영속적으로 고난에 처해질 운명인 것처럼 보인다.[73] 정말이지 크릴의 것과 같은 더 나은 최근의 철학적 작품들은 소개되어 다루어지고 있지 않다.

⑨ 마지막으로 어떤 복음주의자들은 이러한 신학이 어떤 의미에서 어느 정도까지 복음주의로 분류될 수 있는지에 대해서 의문을 제기할 것이다. 과연 이러한 신학은 포스트모던적인 복음주의

---

[72] "(De)constructing G⊗d," 464.
[73] Richard E. Creel, *Divine Impassibility: An Essay in Philosophical Theology* (Cambridge: Cambridge University Press, 1986), 123-25.

신학이나 후기보수주의적인 복음주의 신학일 수 있는가? 분명히 성육신과 십자가와 부활에 대한 퍼트의 완강한 주장은 핵심적인 복음주의의 교리를 간직하고 있다. 우리가 여기에서 구원을 말할 수 있는 한 구원은 전적으로 은혜에 의한 것이라고 이해되어야만 하는 것은 분명하다. 권위로서의 성경의 우선적인 중요성은 다소 의문스럽다. 퍼트는 때때로 자신의 견해를 모종의 기본적인 직관 또는 자신이 살펴보고 있는 어떠한 문학 작품의 호소 위에 세우려고 하는 것 같다. 속죄에 대한 퍼트의 견해는 분명히 종종 복음주의 신학의 심장부에 놓여있곤 하는 대리형벌론은 아니다. 그리고 비록 믿음을 통한 중생으로서의 구원이 "복음주의"라는 용어의 의미있는 용법에 있어 중심적이지만 퍼트의 저술 그 어디에도 새로운 출생에 대한 언급은 없는 것 같다.

postmodernizing

4부

결론

8장

포스트모던적 변증학:
해체된 말이 물가로 갈 수 있는가?

　우리는 지금까지 복음주의자들이라고 자임하는 사람들에 의해 이루어진 포스트모더니즘에 대한 6가지 다양한 응답을 살펴보았다. 여기에는 포스트모더니즘에 대하여 부정적인 사람부터 포스트모더니즘에 대하여 아주 호의적이며 그 사상에 대하여 매혹된 사람까지 포함되어 있다. 가상의 학술회의에서 패널들에게 제기된 질문에 대하여 이루어진 다양한 답변을 분류해보는 것이 우리의 생각을 정리하는 데 도움이 될 것이다. 질문은 이것이다. 해체된 말이 물가로 갈 수 있는가 하는 것이다. 비록 우리 모두는 포스트모더니즘을 해체주의와 동일시하지는 않으며 우리의 관심은 변증학에만 있는 것은 아니지만, 이 질문은 논의를 시작하는 편리한 한 지점이 될 것이다.
　우리 앞에 있는 질문은 실제로는 여러 가지 요소를 담고 있다. 말과 이끄는 수단(굴레와 로프) 그리고 물이 바로 그것이다. 다양한 대답이 이 질문에 대한 대답으로 주어질 수 있을 것이다. 나는 이러한 답변들의 골자만을 소개하고 그런 다음 이 질문과 그 대답들에 대한 나 자신의 개인적인 반응을 간략히 나누려고 한다. 내가 보기에 이 질문에 대하여 대략 네 가지 가능한 대답이 주어질 수 있고 또 현재 주어지고 있는 것 같다.

(1) 그렇다. 그러나 그 물은 해체된 물이어야만 한다. 이 견해는 기본적으로 해체된 말이 마시게 될, 또는 이 말이 이끌려 간 유일한 물은 해체된 물이라고 말하는 것이다. 만일 말이 진정으로 해체된다면 말에게 주어진 물은 그 말에 적합한 것이어야만 한다. 이것은 물론 말을 해체하는 진리를 용인하는 것을 포함한다. 이것은 말이 해체되었다는 것을 인정하고 해체가 바로 여기 있으며 수용되어야만 한다는 것을 인정하는 것이다. 박사 논문 지도 교수인 윌리엄 홀던으로부터 빌려왔으며 수년 동안에 걸쳐 여러 번 사용하였던 일련의 범주들로 말하자면 이런 견해를 주장하는 사람들은 단지 번역가들이 아니라 혁신가들이다 (에릭슨은 신학의 방법론을 논하는 문맥에서 혁신가들보다는 번역가들이 우리에게 바람직한 모델이라고 말하고 있다-역주). 이들은 기독교 신앙을 포스트모던적인 해체주의자들에게 받아들여지게 하기 위해서 필요하다면 기독교 신앙의 표현과 심지어 내용까지도 바꿀 준비가 되어 있는 사람들이다.

 해체와 관련된 수많은 주장은 일반적으로 이해되고 있는 복음주의와는 부딪히는 것이 사실이다. 그러므로 복음주의는 조정되어야만 한다. 조정되어야 하는 것들 가운데는 다음과 같은 것들이 있다. 진리의 객관성과 지시론적 언어 이해, 대응설적인 진리 이론, 그리고 "거대담론"의 존재, 인간 본성의 보편적인 특성이 존재한다는 것 등. 이러한 접근방법을 대표하고 지지하는 신학자는 자신이 복음주의자라고 주장하지 않는 마크 테일러(Mark C. Taylor)

이다. 우리가 이 책에서 그 견해를 이미 살펴본 사람들 가운데는 케이스 퍼트가 가장 강력하게 이러한 방법을 대표하고 있다. 미들턴과 왈시 또한 그렇게 하고 있는데 이들은 성경을 활용하는 방법을 개정하면서 이 일을 하고 있다. 그리고 비록 스탠리 그렌츠는 주로 다른 방법론을 제안하고 있기는 하지만 그렌츠가 복음주의를 개정하는 일은 마찬가지로 어떠한 실제적인 변화를 포함하고 있다.

(2) 그렇다. 그러나 우리는 해체된 로프를 사용해야만 한다. 이 견해는 물이 해체된 말들에게 호소하기 위해서는 물이 해체되어야할 필요가 있다(즉, 메시지가 바뀔 필요가 있다)는 것은 중요하지 않다고 생각한다. 하지만 메시지를 전달하는 형식, 즉 방법과 수단이 바뀌어야 할 필요가 있다. 변화되어야 하는 것은 내용이라기보다는 프리젠테이션의 형식과 스타일이다. 예를 들자면 명제적인 프리젠테이션 대신에 내러티브적 접근방법을 사용하자는 것이다. 일반적으로 말해서 이러한 방법은 진리의 객관성과 지식의 상대성을 지지하지만 모든 인지자는 어느 정도까지 역사적으로 사회적으로 조건지어져 있음을 인정하고 있다.

우리가 살펴 본 신학자들 가운데 미들턴과 왈시는 진리에 대한 내러티브적인 프리젠테이션을 지지하면서 명확하게 이 접근방법을 취하고 있다. 이것은 그렌츠에게도 해당한다. 그렌츠의 신학은 내러티브적으로 규정되어 있으며 공동체에 기반한 것이다.

(3) 그렇다. 그러나 그 말은 실제로 해체되지 않는다. 이 견해는 말이 비록 해체되었다고 생각할 수 있을지라도 실제로 해체되었다고 생각하지 않는다. 결과적으로 물이나 인도하는 기술 그 어느

것에 대해서도 아무런 적응도 필요하지 않다. 이전에 사용되었던 말을 이끄는 동일한 방법이 해체되었거나 포스트모던적인 말들에게도 사용될 수 있다. 이 세 번째 반응에 따르면 세계는 실제로는 그 근원에 있어서는 변화하지 않는다. 해체주의자는 비의도적으로 자기를 기만하는 경향이 있다는 믿음이 존재한다. 이러한 반응에는 두 가지 종류가 있는데 우리는 그것을 각각 케리그마적인 것과 변증학적인 것이라 이름지을 수 있다.

케리그마적인 반응은 성경 메시지가 스스로를 확증하는 성격이 있다고 믿는다. 일반적으로 이러한 주장은 성령의 조명하시는 능력을 확신하는 강력한 믿음과 결합되어 있다. 이루어져야 할 모든 일은 결국 진리를 제시하는 것이며 그 일은 열매를 맺을 것이다. 인간은 평범한 진리에 대한 프리젠테이션으로는 하나님의 은혜에 도달할 수 없다. 그러므로 인간이 자신을 이러한 하나님의 은혜로부터 전적으로 자신을 분리시킬 수 있다는 생각을 진지하게 고려하는 것은 해체적인 포스트모던 사상가가 실제로는 제시되고 있는 메시지를 거부하고 있다는 점을 인정하는 것이다.

변증학적인 반응은 우리가 전통적인 논증 방식에 종사할 수 있다고 제안한다. 이것은 아마도 주의깊게 선택되어야 하지만 여전히 유용하다. 세상에 일어났을지도 모를 변화에도 불구하고 사람들은 여전히 합리적이다. 결과적으로 합리적 논증은 여전히 유용할 것이다.

우리가 살펴본 6명의 복음주의 신학자들 가운데 데이빗 웰스가 이러한 접근방법에 가장 잘 맞을 것이다. 웰스의 방법은 전통적인 의미에서 변증학적인 것은 아니지만 분명 근대성, 특별히 복음주의가 근대성에 굴복한 것을 다룸에 있어서 논쟁적이다. 웰스는 주로 역사적인 기초에서 작업하고 있다. 웰스는 복음주의가 역사적으로 무엇이었으며 무엇이 될 위험이 있는지를 보여주고자 한다.

다른 방식으로 토마스 오덴 또한 이 분류에 들어간다. 하지만 오덴의 주장은 말이 포스트모던적이라는 것이 아니라 종종 포스트모던성이라고 이름하는 것이 실제로는 극단적 근대성이라는 것이다. 포스트모던성은 근대성 안에 있었던 경향을 확대하고 확장한 것이다. 포스트모던성은 근대성을 극단적으로 밀고나간 논리적(이고 비극적인) 결과이다.

(4) 그렇다. 그러나 우리는 우선 말을 해체하는 것을 해체하여야만 한다. 이 접근방법은 말이 해체되었으며 그러한 기초 위에서 살아가는 것은 불가능하다고 말한다. 이 견해에는 보다 비관적인 설명과 보다 낙관적인 설명이 있다. 보다 비관적인 입장에서 해체된 말은 단지 무가치한 것일 뿐이며 우리의 목표는 다른 해체되지 않은 말들이 해체되지 않도록 막는 것이라고 주장한다. 이러한 견해에서 변증학은 주로 방어적인 노력에 불과하다. 보다 낙관적인 입장에서는 해체된 말에 도달할 수 있지만 이 해체된 말들이 먼저 다시금 해체되도록 해야만 한다. 그리고 이것은 그 말들이 보다 철저하게 해체될 것을 요구한다. 이러한 과정은 그러한 말들을 일관되게 철저히 해체되도록 해서 자신들이 그러한 기초 위에서는 살아갈 수 없다는 것을 발견하도록 함으로써 이루어진다. 해체된 말의 문제점은 그 말들이 자신들의 전제들 위에서 충분한 믿음이 없다는 것이 아니라 자신들이 실제로 요구받고 있는 너무 많은 믿음을 가지고 있다는 것이다.

분명히 프란시스 쉐퍼의 주장이 이 부류에 해당할 것이다. 쉐퍼의 접근방법은 사람들이 스스로를 보호하기 위해 처놓은 지붕의 일부를 제거함으로써 그 자신의 입장이 지니고 있는 결과를 보도록 밀어 붙이는 것이다. 사람들이 한편으로는 자신의 기본적인 철학과도 어울리지 않고 그 자신의 일관된 인간성과도 어울리지 않는 분리된 양식으로 살아가는 것이 불가능함을 인식하게 되는 것이 바로 이 지점이다. 이 지점에 도달하기까지는 전통적인 기독교 신앙에 대한 적극적인 논증이 불가능하다.

포스트모더니즘에 대한 철저한 반응의 문제는 우리가 여기에서 제시한 것보다 훨씬 더 포괄적일 것을 요구하며 훨씬 더 큰 책 제목을 요구한다. 하지만 이 지점에서 나는 내가 그러한 반응의 윤곽의 시작점을 보였다고 믿는다.

나는 (2)번과 (4)번 반응을 결합하는 것이 가장 좋으리라 생각한다. 여기에서 우리는 (2)번으로 줄곧 가야 한다고 말하는 것이 아니라 임시적인 기초 위에서 (2)번의 어떤 측면들을 취하자고 말하는 것이다. 포스트모더니즘이 바르게 보고 있는 한 가지 통찰은 우리의 모든 지식이 특별한 관점으로부터 나온 것이라는 사실이다. 조금 다르게 표현하자면 우리의 모든 지식은 우리 자신의 전제에 기초하고 있다. 그들의 비판이 이 책에서 잘 다루어졌다. 나는 책이나 서평을 읽을 때 얼마나 자주 저자가 그 자신의 전제를 잘 알지 못하고 있는지에 대해 놀라곤 한다. 이것은 특별히 강력한 이데올로기적 전통 안에서 일하고 있는 사람들의 문제이다. 거기에서는 다른 입장에 대한 비판은 자신의 입장의 정당성을 가정하는 것이다. 사실상 이것은 암묵적으로 "당신의 견해는 나의 견해와 다르기 때문에 당신은 틀렸다"라고 말하는 것이다.

이 지점에서 우리가 하고 있는 일이 매우 중요하다. 만일 우리가 단순히 이러한 우리의 관점이 지닌 조건적인 성격을 받아들인다면 우리는 하나의 견해가 또 다른 견해보다 옳다고 주장할 수 있는 근거를 거의 갖지 못하게 된다. 이것은 최소한 이론적으로 전형적인 포스트모던니스트들이 나아가야만 하는 방향인 것 같다. 이에 대한 대안은 그 자신의 견해가 지니고 있는 관점적인 성격을 인식하고 가능한 대로 그 주관적인 성격을 제거하여 객관성이라고 하는 개념을 향하여 나아가는 것이다.

이것은 우리가 그 말이 있는 곳으로 다리를 건너가는 것이 필요할 것이라는 말이다. 우리는 다리 이편에 서서 그 말이 우리에게 건너오도록 구슬리고 있어서는 안 된다. 물론 결과적으로 우리는 그 말이 그 다리를 건너오도록 해야 한다. 하지만 그 일은 처음에는 불가능할런지도 모른다. 우리는 그 사람의 전제로부터 생각하기 위하여 다른 사람의 관점으로 들어갈 필요가 있다. 이것은 우리가 해체주의자에게 말하는 것뿐만 아니라 그의 말을 들어야만 한다는 것을 의미한다. 단지 그들에 대해 말만 하는 것은 성직자들 때로는 평신도들의 직업병일 수 있다. 상대성에 대한 해체주의자들의 주장에는 그럴듯한 내용이 있다. 그리고 우리 모두는 실체를 우리 자신의 관점이나 우리 자신의 전제로부터 바라본다. 진리는 객관적이지만 우리의 이해는 부분적으로 우리가 그 진리를 바라보는 각도에 따라 영향을 받을 수 있다. 우리는 왜 그 견해가 어떤 사람에게 이해가 되는지를 이해하기 위하여 해체주의자들의 눈을 통해 충분히 멀리 볼 필요가 있다. 그 이후에 우리는 어떻게 메시지를 사람들이 이해할 수 있는 방식으로 관련지을 수 있는지 보다 잘 이해하게 될 것이다. 나는 한번은 마이런 옥스버거(Myron Augsburger, 미국 재세례파 계열의 메노나이트 교단 복음전도사-역주)가 만일 우리가 무슬림이 되고 싶다는 유혹을 받을 정도로 무슬림 식으로 사물을 바라보는 일에 깊이 몰두하지 않는다면 우리는 결코 무슬림들에게 도달할 수 없을 것이라고 말하는 것을 들은 적이 있다.

내가 대학 시절 들었던 가장 소중한 과목 중 하나는 비록 내가 당시에는 그런 식으로 생각하지 않았지만 토론에 대한 과목이었다. 그 과목의 가치는 어느 주 나와 내 파트너는 어떤 주제의 한쪽 면만을 토론하고 그 다음 주에는 그 반대면을 토론하도록 하는 것이었다. 그러한 방법의 어떤 부분은 생각컨대 지금 여기에서 우리가 하고 있는 일에 도움이 된다. 우리는 하나님에 의해 계시된 절대적인 진리를 가지고 있기 때문에 우리가 단지 사람들에게 그것을 말해야만 하며 다른 사람들의 잘못된 견해에 대해서는 들을 것이 하나도 없다고 느낄 수 있는 유혹이 있을 것이다. 하지만 해체주의자들의 권위주의에 대응하는 우리의 방식이 단지 교조적이어서는 안 된다.

해체주의는 이데올로기, 특별히 포괄적인 이념들이 때때로 사람들과 집단에 대하여 자기 멋대로 사용될 수 있다고 주장함에 있어서는 옳다. 여기에 대한 바른 반응은 시간을 내어서 정직하게 대화 상대자의 주장을 생각해보는 것이다. 그리고 우리가 잘못되었거나 변화가 요구되어질 때에는 그것을 인정하는 것이 필요하다.

해체주의자와의 대화를 시작함에 있어서 우리는 이끄는 방식 또는 메시지를 제시하는 방식을 바꾸어야 할지도 모른다. 이것은 해석학적이거나 자기발견적인 방식이 아니라 내러티브라는 의사소통적인 방식으로 이루어지는 보다 내러티브적인 프리젠테이션이 대화의 시작이 되어야만 한다는 것을 의미할 수도 있다.

내가 믿기에 부분적으로 사용할 수 있는 다른 방법이 네 번째 방법이다. 쉐퍼와 같이 나는 우리가 해체주의자들을 그들의 견해의 종국에까지 밀어붙여야 한다고 믿는다. 그 입장을 일관되게 살아내고 어떤 사람도 실제로는 그러한 견해 위에서 살아갈 수 없다고 믿게 하도록 해야 한다. 알콜중독자들의 경우처럼 그러한 방법을 넘어가야 할 의미심장한 필요가 있기 전에 나는 우리가 해체주의자들이 "바닥을 치도록" 도울 필요가 있다고 믿는다.

우리가 그 일을 할 때 좌절과 반항을 겪을 것이다. 하지만 이 일은 또한 철저하게 급진적인 포스트모던적인 견해를 가지고는 살아갈 수 없음을 드러내 줄 것이다. 이 일은 데리다의 경우에 보다 극적으로 이루어졌다. 존 시얼은 데리다의 논문에 대한 응답을 했는데 데리다의 주장의 여러 개념을 공격하고 비판하는 내용이었다.[1] 시얼의 논문은 그 길이가 11페이지였다. 데리다는 자신의 93페이지에 달하는 응답에서 시얼의 진술이 자신을 공정하게 다루지 않고 있으며 여러 부분에서 자신을 오해하고 잘못 진술하였다고 반박하였다. 데리다는 심지어 한 곳에서 자신이 의도하였던 것이 시얼에게 분명하고 명백했어야만 했다고 주장하였다.[2] 나는 이러한 데리다의 반응을 어떤 본문의 의미가 저자의 의도 안에 있는 것이 아니라 독자가 그 본문이 자신에게 말하고 있는 것을 발견하는 데 있다고 주장하는 어떤 사람을 향한 믿을 수 없을 정도로 비해체주의적이며 비포스트모던적인 반응이라고 생각한다. 마이클 피셔는 데리다의 추종자들 가운데 몇몇 사람들이 데리다의 공공연한 주장과 이 논문에서의 실제적인 행태 사이에 존재하는 불일치 때문에 당혹감을 금치 못하였다고 말하고 있다.[3] 하지만 존 엘리스는 동일한 이들 데리다의 제자들이 "자신들이 데리다가 그 일을 하는 것을 보았을 때 그들을 당혹하게 하였던 바로 그 일을 하였다는 것이다(즉, 그들은 의례적으로 시얼이 데리다의 입장을 오해하였으며 논점을 놓치고 있으며 잘못 진술하고 있다고 비난하였다)."[4] 이와 유사하게 프랭크 렌트리키아는 "예일 그룹"이 데리다의 저술을 "저자

---

1 John Searle, "Reiterating the Difference: Reply to Derrida," *Glyph* 1 (1977): 198-208.
2 Jacques Derrida, "Limited, Inc., abc," *Glyph* 2 (1977): 162-254.
3 Michael Fisher, *Does Deconstruction Make Any Difference?* (Bloomington: Indiana University Press, 1985), 40-41.
4 John M. Ellis, *Against Deconstruction* (Princeton, N.J.: Princeton University Press, 1989), 14, 각주 10.

의 의도의 중요한 한 부분을…무시함"으로써 데리다를 오해하였다[5]고 비난하고 있다. 하지만 해체를 주장하는 입장이 저자의 의도가 그가 쓴 본문의 의미를 통제하지 않는다는 것이라면 이것은 일관성 없는 입장이 되고 말 것이다. 우리는 그 말이 다시금 재해체, 즉 재구성되기 전에 그 말을 해체하기를 마치도록 도움을 주어야 한다.

물론 이러한 기술(技術)에 대하여 제기될 수 있는 반대 중 한 가지는 논리적 비일관성에 주의를 기울임으로써 그것은 짐짓 수립하려고 하는 객관적이고 합리적인 논리라고 하는 바로 그 형태를 가정하는 것이다. 하지만 우리는 이 토론에 참여하고 있는 사람들에 의해 실제로는 물어진 적이 없는 것처럼 보이는 문제를 물어보아야만 한다. 우리가 언어에 대하여 말하고 있을 때 우리가 사용하고 있는 언어는 어떤 종류의 것인가? 어떤 해체주의자가 해체를 토론할 때, 그 사람은 정말이지 해체된 언어를 사용하고 있는가? 만일 그렇다면 해체주의자는 아마도 침묵을 지켜야 할 것이다. 그렇지 않다면 최소한 어떤 다른 사람이 자신을 이해하고 자신에게 동의하기를 기대할 수조차 없게 된다. 나는 모든 견해는 그 바닥에 심지어 포스트모던주의자들의 견해마저도 그들이 자신들의 주장을 이야기하고 다른 사람들을 설득하려고 하는 한 명백하게 근대적 접근이지는 않은 어떤 기본적인 합리성을 가정하고 있다고 주장하는 바이다.

이 일을 수행하는 한 가지 다른 길은 의미와 언어를 해체한 것으로부터 생겨나는 결과가 무엇인지를 보여주는 것이다. 이때 일어나는 일은 종종 정치적 공정성에서 발견되는 것과 같이 새로운 종류의 권위주의이다. 거기에서는 단지 하나의 대답만이 허용된다. 그러므로 해체는 새로운 형태의 억압으로 인도할는지 모른다. 이데올로기가

---

[5] Frank Lentricchia, *After the New Criticism* (Chicago: University of Chicago Press, 1980), 170.

억압적으로 사용될 수 있다는 해체주의자들의 주장에는 강력한 진리 요소가 있다. 하지만 해체 자체도 이 이론으로부터 예외일 수 없다. 그러한 말들(horses)은 반드시 재해체되어야만 한다.

postmodernizing

색인

ㄱ

개인의 자유 68
개인주의 25, 76, 88, 90, 146
거대담론 94, 135, 165, 166, 167, 168, 172, 173, 180, 182, 183, 185
『거룩하신 하나님』 60
결정론 25, 70
경건주의자들 136, 145
경직된 근대주의 26, 28
경직된 포스트모더니즘 29
경험론 25, 68, 193
계몽주의 22, 34, 36, 37, 38, 40, 41, 68, 81, 125, 126, 131, 132, 135, 137, 142, 144, 146, 148
고갱 100
고전적 기독교 73, 79, 81, 83
고전적인 정통 기독교 79
고흐 100
공산주의 37
"공포의 본문" 179, 181, 183
과학적 방법 24, 137
관념론 68
"교회 공학" 185
"교훈적인 철학" 129
구조주의 127, 128
『그리스도인의 비전』 155, 156
"극단적 근대주의" 88, 147
근대 비평 81, 84
근대의 질병 80

근본주의 12, 51, 85, 87, 91, 149, 151
급진적인 해석학 213, 218
급진적 해석학 201
기독론 33
기술 35, 39, 43, 45, 59, 126

ㄴ

냉철한 해석학 202
노만 가이슬러 197
노만 고트왈트 170
논리 실증주의 29, 88
니체 127

ㄷ

다다 100
다문화주의 41
다원주의 29, 49, 55, 185

"대답하는 신학" 138
대응설 23, 134, 158, 188, 228
대중매체 45, 46, 101
데이비드 웰스 33
"데카르트의 불안" 195
도덕성 106, 110, 111
도덕적 상대주의 68, 70, 77
도시화 35, 39, 44
독자반응비평 211
듀이의 정의 157
D. A. 카슨 152, 211, 220
딜런 토마스 101

ㄹ

라브리 공동체 94
『레퀘엠』 79
『로마서 주석』 101
로버트 슐러 51
로저 룬딘 191
루돌프 불트만 54, 64
르네 데카르트 25, 125
르네상스 81

리요타르 135
리차드 니버 64
리차드 로티 39, 129
리차드 린츠 60
리차드 미들턴 155
리차드 크릴 222
린 화이트 174

ㅁ

마르셀 뒤샹 100
마르퀴스 드 사드 110
마이런 옥스버거 233
마이클 피셔 235
마크 테일러 192, 211, 228
목회 사역의 두 가지 모델 51
몰트만 219
몽드리안 100
뮤지크 콘크레트 94, 100
미셸 푸꼬 129

ㅂ

반권위주의 26
반제 95, 97, 101, 102
베이비 붐 세대 72
변증학 177
복음주의 33, 48, 51, 60, 79, 81,
    117, 132, 133, 138, 139, 140,
    146, 148, 149, 151, 189, 191,
    197, 222, 223, 228, 229, 230
복음주의 신학의 실종 50
"복음주의적 꾸물거림" 191
부드러운 근대주의 26
부드러운 포스트모더니즘 28
부모의 지위에 대한 거부 71
브라이언 왈시 155
브레데 83
비그리스도인과의 대화 115
비유사성의 기준 82
비틀즈 101

ㅅ

사도적인 신앙 86
산업혁명 43
삼위일체 83, 105, 141, 213, 216
상대성 이론 114
상황화 177
"새로운 무능력자들" 52
새로운 역사주의 27, 147
서구의 시대 35
서양의 몰락 36
선이해들 207
성경신학 운동 220
성경의 정경 82, 179
세계관 54, 68, 72, 75, 98, 129, 155, 156, 160, 168
세계교회협의회 64
세계교회협의회(WCC) 49
세상의 상투적인 문화 46
세속주의 132
셰익스피어 82, 180, 181
슐라이어마허 147
스콜라주의 81, 148, 197, 198
"스타 트렉" 131

스탠리 그렌츠 9, 123, 149, 229
스탠리 하우어와스 52
시대중심주의 81
신고난주의 211, 219, 220, 222
"신비" 142
신실용주의 27, 39, 147
신정통주의 85, 151, 210
『신학실종』 35
실존주의 90, 98, 102, 157, 187, 221
실천적 무신론자 52

ㅇ

아리스토텔레스 19
아리스토텔레스의 물리학 19
아리스토텔레스의 형이상학 19
아이작 뉴턴 125
알레고리 212
알리스데어 매킨타이어 166
알베르 까뮈 102
앨런 브룸 186
양식 비평 81, 82

어거스틴 136
에드워드 카넬 148
에밀 브루너 151
엑스(X) 세대 130
역사적 방법 84, 91, 210
연대기적 쇼비니즘 70
영감 27, 90, 208, 212
영화, 현대 101
오덴의 정의 34
오래된 정통 84, 85
"우리 시대" 34
"운동 신학자" 64
월터 브루그만 178
월터 투루엣 앤더슨 159
웰스는『신학실종』 47
웰스의『신학실종』 10
웰스의 정의 35
　- 세속주의 45
윌리엄 윌리몬 52
윌리엄 홀던 228
유대 기독교적 가치 35
유럽 시대 43
유럽 중심적 151
『이것이냐 저것이냐』 97
이교사상 56
이야기 안에 거하기 180

이야기에 내주 178
이원론 144
"인간됨" 115
인간 본성 51, 110, 125, 144, 228
인간의 딜레마 108, 110, 111
인간의 인격성 106
인본주의 24, 98
"인식론적 청지기직" 176
임마누엘 칸트 24

ㅈ

자본주의 35, 39, 44, 168
자아도취적 쾌락주의 76, 78
자연 22, 24
자연주의 24, 77
자연주의적 환원주의 68, 72
자유의지 유신론 211
자유의지 유신론자 183
자유주의 51, 79, 85, 91
자크 데리다 128
장 폴 사르뜨르 102

전근대주의 22, 23, 59, 90
전제들 68, 78, 95
절망의 선 10, 96
"정의하는 철학" 99
정치적 공정성 88, 236
제2바티칸 공의회 49
제임스 바 220
제임스 샌더스 171
제프리 터너 206, 209
조지 린드벡 11, 152
존 듀이 157
존 시얼 211, 235
존 엘리스 235
존 오스본 101
존재론적 신학 128
존 카푸토 193, 199, 218
존 케이지 103
종교개혁 146
죄렌 키에르케고르 63, 97
줄리안 헉슬리 107
증명의 기준 113
지구촌화 151
지시론적 언어 이해 23, 228
지시체 29, 199, 217
지식 사회학 34, 59
지식에 대한 계몽주의적 견해 137
진보 25

ㅊ

창조 175
철학적 동성애 101
초자연주의 22, 26
출애굽과 시내산 사건 170
치유적인 철학 39

ㅋ

칸트의 『순수 이성 비판』 119
칼 바르트 63, 101, 151
칼 헨리 148, 149
케네스 거겐 162
케이스 퍼트 191, 192, 229
클리포드 기르츠 158
키에르케고르 97, 99

ㅌ

타락 110
탈개인주의 139
탈구조주의 128
탈합리주의 142
토대주의 25, 27, 185, 194, 195, 217, 220
토마스 알티저 192
토마스 오덴 9, 34, 63, 93, 147, 167, 231
토마스주의 220
토마스 쿤 42

ㅍ

파시스트 37
판넨베르그 91
퍼트의 신론 211
퍼트의 정의 193
포스트모던 건축 41
『포스트모던 시대의 기독교 세계관』 10, 156

포스트모던적 변증학 227-237
폴 리꾀르 196
폴 반 뷰렌 192
폴 세잔느 100
폴 틸리히 138
『풀핏 다이제스트』 53
프란시스 베이컨 129
프란시스 쉐퍼 9, 10, 93, 174, 231
프랭크 렌트리키아 235
프로이드주의 37
『프리칭』 53
플라톤 22, 194, 195
피카소 100
필로 210, 212, 213
필리스 트라이블 179

ㅎ

"하나님의 개방성" 183, 211
하나님의 죽음 운동 192
하나님의 형상 173, 175
해석에 있어서 성령의 역할 146

해석학 194, 197, 204
해석학적 순환 209
해석학적인 순환 205, 208, 212
해체주의 27, 29, 42, 73, 127,
　　128, 129, 162, 191, 192, 199,
　　218, 227, 234
해프닝 100
행태주의 29
허쉬 146
헤겔 97, 119
헤리 에머슨 포스딕 51
헨리 밀러 101
현존의 형이상학 128, 161, 162,
　　164, 166
확실성 25
환경 106
흄 193

CLC 추천 도서

포스트모던 사상과 복음주의 신학
한상화 지음/ 신국판/ 312면/ 12,000원

본서는 복합적인 포스트모던 사상과 계보를 정통 복음주의 신학의 관점에서 정리하였다. 저자는 에릭슨의 비판적 실재론과 완곡한 전제주의 입장을 긍정적으로 수용하면서 '복음적 신앙주의' 라는 이론적 토대 하에 포스트모던 상황에 대한 해답을 제시하였다.

기독교와 포스트모더니즘
Christianity and Postmodernism
위거찬 지음/ 신국판/ 248면/ 12,000원

본서는 위거찬 박사의 풀러신학대학원 박사학위 논문을 보완하여 출간한 책이다. 미국 예일대 신학자인 린드벡(Lindbeck)의 후기 자유주의 신학을 비판적으로 소개하며 오늘날의 시대사조인 포스트모더니즘 패러다임에 대해 통찰력 있게 분석하였다.

급진 정통주의 신학
Introducing Radical Orthodoxy
제임스 K. A. 스미스 지음/ 한상화 옮김/ 신국판/ 376면/ 17,000원

본서는 급진 정통주의 신학의 사상과 계획들을 분명하게 직접적으로 제시하며 개혁신학과의 풍성한 논의를 전개함으로써 급진 정통주의에 대한 종합과 균형을 보여주었다. 또한 쉬운 용어와 직접적인 정의를 내리는 새로운 방식으로 논의를 전개하였다.

근간

포스트모던과 현대교회 대응
Christianity and the Postmodern Turn
미론 B. 페너 지음/ 한상화 옮김

본서는 포스트모더니즘에 대한 기독교 학자 6명의 견해를 실었다. 포스트모더니즘을 거부하거나 수용하거나 포스트모던 안에서 기독교를 다시 고찰해야 한다는 학자들 각각의 주장이 주고받는 토론 형식으로 흥미롭게 전개되었다.

기독교 신앙과 포스트모더니즘
Postmodernizing the Faith

2012년 8월 29일 초판 발행

지은이 | 밀라드 J. 에릭슨
옮긴이 | 박찬호
펴낸곳 | 사)기독교문서선교회
등록 | 제16-25호(1980. 1. 18)
주소 | 서울시 서초구 방배동 983-2
전화 | 02) 586-8761~3(본사) 031) 923-8762~3(영업부)
팩스 | 02) 523-0131(본사) 031) 923-8761(영업부)
홈페이지 | www.clcbook.com
이메일 | clckor@gmail.com
온라인 | 국민은행 043-01-0379-646, 기업은행 073-000308-04-020
　　　　　예금주: 사)기독교문서선교회

ISBN 978-89-341-1224-2(93230)

* 낙장·파본은 교환해 드립니다.